全球治理与区域国别智库丛书

本书是上海市 2018 年社科规划一般项目"国际能源安全议程设置与我国参与国际能源合作的路径与模式研究"（项目编号：2018BGJ006）的阶段性成果，且得到兰州大学中央高校基本科研业务费项目（项目编号：21lzujbkyjd002）、上海外国语大学俄罗斯研究中心区域国别研究项目的资助。

全球治理中的国际议程设置：
理论与案例

International Agenda Setting in Global Governance: Theory and Case

韦进深　著

中国商务出版社
CHINA COMMERCE AND TRADE PRESS

图书在版编目（CIP）数据

全球治理中的国际议程设置：理论与案例/韦进深
著．—北京：中国商务出版社，2021.10
ISBN 978-7-5103-3953-0

Ⅰ．①全… Ⅱ．①韦… Ⅲ．①国际政治－研究 Ⅳ．
① D5

中国版本图书馆 CIP 数据核字（2021）第 175548 号

全球治理中的国际议程设置：理论与案例
QUANQIU ZHILI ZHONG DE GUOJI YICHENG SHEZHI:LILUN YU ANLI

韦进深　著

出版发行：中国商务出版社
地　　址：北京市东城区安定门外大街东后巷 28 号　　邮编：100710
网　　址：http://www.cctpress.com
电　　话：010-64212247（总编室）　　　　64269744（事业部）
　　　　　64208388（发行部）　　　　　　64266119（零售）
邮　　箱：bjys@cctpress.com
印　　刷：天津雅泽印刷有限公司
开　　本：700 毫米 × 1000 毫米　1/16
印　　张：12.25
字　　数：213 千字
版　　次：2022 年 1 月第 1 版
印　　次：2022 年 1 月第 1 次印刷
书　　号：ISBN 978-7-5103-3953-0
定　　价：55.00 元

目　录

第三部分：中国参与国际议程设置：实践与挑战

第一部分：理论基础

第一章　全球治理中的议程设置：概念辨析与理论发展

二战结束后，国际关系呈现出新的发展态势。一方面，国际政治仍处于自威斯特伐利亚体系建立以来的权力政治中，作为体系中的两个超级大国，美国与苏联关系的紧张与缓和决定了战后国际政治的发展进程。另一方面，在相对和平的环境中，世界经济得到了长足的发展，国家与国家之间的界限日益模糊。经济全球化和区域一体化成为世界经济发展的主要趋势。

然而，经济全球化所带来的资源在全球范围的优化配置，人类经济效率大幅提高的同时，也产生了诸多问题，这些问题超越了国家和地区的界限，甚至关系到整个人类生存与发展。这些问题包括全球气候问题、生态环境污染问题、资源短缺与人口爆炸、贫困问题、国际恐怖主义、粮食安全问题、公共卫生问题等。此类问题影响波及全球，而且仅凭一国或几个国家之力难以解决，因此被称为全球性问题。20世纪五六十年代以来，资本主义世界经济的快速发展，加剧了全球性问题的危害程度。一方面，在不公正不公平的国际政治经济旧秩序下，世界经济体系形成了中心—外围的结构，发达国家对发展中国家的经济掠夺加剧了发展中国家的贫困，国家和地区间的贫富差距悬殊。另一方面，资本主义的资源掠夺和环境破坏式的发展使全球气候变化问题和生态环境污染问题日益凸显。此外，国际恐怖主义、粮食安全、公共卫生安全问题对全人类的生存和发展威胁日益严重。

最早关注到全球性问题的影响并对此进行系统研究始于 1972 年罗马俱乐部发布的《增长的极限》报告，在报告中，丹尼斯·梅多斯（Dennis Meadows）、德内拉·梅多斯（Donella Meadows）警告人口增长、工业发展、环境污染、粮食和资源消耗五个因素影响经济的增长，人类经济与人口的增长将达到极限[①]。罗马俱乐部使国际社会关注全球性问题及其危机，引发了西方社会及学术界的广泛讨论，进而思考全球性问题的解决办法，并由此产生了全球治理理论。

冷战结束后，非传统安全问题的泛滥进一步凸显了全球治理的重要性和紧迫性。然而，由于权力的流散，全球治理呈现出治理主体多元化和治理机制碎片化的特征，进一步加剧了全球治理的复杂性。国际社会中的国家行为体和非国家行为体基于不同的考量，对同一全球性问题提出不同的治理方案，建立不同的治理机制，甚至有些方案和机制并非是互补性的，而是冲突性的。由于国际社会的无政府性，全球治理并非以正式的政府权威为基础的，而是多行为体通过谈判和协商的方式实现治理，这就导致了某一全球性问题长期停留在不同行为体之间长期的谈判和协商，而不能出台有效的能被各方接受的治理方案，这是全球治理长期议而不治的重要原因。

在对全球治理实践的考察中，不难发现，在诸多的全球性问题，有些全球性问题与国际政治中的行为体利益关联不同，而被界定为不同的议题，并通过建立议题联盟，选择某一国际平台将该议题设置为国际议程，最终通过出台政策方案的方式实现该问题的治理。在这一过程中，议程的设置者基于自身的利益认知界定议题、建立联盟并设置议程，最终的政策方案一定是符合议程设置者的利益。由于问题的利益关联方众多，不同的行为体对问题的认知不尽相同。因此对同一全球性问题，行为体之间不仅存在认知的差异，而且在议程设置过程中有激烈的博弈和竞争。为了使最终的政策方案更加有利于己，在议程设置的过程中，行为体的议程设置的行动策略也不尽相同。如在国际体系中拥有巨大权力和影响力的霸权国，完全可以凭借自身的权力，采取单边主义的方式界定议题，设置国际议程，使自己的利益达到最大化。而权力较弱的中小国家，主要通过建立议题联盟，以"抱团取暖"的方式扩大国际影响，设置或参与设

---

① [美]丹尼斯·梅多斯，等.增长的极限——罗马俱乐部关于人类困境的报告[R].李宝恒，译.长春：吉林人民出版社，1997.

置国际议程,以维护自身的利益.对于国际社会中为数众多的非国家行为体来说,往往凭借自身的知识权威和道德权威,来设置国际议程.

由此可见,全球性问题的议程设置对于该问题的治理至关重要,国际议程设置是治理得以实现的重要环节.在议程设置的过程中,行为体的多元化和议程设置过程的博弈和竞争激烈,因此,全球性问题的议程设置并非是从输入到输出的线性过程,而是一种立体构成.对于全球性问题议程设置的考察,不仅要考察议程设置的过程,也需要关注不同行为体进行议程设置的行为特点,并在此基础上分析和评价国际议程设置的效果.

因此,本书的核心问题是不同行为体在全球性问题的国际议程设置的行为特点有何不同?它们对全球性问题的治理意义如何?本书主要分为三个部分,第一部分是国际议程设置的概念辨析和理论发展的介绍,并在相关理论基础上建立一个国际议程设置的分析框架.第二部分是国际议程设置的案例分析,分析不同行为体在能源安全、北极开发、公共卫生、地区安全、区域经济合作等领域的国际议程设置的行为特征.第三部分以中国参与区域经济合作和国际组织外交为例,分析中国参与全球性问题国际议程设置的可能路径与面临的挑战.本书的部分章节内容曾以学术论文的方式在相关学术期刊发表.

第一节　国际议程设置的相关概念辨析

一、全球治理的相关概念辨析

20 世纪 80 年代, "全球化"成为学术界关注的热点问题,安东尼·吉登斯在《失控的世界——全球化如何重塑我们的生活》一书中这样描述, "在 20世纪 80 年代末期,这个词在学术界或日常语言中被普遍使用,因为它已经无处不在了."[①]但对于全球化的定义,学术界的看法不尽相同.一些学者和组织关注全球化的经济因素,强调全球化是生产要素在全球的范围内进行配置与重组的过程,其结果是加强了各国之间经济的高度依赖,全球化是经济一体化过

---

① [英]安东尼·吉登斯. 失控的世界——全球化如何重塑我们的生活 [M]. 周红云,译. 南昌：江西人民出版社,2001：2.

程。如国际货币基金组织曾经给全球化做了如下定义："全球化是指跨国商品与服务交易及国际资本流动规模和形式的增加，以及技术的广泛迅速传播使世界各国经济依赖性增强。"[1] 国内学者则关注其他因素在全球化过程中的作用，认为全球化是一个矛盾的过程，其影响范围广大，结果多种多样。蔡拓教授认为，"全球化是指当代人类社会生活跨越国家和地区界限，在全球范围内展现的全方位的沟通、联系、相互影响的客观历史进程与趋势。"[2] 樊勇明教授认为，全球化大体反映在以下三个层面：第一层面是资本主义体系的全球扩张；第二层面是指经济技术资源在全球范围内的最优配置；第三个层面是全球问题的兴起。在他看来，全球性问题既是全球化的结果，也是全球化本身。

全球化是一把双刃剑。一方面，全球化扩大了人类活动的范围，加强了世界各国和各地区之间的联系，增强了各国和各地区之间的相互联系。另一方面，在全球化发展的过程中，人类社会也面临着越来越多的跨越国界的全球性问题，这些问题以单个国家的力量是难以解决的，如资源枯竭、环境破坏、人口爆炸、难民、公共卫生安全、贫困、毒品、跨国犯罪、国际恐怖主义、金融危机、军备竞赛与核扩散等问题，这些问题不仅考验各国的治理能力，而且对国际社会的安全和发展形成了严重的挑战。因此，全球性问题可以做以下定义：即在全球化进程中，国际社会面临的一系列跨越国界、事关全人类生存与发展的重大问题。这些问题需要国际社会通过合作的方式加以解决。

全球性问题是在民族国家体系内出现的，世界各国对全球性问题的认知不尽相同。"国家对这些全球性挑战属性的认知，将决定它们在全球性问题上有多少共识和合作行动。"[3] 这也是全球性问题爆发后，虽然国际社会从理论和实践上提出了全球性问题的治理，但治理的效果一直不佳的原因。

治理（governance）一词出自拉丁文和古希腊语，原意是控制、引导和操纵。20 世纪 90 年代以来，治理这一概念逐渐在学术界流传起来。作为最早对治理进行研究的学者，詹姆斯·罗西瑙在其主编的《没有政府的治理》一书中，将

---

① 国际货币基金组织. 世界经济展望 [N]. 北京：中国金融出版社，1997：45.

② 蔡拓. 全球化与当代国际关系 [M]// 俞可平. 全球化悖论 [M]. 北京：中央编译出版社，1998：75.

③ 俞正樑. 全球性问题与国家. 国际展望 [J]. 2011（4）：105.

治理定义为：某个活动领域内的一套机制，尽管它们未被赋予正式的权力，但在其活动领域内也能够有效地发挥功能。在詹姆斯·罗西瑙看来，治理与秩序之间存在着紧密的联系，治理就是秩序加上意向性[①]。俞可平将治理定义为："在一个既定的范围内运用权威维持秩序，满足公众的需要。治理的目的是在各种不同的制度关系中运用权力去引导、控制和规范公民的各种活动，以最大限度地增进公共利益。"[②]

从治理的定义出发，我们可以认识全球治理的一些特征。首先，全球治理是一种规则系统。罗西瑙认为："全球治理可以被认为是包括通过控制、追求目标以及产生跨国影响的各层次人类活动——从家庭到国际组织——的规则系统，甚至包括被卷入更加相互依赖的、急剧增加的世界网络的大量规则系统。"[③]其次，全球治理是一个多层次的结构，英国学者托尼·麦克格鲁认为："全球治理就是从地方到全球的多层面中公共权威与私人机构之间一种逐渐演进的（正式与非正式的）政治合作体系，其目的是通过制定和实施全球的或跨国的规范、原则、计划和政策来实现共同的目标和解决共同的问题。"[④]

中国学者俞可平将全球治理界定为"各国政府、国际组织、各国公民为最大限度地增加共同利益而进行的民主协商和合作，其核心内容是健全和发展一整套维护全人类安全、和平、发展、福利、平等和人权新的国际政治经济秩序、包括处理国际政治经济问题的全球规则和制度"，对全球治理做了比较全面的描述性定义。[⑤]

在全球性问题的治理实践中，一些国家，尤其是西方大国，往往从自身的威胁认知和利益出发，去定义全球性问题，并要求甚至胁迫其他国家成为"利

---

① [美]詹姆斯·罗西瑙. 没有政府的治理 [M]. 张胜军，刘小林，译. 南昌：江西人民出版社，2001：5.

② 俞可平. 治理与善治 [M]. 北京：社会科学文献出版社，2000：5.

③ [美]詹姆斯·罗西瑙. 没有政府的治理 [M]. 张胜军，刘小林，译. 南昌：江西人民出版社，2001：8.

④ [英]托尼·麦克格鲁. 走向真正的全球治理 [M]// 俞可平. 全球化：全球治理. 北京：社会科学文献出版社，2003：151.

⑤ 俞可平. 全球治理引论 [M]// 俞可平. 全球化：全球治理. 北京：社会科学文献出版社，2003：26.

益攸关方"，要求他国服从自身的需要，去实现全球性问题的治理。对于一些与他国安全与发展等核心利益密切关联的全球性问题，由于这些问题在西方大国看来与自身利益关联不大，进而缺乏治理的意愿，最终形成"治理赤字"。一些发展中国家关注与自身主权、安全与发展密切相关的全球性问题，但往往由于缺乏自身实力，在挑战面前有心无力，难以实现全球性问题的治理。此外，由于全球治理体系和机制是在旧的国际秩序基础上形成的，通常难以有效协调发展中国家与发达国家、新兴大国与守成大国之间的利益和诉求，亟须进行治理体系的转型，这也是全球治理面临的一个新的难题。

二、国际议程设置的相关概念辨析

国际议程设置首先需要区分问题和议题的概念。在现代汉语中，"问题"（problem）的基本释义有四条：一是要求回答或解释的题目。二是需要研究讨论并加以解决的矛盾、疑难。三是关键、重要之处。四是事故或意外。而"议题"（issue）特指会议讨论的题目。在英文中，problem 指客观上存在的、难以处理或难以理解的问题。issue 多指意见能达到一致的问题，但要通过争论或讨论解决。在国际政治中，全球性问题是"Global Problems"，而国际社会在各种外交场合加以讨论的问题，才会成为一项国际议题，即"International Issue"。

议程是"要讨论的各项议题和议事程序"，即"哪些问题可以被优先讨论"。而国际议程设置则是指"各项国际议题的优先排序"。理查德·曼斯巴赫（Richard W.Mansbach）和约翰·瓦斯克斯（John A.Vasquez）长期致力于国际政治的"议题"范式研究，他们认为应当关注国际政治中关键议题（critical issue）的提出和解决的过程。因为关键议题是往往占据（体系内）最重要行为体个人议程的首位，能够引出其他议题或重新界定其他议题。[①]议程指"诸多行为体对于它们争论不休的议题所提出旨在解决利害关系的全部提议"。斯蒂芬·利文斯通（Steven G.Livingston）进一步指出，议程设置是"在相关的行为体群体中，

---

① Richard W. Mansbach and John A. Vasquez, In Search of Theory：A New Paradigm for Global Politics[M]. New York：Columbia University Press，1981：3-83. 转引自韦宗友. 国际议程设置：一个初步分析框架 [J]. 世界经济与政治，2011（10）：42.

将议题提升到显著性的过程"。议程设置是"获取和拓展权力的首要工具"①。

议程设置的行为体包括议程设置者和议程设置的参与者，从性质上则可分为国家行为体和非国家行为体。由于实力的差异，国家设置国际议程的能力有所不同，实力强大的国家行为体可以凭借权力直接将自己关注的议题设置为国际议程，它们是国际议程设置的主要博弈方。而实力较弱的国家由于掌握的资源有限，往往很难自主设置议程，因此不得不采用依附或联合的方式参与议程设置。议程设置的非国家行为体包括国际组织、新闻媒体、专家群体、倡议团体甚至是个人。非国家行为体能够设置议程与国际政治中权力的流散密切相关，这些行为体由于国家让渡了权力，或者凭借自身的知识权威、道德权威的力量以及其自主性行为，能够独立设置国际议程。一些非国家行为体，如具有全球影响力的新闻媒体和掌握议程设置平台的国际组织，其设置国际议程的能力越来越被国际社会所重视。

议程设置的周期和过程，曼斯巴赫和瓦斯克斯提出了"议题周期"概念，指出全球重大议题往往都要经历"酝酿、危机、仪式化、休眠或决策、权威性分配以及从议程中消失"几个阶段。"议题从一个阶段过渡到下一个阶段，可以看作（国际体系的）微观变化；而一个重大议题的解决以及另一个议题进入议程，则是（国际）体系内更为根本性的宏观变化。"② 在政治学中，约翰·金登提出的议程设置的三个源流（streams）影响深远。金登认为，设置政治议程的行为体之间的博弈互动主要在三个源流内进行，即问题源流、政治源流和政策源流③。可以将三个源流视为议程设置的过程。

关于议程设置的平台，曼斯巴赫和瓦斯克斯将其称为议程的"进入渠道"(access routes)，斯蒂芬·利文斯通则称之为议程的"切入点（access points）"。曼斯巴赫和瓦斯克斯认为，进入渠道"决定了何种资源对于将议题纳入议程是

① Steven G. Livingston. "The Politics of International Agenda‑Setting：Reagan and North‑South"[J]. International Studies Quarterly. Vol. 36, No.3, 1992：313.

② Richard W. Mansbach and John A. Vasquez, In Search of Theory：A New Paradigm for Global Politics[M]. New York：Columbia University Press, 1981：3–83. 转引自韦宗友. 国际议程设置：一个初步分析框架[J]. 世界经济与政治, 2011（10）：42.

③ John W. Kingdon. Agendas, Alternatives, and Public Policies[M]. New York：Addison–Wesley Educational Publishers, 2003.

必不可少的"，地位高的行为体，由于对全球传媒及国际组织具有巨大的影响力，可以直接设置国际议程。在曼斯巴赫和瓦斯克斯的论述中，全球传媒和国际组织就是议程的"进入渠道"。而利文斯通则将议程的"切入点"称为"行为体构建令人信服的议题的场所"。这些场所包括四类：全球知识生产场所、跨国网络及传媒、关键的国际组织或机制、国际会议或联盟等外交活动①。

需要指出的是，新闻传媒和国际组织一方面能够提供议程设置的平台，另一方面，由于新闻传媒和部分国际组织拥有自主性行为，它们又是议程设置的行为体。对于那些缺乏自主性行为的国际组织来说，这些组织只是议程设置的平台，而不是议程设置的行为体。

第二节　从媒体议程设置到政策议程设置：议程设置理论的发展

一、传播学视域下的媒体议程设置理论

议程设置理论最早在传播学中出现，传播学也是议程设置理论研究最为完善的学科。早在一百年前，沃尔特·李普曼（Walter.Lippmann）就关注到媒体的议程设置现象，并对其进行了描述，这是议程设置的萌芽。在其名著《公众舆论》一书中，李普曼提出，报纸刊物营建了一个虚幻的"拟态环境"，而社会大众却常常把这一虚拟环境认为是现实社会本身，进而形成了对现实世界的错误想象。李普曼认为："造成这种现象的主要原因是大众传媒把这种'拟态环境'与公众在其头脑中创造的'图画'连接起来。大众传媒发挥了一种桥梁作用，连接了现实环境和公众认知。"②作为新闻和传播领域的经典之作，《公众舆论》不仅回答了什么是公众舆论以及舆论是如何传播的问题，而且对新闻媒体的议程设置进行了较为系统的分析，李普曼认为，现代社会的巨大化和复

---

① Steven G. Livingston. "The Politics of International Agenda – Setting：Reagan and North - South" [J]. International Studies Quarterly. Vol. 36, No.3, 1992：313.

② [美]沃尔特·李普曼. 公众舆论 [M]. 阎克文，江红，译. 上海：上海人民出版社，2006.

杂性，使得人们不可能对整个外部环境和所有事情都保持经验性接触，对超出自己亲身感知以外的事物，人们只能通过各种新闻媒体去了解和认知。新闻媒体所构建的"拟态环境"，影响了公众的认知，也即新闻媒体为公众设置了议程。李普曼将其称为塑造了"我们头脑中的画像"。

保罗·拉扎斯菲尔德和罗伯特·默顿提出的媒介社会功能理论被视为议程设置理论的"先行者"，大众传媒的社会功能包括地位赋予功能、社会规范强制以及麻醉负功能，他们将议程设置视为新闻媒体权力的来源，认为社会问题、公众以及社会运动之间之所以能够建立联系，主要原因是存在一种联系的渠道，这就是大众媒体的相关报道，从而引起人们的关注。[1] 而社会学家，芝加哥学派的主要代表人物罗伯特·帕克 (Robert Park) 则从社会学视角来认识新闻媒介权力，认为新闻媒介的议程设置一方面促使公众关注和回应某些议题，另一方面抑制公众对其他议题的关注，媒体的行为实际上就决定了什么内容对公众是重要的。[2] 帕克的研究推动了议程设置的理论化和实证研究发展。

1963 年，伯纳德·科恩 (B.C.Cohen) 对议程设置的表述可谓一针见血，他提出"在多数时间，报界在告诉它的读者该怎么想时可能并不成功，但它在告诉它的读者该想些什么时，却是惊人地成功"，清楚地指出了新闻传媒的议程设置功能。[3]

整体来说，在传播学议程设置的萌芽阶段，相关研究主要回答了"什么是议程设置和议程设置为什么重要"的问题，核心观点是新闻媒体具有议程设置的功能，从而能够影响到公众舆论。这一时期的研究以描述性的研究为主要内容，但其影响却是巨大的。

1968 年，马克斯韦尔·麦库姆斯（Maxwell McCombs）和唐纳德·肖（Donald Shaw）在美国大选前夕进行了一项小规模的受众调查，即著名的"教堂山镇研究"(Chapel Hill Study)，第一次通过实证的方法确证了大众媒体议程的显著性程度对公众议程具有重要的影响。两人于 1972 年共同发表的《大众媒体的议程

[1] Lazarsfeld, P. F. and Robert K. Merton. "Mass communication, popular taste and organized social action." In L. Bryson (ed.), Communication of Idea [M]. New York：Harper and Row, 1948.

[2] Park R.E. "News as a Form of Knowledge：A Chapter in the Sociology of Knowledge" [J]. American Journal of Sociology. Vol. 45, No. 5，1940：669–686.

[3] [美] 阿特休尔. 权力的媒介 [M]. 北京：华夏出版社，1989：224.

设置功能》一文，结果证明是媒体议程设置了公众议程，标志着"议程设置"这个概念和理论框架正式形成。此后，麦库姆斯等于 1972 年出版了《美国政治议题的兴起》一书，这一著作具有里程碑意义，它的出版标着议程设置理论新的发展，即从传统的议程设置研究转向议题属性（attribute）的研究。

20 世纪 80 年代，朗氏夫妇在大众传媒对水门事件的影响的研究中提出了议题建构（agenda building）理论。[①]麦库姆斯和肖在这一时期则针对"议题融合"（agenda melding）理论展开了实证研究。[②]

此后，更多传播学的学者参与了议程设置的研究，在该研究中，学者们发现议程设置对公众的价值判断也同样具有强大的影响力。[③]这一现象在此后一系列研究中得到了证实，大众传媒不仅影响了选民对客体的关注程度，而且还影响到选民对议题属性的判断。[④]1997 年，麦库姆斯和肖再度合作，在一篇研究西班牙选举的论文中提出了"属性议程设置（Attribute Agenda Setting）"理论，认为在媒介与公众的关系中，大众媒体不仅可以告诉公众应该"想什么"，也可以成功地告诉公众该去"怎么想"。

进入 21 世纪，互联网技术的发展改变了信息的流动和人们获取信息的方式，进而对议程设置理论产生了冲击，媒体受众权力关系转变使议程设置理论所主张的大众媒介的"强大影响力"也开始受到质疑。越来越多的研究表明，人类在获取信息和形成认知的过程中，其认知结构并非线性，而是接近于网络结构

---

① Lang, Gladys E. & Kurt Lang. "Watergate：An Exploration of the Agenda-Building Process"[M]//In Grover C Wilhoit and H De Bock eds, Mass Communication Review Yearbook. New York：SAGE Publications, 1981：447 - 468.

② Shaw, D L, Mc Combs M, Weaver D H, et al."individuals, groups, and agendamelding: a theory of social dissonance"[J]. International Journal of Public Opinion Research. Vol. 11, No. 1, 1999：2 - 24.

③ 在诸多学者的研究中，山托·艾英加 (Shanto Iyengar) 和唐纳德·金德 (Donald R. Kinder) 发现，在某个议题设置的不同框架下，电视报道会影响公众理解这一议题价值的倾向。Iyengar, S. & Kinder D. R. News that matters：Television and American opinion [M]. Chicago：University of Chicago Press, 1987：5 - 12.

④ Takeshita T., Mikami S. "How Did Mass Media Influence the Voters"Choice in the 1993 General Election in Japan?：A Study of Agenda-Setting"[J]. Keio Communication Review. Vol. 17, 1995：27 - 41.

（networked structure）。在实践中，奥巴马、特朗普在美国总统大选期间通过新媒体及社交软件，成功设置网络议程并最终当选美国总统。①

从 2011 年以来，麦库姆斯和郭蕾等学者借鉴了网络分析的理论框架，提出了"网络议程设置"理论 (Networked Agenda Setting，简称 NAS 理论)。②NAS 理论的核心观点是：影响公众的不是单个的议题或者属性，而是一系列议题所组成的认知网络；新闻媒体不仅告诉我们"想什么"和"怎么想"，同时还决定了我们如何将不同的信息碎片联系起来，从而构建出对社会现实的认知和判断。

二、政治学视域下的议程设置理论

政治学中的议程设置理论主要围绕公共政策的研究展开，主要涉及政治行为和政治心理，主要研究对象是政策主体的政策议程设置行为和政策议程设置的环境因素。琼斯（Bryan D. Jones）认为，"议程研究的兴趣中心是把对问题的感知和解决这些问题的想法转化为公共政策"③。戴维·伊斯顿（David Easton）视公共政策为一种权威性的社会资源配置方式。伯克兰德（Thomas A . Birkland）把公共政策描述为"研究政府选择去做什么或不做什么，包括政策过程的研究、政策执行及影响、政策评估等"④。约翰·金登 (John W. Kingdon) 将政策议程概括为"政府官员以及与其密切相关的政府外人员在任何给定时间内认真关注的一系列问题的编目"⑤。

① Katz，J. E. & Barris M. Jain A.The Social Media President[M]. New York：Palgrave Mac-millan，2013：11-19.

② Guo，L. & Mc Combs，M."Networked agenda setting：A Third level of media effects，" Paper presented at the ICA annual conference[R]. Boston，May 2011;Guo, L. & Mc Combs, M.，"Toward the third level of agenda setting theory：A Networked Agenda Setting Model，" Paper presented at the AEJMC annual conference[R]. St Louis，August 2011.

③ [美]布莱恩·琼斯. 再思民主政治中的决策制定: 注意力、选择和公共政策 [M]. 刘新胜，译. 北京：北京大学出版社，2010：19 .

④ Birkland, T. A. An introduction to the policy process：Theories, concepts, and models of public policy making, 3rd edition[M]. New York：M. E. Sharpe, Inc., 2011：15.

⑤ Kingdon, J.W. Agendas, Alternatives, and Public Policies,2nd Edition[M].New York：Longman, Inc., 2003：3.

在政治学学者看来，政策的议程设置是公共政策的核心，是公共政策制定的逻辑起点。资源的有限性是进行议程设置的重要原因，詹姆斯·安德森（James E.Anderson）认为，立法者和政府官员的时间和资源是有限的，只会对众多问题中的一小部分进行慎重考虑，每个问题必须通过竞争才能引起政府官员的关注。① 罗杰·科布和查尔斯·埃尔德认为资源具有稀缺性，这一特点引发不同的利益集团为获取稀缺资源而展开竞争，从而导致政府决策者考虑制定如何分配稀缺性资源议题的方案和计划。政策议程设立过程实际上就是在议题建议者之间正在进行的竞赛和博弈，由于资源的稀缺性、权力的不均衡和制度的不完善，容易形成少数人的合谋与操纵，出现"隐蔽议程"。②

鲍姆加特纳（Frank Bamgartner）、琼斯（Bryan D. Jones）、金登（John W. Kingdon）、莱特（Paul C. Light）、沃克（Jack L.Walker）等人关注到焦点事件对政策议程设置的影响，安德森将政策议程的触发因素概括为政治领导（包括总统、国会议员、利益集团代表、政府官员等政策促进者）、危机事件、抗议活动和媒体曝光、统计数据、选举结果、行政改革等方面③。

政策议程是"一系列问题的集合，是对那些引起公众和政府官员注意的公共问题的原因、标志、解决方法和其他方面的因素的理解"④。公共政策的过程由以下阶段组成：议题清单及其定义，政策备选方案的选择，政策方案的制定、实施以及政策方案的评估和变迁等。议题清单就是政策议程，而议题清单的排序过程就是政策议程设置。杰伊·沙夫里茨（Jay M. Shafritz）和卡伦·莱恩（Karen S. Layne）等认为政策议程设置即为通过各种政治通道将产生的想法或议题提交给某一政治机构（如立法机构或法院）审议的过程。戴维斯（J. C. Davies）则

---

① [美]詹姆斯·安德森. 公共政策制定[M]. 谢明，等，译. 北京：中国人民大学出版社，2009：102.

② Stone, D. A. "Causal Stories and the Formation of Policy Agendas" [J]. Political Science Quarterly. 104(2), 1989:281-300.

③ [美]詹姆斯·安德森. 公共政策制定[M]. 谢明，等，译. 北京：中国人民大学出版社，2009：105-111.

④ [美]布莱恩·琼斯. 再思民主政治中的决策制定：注意力、选择和公共政策[M]. 刘新胜，译. 北京：北京大学出版社，2010：19.

将议程设置过程划分为三个阶段，即提出阶段、扩散阶段、处理阶段①。

在这些学者中，金登的研究标志着公共政策议程设置理论的系统化和成熟。金登认为，政策议程主要是指政府官员列出社会关注的问题清单，并按优先次序排列，这就是政策议程设置。1984年，约翰·金登出版的专著《议程、备选方案和公共政策》指出，在政府的政策议程中，议程设置需要关注两个影响因素，一是议程的设置者，二是议程设置的过程。在公共政策的议程设置中，议程的设置者不是某个单一的行为体，而是一种集合，总统、国会、行政官员登体系内行为体和媒体、利益集团、政党和公众等政府体系外的行为体都处于这个集合之中。议程设置则包括三个过程（streams），即问题过程、政治过程、政策过程。政策的议程设置是不同行为体在三个过程中博弈互动的结果。②

一些学者关注公共政策议程设置的模式，20世纪五六十年代，戴维·伊斯顿出版了《政治系统：政治学现状研究》(1953)、《政治分析的结构》(1965)、《政治生活的系统分析》(1965)等著作，提出了政策议程设置的"输入—输出"模式，并将这一模式应用于政治系统分析，并提出系统和环境形成互动的联系，系统的持续通过不断的输入、输出、反馈、再输入过程实现。具体到政策议程设置过程中，议程设置这对社会问题进行界定，将其引入政治系统中，这是一种"输入"。政策决策者根据不同议程设置者"输入"的信息做出政策决策，并以"输出"的方式予以公布，公共政策由此形成。输入—输出的政治系统分析模式被广泛应用于国内政治的研究中。

在《自上而下的政策制定》《理解公共政策》中，托马斯·R.戴伊（Thomas R. Dye）探讨了不同行为体在美国公共政策制定过程中所扮演的不同角色和进行的各种活动，比较了在政治学领域得到广泛应用的分析模型，通过对政策制定的过程和具体领域的政策分析，提出了议程双向设置的模型，戴伊提出议程设置的重要性体现在能够使决策者及民众关注某一焦点问题，并将有限的资源应用于解决最紧迫的社会问题。政策议程设置有两种方式，自上而下的议程设

---

① [美]小约瑟夫·斯特尔图，戴维·赫奇，詹姆斯·莱斯特. 公共政策导论[M]. 韩红，译. 北京：中国人民大学出版社，2011：63.

② John W. Kingdon, Agendas, Alternatives, and Public Policies[M]. New York：Addison – Wesley Educational Publishers，2003.

置方式是决策者主动提出或发现问题，并将其纳入政策过程。自下而上的议程设置方式是社会组织或底层群众用各种渠道表达利益诉求，引发决策者关注，并将该问题纳入政策过程的过程。①

伯纳德·科恩（Bernard Cohen）、罗杰·科布（Roger W. Cobb&）和查尔斯·埃尔德（Charles D.Elder）提出了议程设置阶段的分析模型，认为议程的发展分为不同阶段，不同阶段的议程设置遵循不同的逻辑。纳尔逊（Barbara J. Nelson）提出了议程设置的多级分析框架中，包括了问题认可、问题采纳、问题排序、问题维持等四个阶段。②科恩认为在议程设置过程中决策者会将问题具体化，并提出有针对性的政策方案。詹姆斯·E. 安德森和拉雷·N. 格斯顿提出了议程设置的触发机制理论模式。安德森提出在社会问题与政策问题之间，存在着一种触发机制。这种触发机制可以是网络社会舆论、重大突发事件，也可以是底层社会反抗和政治干扰。格斯顿明确将这种触发机制定为突发事件，突发事件能够扩大某一社会问题的影响，引发社会对该问题的关注程度，从而引起决策者和政府部门的重视，加快推动该问题进入政策决策的速度，从而实现这一问题的政策方案尽快出台，解决该问题。③科布（Roger W. Cobb）和埃尔德（Charles D. Elder）政策议程的触发装置分为内在触发装置和外在触发装置，前者包括自然灾害、意外人为事件、重大技术性变革、资源分配失衡、生态变迁，后者包括军事直接冲突、重大武器革新、间接国际冲突、世界联盟格局变化。④

第三节　国际政治议程设置理论的发展演变

与传播学和政治学议程设置理论的发展过程相似，国际政治学科的议程设置理论的演变也经历了从现象描述到理论分析到实证检验的发展历程。但与传播学和政治学议程设置理论的国内视角不同，国际议程设置理论关注国际层面

---

① 丁文. 政策议程设置研究：国内外学术进展解析 [J]. 江南论坛，2018（6）：39.

② Nelson, B. J. Making an Issue of Child Abuse：Political Agenda Setting for Social Problems[M]. Chicago：The University of Chicago Press, 1984：22-23.

③ 丁文. 政策议程设置研究：国内外学术进展解析 [J]. 江南论坛，2018（6）：39-40.

④ [美]杰伊·沙夫里茨，等. 公共政策经典 [M].彭云望，译. 北京：北京大学出版社，2008：126.

上个体如何影响国际议程，即国际政治行为体（国家与非国家行为体）如何将个体所关注的议题（issue）通过设置国际议程，引发国际关注并采取行动出台政策方案，从而实现治理。

国际政治学中关于议程设置的研究始于 20 世纪 70 年代，在时间上晚于传播学和政治学的议程设置的出现。最早关注到国际政治中议程设置现象的是罗伯特·基欧汉（Robert O. Keohane）和约瑟夫·奈（Joseph S. Nye），在二人合著的《权力与相互依赖》一书中，罗伯特·基欧汉和约瑟夫·奈对国际政治中的议程设置现象进行了描述，即在国际层次上，国家和其他行为体"在各种论坛展示自己的观点，并力图使自己关注的问题在国际组织中提出来，通过议程的扩大或缩小追求自身优势的最大化"[①]。约瑟夫·奈将议程设置称之为"制造情势"，即通过各种公开或者隐蔽的手段，将事情发展引向对自己有利的方向，并且在外界看来具有正当性和合理性，从而形成集体行动的共识。[②] 在某种程度上，"设置议程、塑造世界政治状态结构和在具体案例中让他国发生改变一样重要"[③]。在当今国际政治中，各行媒体高度重视国际议程设置，将其视作影响国际舆论、掌控国际话语权的重要途径。议题控制"成为获取和拓展权力的工具"[④]。基欧汉和奈的研究初步回答了"国际议程设置是否重要"的问题。

推动国际议程设置研究进一步深入，对国际议程设置理论进行理论分析的是理查德·曼斯巴赫（Richard W. Mansbach）、约翰·瓦斯克斯（John A. Vasquez）和史蒂芬·利文斯通（Steven G. Livingston）等人。20 世纪 80 年代，曼斯巴赫和瓦斯克斯提出了国际政治研究从"权力政治"主导的范式向"议

① Robert O. Keohane and Joseph S. Nye, Power and Interdependence：World Politics in Transition[M]. Boston：Little, Brown and Company, 1977：23–37.

② Robert O. Keohane and Joseph S. Nye, Power and Interdependence：World Politics in Transition[M]. 23–33;[美]罗伯特·基欧汉，约瑟夫·奈.权力与相互依赖[M].门洪华，译.北京:北京大学出版社，2003：34–35.

③ Joseph S. Nye, Jr. "Soft Power" [J]. Foreign Policy. No. 80, 1990：155, 166；Joseph S. Nye, Jr."The Changing Nature of World Power" [J]. Political Science Quarterly. Vol.105, No.2, 1990：181.

④ Steven G. Livingston. "The Politics of International Agenda – Setting：Reagan and North – South" [J]. International Studies Quarterly. Vol. 36, No.3, 1992：313.

题"主导范式转移的命题，[①] 在《寻找理论：一种全球政治的新范式》一书中，他们从理论上分析了国际议程设置的行为体、国际议程设置的渠道和平台、国际议程设置的周期和过程，回答了"国际议程设置为何重要"的问题，曼斯巴赫和瓦斯克斯认为全球政治变化的过程就是关键议题（critical issue）的提出和解决的过程。二人进一步指出，单个行为体能否成功地将其个体议程设置为全球议程或国际议程，关键取决于它是否拥有国际议程的"进入渠道（access routes）"："这些进入渠道决定了何种资源对于将议题纳入议程是必不可少的。"不同的国际政治行为体设置国际议程的方式不同，"高地位"的行为体（high-status actors）由于对全球传媒及国际组织具有巨大的影响力，可以直接设置国际议程；弱小的行为体由于资源有限，必须借助于这些声势显赫行为体的"特殊关系"或利用国际组织，才有可能引起前者的注意，从而间接设置议程。[②]

史蒂芬·利文斯通提出了议程"切入点"（access points）的概念，回答了"如何设置国际议程"的问题，利文斯通指出，国际政治的议程设置是通过"议程切入点进行的，也是通过切入点来进行议程控制的"。所谓"切入点"是指行为体构建令人信服的议题的场所。在国际政治中，它大致包括四类场所：全球知识生产场所、跨国网络及传媒、关键的国际组织或机制、国际会议或联盟等外交活动。正是通过这些切入点，问题的界定、政策备选方案和议题显著性三者结合起来，从而塑造了一项国际议题。[③] 此外，曼斯巴赫和瓦斯克斯还提出了"议题周期"概念，指出全球重大议题往往都要经历"酝酿、危机、仪式化、休眠或决策、权威性分配以及从议程中消失"几个阶段。

冷战结束后，随着国际关系多极化、民主化和组织化进程的加快，国际政治中出现了权力流散的趋势，非国家行为体的权力有所扩大。在这一趋势下，国际议程设置理论开始对非国家行为体的议程设置行为予以关注。他们主要关注具有国际影响力的媒体、专家群体、倡议团体甚至是个人等行为体的议程设置行为。

①　Richard W. Mansbach and John A. Vasquez. In Search of Theory：A New Paradigm for Global Politics[M]. New York：Columbia University Press, 1981：3 – 83.

②　Richard W. Mansbach and John A. Vasquez. In Search of Theory：A New Paradigm for Global Politics[M]. New York：Columbia University Press, 1981：96 – 103.

③　Steven G. Livingston. "The Politics of International Agenda – Setting：Reagan and North - South" [J]. International Studies Quarterly. Vol. 36, No.3, 1992：313.

除了在理论上探讨国际议程设置，从冷战结束后到 21 世纪初期，一些国际政治学者对国际议程设置进行了实证分析，对于推动国际议程设置的深入发展起到了重要的推动作用。这些学者主要包括肯尼斯·鲁兹福特（Kenneth R. Rutherford）、艾瑞克·希布亚（Eric. Shibuya）、查理·卡彭特（Charli. Carpenter）等人。肯尼斯·鲁兹福特主要关注国际非政府组织的国际议程设置行为，这与其他学者主要考察国家行为体的议程设置行为有很大的不同。肯尼斯·鲁兹福特通过实证研究发现国际非政府组织主要认知和规范两个层面进行议程设置，前者使国际社会认识到地雷议题的重要性，从而将地雷议题纳入国际议程。后者通过塑造禁雷的规范，最终禁止地雷使用。[①] 艾瑞克·希布亚通过全球变暖议程设置进行分析，对南太平岛国集体行动的考察，得出了一个重要结论，即弱小的行为体依靠集体的力量仍然可以成功设置国际议程。[②] 查理·卡彭特等人则关注人类安全网络的分析，强调处于倡导网络中心的组织的决策至关，并强调了五组因素：企业家属性、采纳者属性、更广泛的政治背景、问题属性和网络内部关系。其中，问题属性和网络内部关系尤为关键。他提出未来的研究可以对特定的跨国活动进行编码，以确定这些因素的哪种组合最典型地导致议程设置的成功或失败。对问题属性和网络内部关系的重视程度有所提高，而对更广泛的政治背景的重视程度有所降低。[③] 需要进一步的研究来准确地梳理出哪些因素在哪些语境中最重要。而新的研究要求更仔细地研究网络结构对跨国网络中的行动者的影响。

① Kenneth R. Rutherford. "The Evolving Arms Control Agenda：Implications of the Role of NGOs in Banning Antipersonnel Landmines" [J]. World Politics. Vol. 53，No. 1，2000：78 - 80，转引自韦宗友. 国际议程设置：一个初步分析框架 [J]. 世界经济与政治，2011（10）：44.

② Eric Shibuya. "Roaring Mice Against the Tide"：The South Pacific Islands and Agenda-Building on Global Warming[J]. Pacific Affairs. Vol. 69, No. 4 (Winter, 1996-1997)：541–555.

③ Charli Carpenter, Sirin Duygulu, Alexander H. Montgomery and Anna Rapp, Explaining the Advocacy Agenda：Insights from the Human Security Network[J]. International Organization. Spring 2014, Vol. 68, No. 2 (Spring 2014)：449 – 470.

第二章　国际议程设置：一个理论分析框架

第一节　国际议程设置研究的不足

国际议程设置是国际政治行为体将国际社会关注的议题按照优先性进行排序，并使之进入国际社会的政策决策过程。对于国家来说，国际议程设置权是一种稀缺资源。通过设置国际议程，将与本国利益密切相关的议题设置为国际议程，不仅有利于维护该议题领域的国家利益，也有利于加强该国的联系性权力，提升国家声誉。20 世纪 60、70 年代以来，特别是冷战结束后，全球性问题的泛滥对国际社会的治理能力形成了严峻的挑战。一些学者敏锐观察到国际政治中"议程设置"的现象，并提出国际政治研究中"议题"范式的重要性。[①] 围绕"议程设置是否重要"和"议程设置如何重要"这两个问题，学术界开展了学理讨论和实证研究。然而，对于国家设置国际议程的时机选择和国际议程设置的运作机理，学术界并未给予足够的重视。相关研究以国际议程设置的运作机理视为一种"黑箱"而刻意回避，或者从描述性而非分析性的视角将国际议程设置的运作机理视为国际议程设置过程的"一部分"。因此，需要从学理上进一步探讨国际议程设置的发生机制，其中的核心问题是：国家"何时""为何设置国际议程"，国际议程设置"黑箱"的内部结构及其运作机理是什么？

在国际政治的实践中，突发的重大国际事件往往凸显某一问题的重要性和紧迫性，引起国际社会的强烈关注，从而成为国际议程设置的触发机制。一般性的解释认为，随着影响范围的扩大和影响强度的增加，国际社会行为体对该事件进行议题界定，设置国际议程，推动议题进入国际社会的政策决策过程，

---

① Robert O. Keohane and Joseph S. Nye, Power and Interdependence: World Politics in Transition[M]. Boston: Little, Brown and Company, 1977:23-37; Richard W. Mansbach and John A. Vasquez . In Search of Theory: A New Paradigm for Global Politics[M]. New York：Columbia University Press, 1981:3 - 83.

并最终出台解决问题的政策方案，[1] 这种解释关注的是国际议程设置的过程，而非议程设置的内部结构及其运作机理。事实上，并非所有的突发重大国际事件都会"触发"国际议程设置。以两次石油危机为例，1973 年爆发的第一次石油危机，凸显了能源安全问题的重要性和紧迫性。为应对危机，美国设置了能源安全国际议程，加强了与西方盟国和主要石油生产国的合作，创建了国际能源机构（IEA），并形成了应对危机的一系列制度安排，对国际能源问题治理产生了深远的影响。1978 年底爆发的第二次石油危机，同样是国际能源政治中突发的重大国际事件，但美国并未像在第一次石油危机期间，设置新的国际能源议程加以应对，而是在现有制度框架内应对危机。表明国家"何时""为何"设置或不设置国际议程，是一个值得关注的重要问题。对这一问题的回答，需要触及国际议程设置"黑箱"的内部机构及其运作机理将制度分析与发展框架（Institutional Analysis and Development，IAD）引入国际议程设置分析。

本书提出了国际议程设置的"情境—行动者"解释模式。核心观点是国际政治的情境和情境下的行动者构成了国际政治的行动舞台，情境由情境要素和情境类别组成，情境的变化影响行动者的认知和行为，并构建改变了行动者之间的博弈类型，行动者根据不同的博弈类型，采取不同的博弈策略设置国际议程。突发重大国际事件可能使国际政治的参与导致情境发生根本性变化，也可能仅仅是一种偶发事件。只有当突发重大国际事件改变了国际政治的参与情境，国家才会设置国际议程，以应对变化的国际政治参与情境。

对于"国际议程设置是否重要"这一问题的讨论涉及国际政治中的权力分配。基欧汉和奈提出了以下观点：即一国在具体议题领域的国际议程设置能力并不取决于该国的总体权力，而是与该议题领域中的权力分布密切相关。[2] 奈把议程设置视为"软权力"的重要组成部分。[3] 斯蒂芬·利文斯通（Steven G. Livingston）把国际议程设置视为"获取和拓展权力的首要工具"。[4] 约翰·瓦斯克斯（John A. Vasquez）和理查德·曼斯巴赫（Richard W. Mansbach）则强调与国

[1] 韦宗友. 国际议程设置：一个初步分析框架 [J]. 世界经济与政治，2011（10）：49.

[2] [美] 罗伯特·基欧汉，约瑟夫·奈. 权力与相互依赖 [M]. 门洪华，译. 北京：北京大学出版社，2003：34-35.

[3] Joseph S.Nye, Jr., Soft Power. Foreign Policy[M]. No.80, 1990：155-166.

[4] Steven G. Livingston. The Politics of International Agenda-Setting：Reagan and North-South Relations[J]. International Studies Quarterly. Sep., 1992, Vol. 36, No. 3 (Sep., 1992)：313-315.

内社会不同，国际社会中不存在明确的、权威性的决策者，因此国际议程设置过程中存在着理解的博弈与竞争，诸多行为体都有自己的"议题清单"，成功的国际议程设置能够提出和解决关键议题（critical issue）。[①]

对于国际社会中的中小国家来说，国际议程设置是影响大国外交政策和国际社会关注的重要途径。克里斯托弗·丹顿（Christopher Darnton）提出，20世纪60年代，巴西等南美国家通过建立伙伴关系、发展美洲国家组织，形成拉丁美洲共识，设置了美洲议程并影响了美国外交政策的范围选项，"议程设置，而不是地区力量的不对称，影响了美国（对拉丁美洲）外交政策"。[②]埃里克·希布亚（Eric Shibuya）在研究中发现，南太平洋岛国通过将全球气候变化问题纳入国际政治议程，使国际社会关注到小岛屿国家在全球气候变化问题中的特殊利益。[③]

对于"国际议程设置如何重要"这一问题的分析关注国际议程设置的平台和过程，曼斯巴赫和瓦斯克斯指出，行为体能够成功设置国际议程，关键在于拥有国际议程设置的"进入渠道"（access routes）。利文斯通则强调"切入点"（access points）[④]选择对国际议程能否成功设置的影响。许尔克·迪杰斯特拉（Hylke Dijkstra）在分析欧盟共同安全与防御政策议程设置时提出，国际组织内的官僚在政策制定中有能力影响议程设置过程，关键在于他们具有"优越信息、先行者优势以及强大的国际网络"。[⑤]

在对国际议程设置过程的分析中，政治学的议程设置理论带来了很多启

① John A. Vasquez，Richard W. Mansbach. The Issue Cycle: Conceptualizing Long-Term Global Political Change [J]. International Organization,1983, 37(2):260 - 261.

② Christopher Darnton. Asymmetry and Agenda-Setting in U.S.–Latin American Relations[J]. Journal of Cold War Studies, 2012, 14,(4):55 - 92.

③ Eric Shibuya. "Roaring Mice Against the Tide": The South Pacific Islands and Agenda-Building on Global Warming[J]. Pacific Affairs. Vol. 69, No. 4 (Winter, 1996-1997)：541 - 555.

④ 利文斯通将国际议程设置的"切入点"分为四类：全球知识生产场所、跨国网络及传媒、关键的国际组织或机制、国际会议或联盟等外交活动。Steven G. Livingston.The Politics of International Agenda-Setting: Reagan and North-South Relations[J].International Studies Quarterly, 1992, 36(3): 313 - 329.

⑤ Hylke Dijkstra, Agenda-setting in the Common Security and Defence Policy: An institutionalist perspective[J].Cooperation and Conflict, 2012, 47（4）：454 – 472.

发，按照金登（John W. Kingdon）的观点，议程设置分为三种源流（streams），即问题源流（Problem Stream）、政治源流（Political Stream）和政策源流（Policy Stream），三条源流的交汇和共同作用推动了一项议题进入议程。[①] 曼斯巴赫和瓦斯克斯提出了"议题周期"概念，指出全球重大议题往往都要经历"酝酿、危机、仪式化、休眠或决策、权威性分配以及从议程中消失"几个阶段。肯尼思·拉瑟福（Kenneth R. Rutherford）从认知议程设置和规范议程设置两个层次考察了国际非政府组织在国际禁雷运动中的议程设置。[②] 一些国内学者也对国际议程设置的过程进行了分析，韦宗友将国际议程设置分为议题选择与界定、冲突拓展与利益动员、寻找切入点以及最终进入议程四个阶段。并做出了以下判断，即"国际议程设置并非是大国'通吃'的过程，而是一个具有诸多博弈者参与的'非集中、多层次'的博弈过程"。[③] 张发林从议题形成、议题传播和议题制度化的角度划分了国际议程设置的过程。[④]

总体来说，国际议程设置的研究相对较弱。政治学的议程设置相关理论，如"输入—输出"模型、双向设置、触发机制等理论模式已经有所触及议程设置的运作机理和过程，国际议程设置理论仍处于理论分析框架搭建和经验总结的阶段。

2011年，韦宗友在国内重要学术期刊《世界经济与政治》上发表学术论文《国际议程设置：一种初步分析框架》[⑤]，对议程设置理论的知识谱系进行了系统梳理。并提出了国际议程设置的初步理论分析框架，在国内学术界产生了一定的影响。韦宗友的研究在国内具有一定的开拓性。他提出了国际议程设置的阶段和过程，论述了如议题界定、切入点选择和政策备选方案在国际议程设置中的具体作用，具有一定的开拓意义。近年来，一些国内学者也关注到国际议程

---

① J. Kingdon, J.W.Agendas, Alternatives, and Public Policies[M].2nd Ed. New York: Longman, Inc., 2003.

② Kenneth R. Rutherford, The Evolving Arms Control Agenda: Implications of the Role of NGOs in Banning Antipersonnel Landmines[J].World Politics, 2000, 53(1):74 - 114.

③ 韦宗友. 国际议程设置：一个初步分析框架 [J]. 世界经济与政治，2011（10）：49.

④ 张发林. 化解"一带一路"威胁论：国际议程设置分析 [J]. 南开学报，2019（1）：146 – 155.

⑤ 韦宗友. 国际议程设置：一个初步分析框架 [J]. 世界经济与政治，2011（10）：38 - 52.

设置的重要性，并通过实证的方式对议程设置进行案例分析①。对于从学理上探讨行为体设置国际议程的时机选择、打开议程设置运行机理过程这一"黑箱"的学术研究还比较少，亟须进一步加强和提高。

第二节　国际议程设置的"情境—行为者"解释模式

在政策过程理论中，埃莉诺·奥斯特罗姆（Elinor Ostrom）等提出的制度分析与发展框架（Institutional Analysis and Development，IAD）提出了解释人类行为、互动及其结果影响的制度分析框架。② 在 IAD 中，行动情境（action situation）和该情境下的行动者构成了分析、预测和解释制度安排下的行为的行动舞台。行

---

① 程曼丽. 论"议程设置"在国家形象塑造中的舆论导向作用 [J]. 北京大学学报（哲学社会科学版），2008（2）：162-168. 吴瑛. 议程与框架：西方舆论中的我国外交话语 [J]. 欧洲研究，2008（6）：1-16. 陈正良，高辉，薛秀霞. 国际话语权视域下的中国国际议程设置能力提升研究 [J]. 中国矿业大学学报（社会科学版），2014（3）：93 – 98. 韦进深. 俄罗斯能源安全议程设置——安全化的视角 [J]. 国际展望，2013（3）：108 – 123. 韦进深. 中国能源安全国际议程设置路径探析 [J]. 国际展望，2015（4）：102 – 120. 吕松涛. 隐蔽的压制：国际政治中的排除型议程设置探析 [J]. 社会主义研究，2015（5）：139 – 143. 赵长峰，左祥云. 国际政治中的议程设置浅析 [J]. 当代世界与社会主义，2013（6）：122 – 126. 张发林. 化解"一带一路"威胁论：国际议程设置分析 [J]. 南开学报，2019（1）：146 – 155.

② E. Ostrom, R. B. Parks, G. P. Whitaker. Patterns of Metropolitan Policing[M]. Cambridge：Ballinger Books Co., 1978. Elinor Ostrom. An Agenda for the Study of Institutions[J]. Public Choice, 1986, Vol. 48, No. 1.1986：3-25. Elinor Ostrom. Governing the Commons：The Evolution of Institutions for Collective Action[J]. New York：Cambridge University Press,1990. Elinor Ostrom. A Behavioral Approach to the Rational Choice Theory of Collective Action：Presidential Address[M].American Political Science Association. The American Political Science Review,Vol. 92, No. 1. Mar., 1998：1-22. Elinor Ostrom. Understanding institutional diversity[M]. Princeton，NJ：Princeton University Press.,2005. Elinor Ostrom. Beyond Markets and States：Polycentric Governance of Complex Economic Systems[J]. The American Economic Review, Vol. 100, No. 3. JUNE 2010：641-672；Elinor Ostrom. Do institutions for collective action evolve?[J]. Journal of Bioeconomics，Vol.16 No. 1. 2014：3-30. 埃里诺·奥斯特罗姆. 制度性的理性选择：对制度分析和发展框架的评估 [R]. 保罗·A. 萨巴蒂尔. 政策过程理论 [M]. 彭宗超，钟开斌，等，译. 北京：生活·读书·新知三联书店，2004：45-91. [美]埃莉诺·奥斯特罗姆. 公共事务的治理之道 [M]. 余逊达，陈旭东，译. 上海：上海译文出版社，2012.

动情境能够"解释人类行动与结果的规律性并有可能改善它们"，主要变量包括：（1）参与者集合；（2）参与者担任的具体职位；（3）容许的行为集及其与产出的关联；（4）与个体行动相关联的潜在产出；（5）每个参与者对决策的控制层次；（6）参与者可得到的关于行动情境结构的信息；（7）成本和收益。这些因素"经常被用来建构正式的博弈模型"。行动者是一个单一的个体或者作为共同行动者起作用的群体，在制度分析中，行为者既是经济人，又是容易犯错误的初学者，前者假定行动者具有完备的、良好的偏好序和完全的信息，从而期望收益的最大化。后者则假定初学者会犯错误，但由于环境的变化，会促使行动者从错误中学到东西。

情境具有不确定性和复杂性，并且通常是变化的。处于情境中的行动者往往面临不完全信息和处理信息能力的挑战。因此，行动者在策略选择时有可能犯错误。但从长期看，行动者能够更好理解其所处情境，进而改变策略选择以实现更好的结果。情境的变化受到世界状态的属性①、社群属性和规则架构（Configurations）的影响。规则架构几乎完全构成了博弈形式，能够影响行动情境的所有要素。而世界状态的属性则会影响行动者的策略选择。依靠行动情景的分析性结构和行动者的假设，研究者就能够对结果做出强或弱的预测。

按照行动—结构的逻辑，情境分为结构性情境和行动性情境，按照理性—非理性的逻辑，则可以将情境分为理性情境和非理性情境。将情境分类的两个维度结合起来，情境可以划分为四种类型：（1）理性—结构情境即制度情境；（2）非理性—结构情境即关系情境；（3）理性—行动情境即常人情境；（4）非理性—行动情境即集群情境（如图 2-1 所示）。②

---

① 埃莉诺和文森特通过采纳"使用可分割性"（Subtractability of Use）和"排他性"（Excludability）两个特征，将所有的物品划分为四类：私人物品（Private Goods）、收费物品（Toll Goods）、公共物品（Public Goods）和公共池塘资源（Common Pool Resources），并称之为"事件的世界（the world of events）"，见李文钊. 制度分析与发展框架：传统、演进与展望 [J]. 甘肃行政学院学报，2016（6）：11.

② 费爱华. 情境的类型及其运作逻辑 [J]. 广西社会科学，2007（3）：178 – 181.

理性

| 常人情境 | 制度情境 |

行动 ———————————————————————— 结构

| 集群情境 | 关系情境 |

非理性

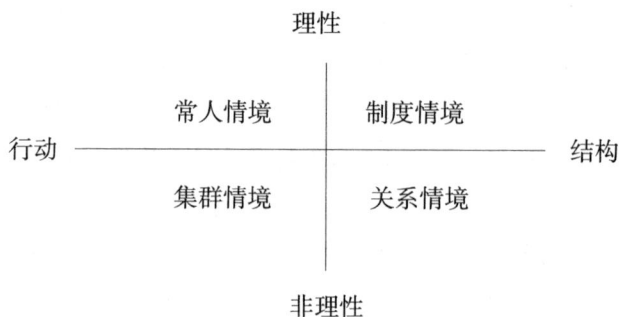

图 2-1 情境的四种类型

制度情境遵循法理的逻辑，在这一情境中，制度是人们广为接受的现实，行动者的行为受到制度的约束，较少发挥主观能动性。确定性成为制度情境下行动者行为的可靠预期。关系情境遵循权威的逻辑，在这一情境中，由于行动者的认知和行为的非理性，制度成为"关系"的附庸，权威成为影响行动者的主要因素。常人情境的运作遵循情理的逻辑，行动者的行为遵循平衡、互惠互利的原则，以合作的方式实现共处。集群情境是一种非常态的情境，其运作的逻辑是语言暴力。在这一情境中，当某一突发事件发生后，非理性的行动者往往采取语言暴力来宣泄情绪。

情境—行动者模式对于理解国际议程设置过程中的议题竞争和行为者博弈具有重要意义。将情境—行动者模式引入国际议程设置分析，有助于揭开议程设置过程的"黑箱"。本文提出了一种综合理论分析框架，对国际议程设置的过程进行分析，其作用机制如图 2-2 所示。

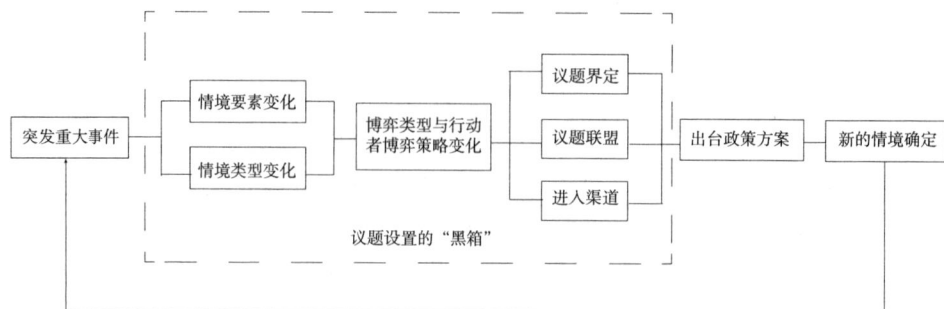

图 2-2 "情境—行动者"模式下国际议程设置的机理

首先，国际议程设置是在一定的参与情境之下进行的，突发重大事件往往意味着参与情境发生了重大变化，而情境的变化影响行动者的认知和行为变化，从而成为议程设置的"触发机制"。国际议程设置的情境包括以下要素：（1）行动者集合；（2）行动者的权力；（3）行动者的行为方式；（4）行动者行为的影响范围；（5）信息；（6）成本和收益；行动者的认知和互动建构不同的参与情境（制度情境、常人情境、关系情境和集群情境），并导致情境的变化。情境的变化本身是一个缓慢的长期过程，但往往以突发重大事件表现出来。因此，在应对突发重大事件的挑战中，参与者对突发重大事件所反映出的问题进行议题的界定（这也是利益认知的过程），并组建相应的议题联盟，选择合适的场所和渠道设置议程，以期出台解决问题的政策方案，最终实现问题的解决。

以能源安全议程设置为例，在国际能源领域，重大事件爆发凸显了能源问题的重要性，相关行为体基于不同的利益认知，将能源问题界定为不同的议题，并进行利益动员，寻求建立议题同盟。当议题同盟建立后，议程的设置者和参与者会利用已有的国际平台或创建新的平台，寻找议程设置合适的"进入渠道"（切入点），并争取将自己关注的议题作为主要议程加以讨论。通过多次议题竞争和权力博弈，有关各方就相关问题达成一致意见，出台并接受政策方案，进而实现议题的制度化和规范的塑造。

其次，情境的变化意味着情境要素全部或部分发生了变化，进而改变了议程参与者之间的博弈类型。在设置国际议程的过程中，议程参与者根据不同的博弈类型采取不同的策略，出台政策方案，推动议题的制度化，塑造了问题领域的国际规范，从而最终设置国际议程。

从情境的要素看，情境的变化意味着参与者的种类、权力、行为方式和影响范围发生改变，也反映了相关问题领域的信息和成本收益的变化。从而构建了新的博弈类型。在多边主义的框架内，行为体间的战略互动可以分为四种基本的博弈类型，即协作博弈、协调博弈、劝说博弈和保证博弈。[1]在特定的情境下，由于行动者的种类、权力、行为方式和影响范围未发生变化，并且具有明确的信息和成本收益，因此行为体之间的博弈类型是给定的，行为者的行为是可以预期，相应的制度安排和规范具有确定性。一旦情境发生变化，情境要素的全部或部分变化使博弈类型发生改变，行动者的利益认知也因此发生变化，在行

---

① [美]莉萨·马丁. 利益、权力和多边主义[M]//[美]莉萨·马丁, 贝思·西蒙斯. 国际制度. 黄仁伟, 蔡鹏鸿, 等, 译. 上海：上海人民出版社, 2006：35 – 64.

为上，行动者将重新界定议题，组建新的议题联盟，并根据不同的博弈类型采取不同的策略，通过设置议程的方式，出台对己有利的政策方案。

从情境的类别看，情境要素的变化也改变了行动—结构和理性—非理性的逻辑结构，从而使制度情境、关系情境、常人情境和集群情境发生变化。原来的特定情境下行动者所遵循的逻辑、制度、原则也将发生变化。在理性—结构的制度情境中，行动者主要围绕出台什么样的政策方案、建立什么样的制度安排展开竞争，直到新的制度安排出现。在理性—行动的常人情境中，行动者从理性的视角出发，遵循情理的逻辑，以合作的方式应对情境变化所带来的挑战，对于问题的解决和出台政策方案奠定了基础。在非理性—结构的关系情境中，重要变化是权威及其他行动者与权威关系的变化。在关系情境中，权威的更替或者权威权力变化不仅直接影响其声誉，而且重塑了权威与其他行动者的关系，从而对国际议程设置产生重要影响。在非理性—行动的集群情境下，起决定作用的逻辑是语言暴力[①]。重大突发事件产生后，由于信息的缺乏，一些行动者往往从非理性的情绪反应出发，采取语言暴力，对事件本身或其他行动者进行攻击、造谣甚至污名化。

最后，情境变化的停止和确定新的情境表明行动者之间的博弈实现了均衡，也意味着解决某一问题政策方案的出台和议题制度化的实现，一个议程设置周期的完成。虽然学术界早就关注了议程设置的周期和过程，但对于议程设置何时完成以及标志是什么，却存在较大的争议。韦宗友认为议题最终进入议程设置的"进入渠道"标志着议程设置的完成。[②]张发林则将议题的制度化视为议程设置完成的标志。[③]通过将情境—行为者模式引入国际议程设置分析，可以得出一个结论，即情境的变化是国际议程设置的诱因，而情境变化的停止和新的情境确定下来，表明情境要素之间的互动达到了新的平衡，行动者不需要设置新的国际议程应对情境的变化。因此，情境变化的停止和确定新的情境不仅意味着国际议程设置的结束，也是判定国际议程设置效果的评价标准。

---

① 费爱华. 情境的类型及其运作逻辑 [J]. 广西社会科学，2007（3）：181.

② 韦宗友. 国际议程设置：一个初步分析框架 [J]. 世界经济与政治，2011（10）：49.

③ 张发林. 化解"一带一路"威胁论：国际议程设置分析 [J]. 南开学报，2019（1）：146－155.

第三节　国际议程设置的过程

议程设置周期和议程设置过程的概念有助于我们理解如何设置国际议程。斯巴赫和瓦斯克斯指出全球重大议题往往都要经历"酝酿、危机、仪式化、休眠或决策、权威性分配以及从议程中消失"几个阶段，提出了"议题周期"的概念。

约翰·金登将政府的议程设置分为问题过程、政治过程和政策过程。Eric Shibuya 将通过分析南太平洋岛国将全球变暖议题设置为国际政治议程案例发现，在问题过程中，危机因素对于提高议题的显著性，从而进入国际议程设置至关重要。[①]韦宗友将国际议程设置分为议题选择与界定、冲突拓展与利益动员、寻找切入点以及最终进入议程四个阶段。[②]

结合相关理论的研究成果，本文将议程设置效果评价体系纳入国际议程的设置过程，认为完整的国际议程设置周期包括问题过程、政治过程、政策过程和评价过程。在议程的备选方案出台之后，国际社会对该方案及包含其中的国际规范有一个价值评价，好的方案和规范会被国际社会行为体所接受，国际规范内化为国内规范。如果方案和规范不被接受，则进入新的国际议程设置周期。在不同的问题阶段，议程设置者的行为重点均不同（如图 2-3 所示）。

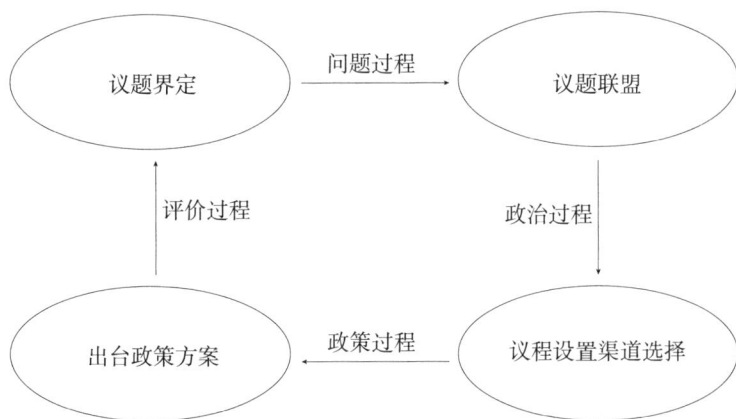

图 2-3 国际议程设置的过程与周期模型

① Eric Shibuya. "Roaring Mice Against the Tide"：The South Pacific Islands and Agenda-Building on Global Warming[J]. Pacific Affairs, Vol. 69, No. 4 (Winter, 1996 - 1997)：541-555.

② 韦宗友. 国际议程设置：一个初步分析框架 [J]. 世界经济与政治，2011（10）：49.

1. 问题过程与议题界定

国际议程设置的根本目标是议程设置者通过设置国际议程，将与自身利益密切相关的个体议题上升到国际（全球）议题，最终实现议题的去安全化。因此，在进行议题界定时，存在个体层面的利益认知和群体层面的利益认知。就个体层面而言，议程设置者不仅要考虑到议题的重要性与紧迫性，而且对该议题与自身的利益关系有明确认知，并推动与自身有重大利害关系的议题优先进入议程。这就需要议程设置者对自身利益有明确的认知。就群体层面来说，议程设置者与群体之间既有利益认知相一致的问题领域，也有利益认知相冲突的问题领域。同一问题因不同的利益认知不仅影响议题界定，而且对议程设置者进行利益动员，建立议题联盟产生制约，直接影响议程设置的结果。以瓦努阿图将海平面上升界定为全球安全议题而非全球变暖议题为例，海平面上升与全球变暖密切相关，但其最终影响的是南太平洋岛国的生存，是关系国家存亡的核心利益。因此在议题界定时，海平面上升最终因利益认知的变化被界定为全球安全议题并成功设置为国际议程。[①]

2. 政治过程与建立议题联盟

在国际社会中，议程设置者数量众多，利益偏好差异悬殊，加之国际议程设置有限的"承载能力"，决定了国际议程设置是一个偏好汇集和利益博弈的过程。因此，议程设置者必须具有强大的利益动员能力，才能够建立起广泛的议题同盟，最终成功设置国际议程。从个体议题上升为国际议题，通过国际议程设置增强该议题的显著性，并最终通过国际合作的方式实现议题的"去安全化"，在这一过程中，议程设置者通过引导国际社会"思考什么""如何思考"的方式来维护自身利益，并占据伦理道义的"制高点"。然而，议程设置者数量众多，利益偏好差异悬殊，加之国际议程设置有限的"承载能力"，决定了国际议程设置是一个偏好汇集和利益博弈的过程。因此，议程设置者必须具有强大的利益动员能力，能够建立起广泛的议题同盟，最终成功设置国际议程。以美国设置能源安全国际议程为例，1973年石油危机后，能源安全问题在美国迅速"安全化"，成为美国国内重要的政治议题。由于中东阿拉伯产油国的石油禁运政策，西方国家出现了严重的利益冲突，为协调立场，1974年2月，美国召开华盛顿能源会议，

---

① Eric Shibuya. "Roaring Mice Against the Tide": The South Pacific Islands and Agenda-Building on Global Warming[J]. Pacific Affairs, Vol. 69, No. 4 (Winter, 1996-1997): 541-555.

协调各国立场，成功设置了能源安全国际议程，并出台了政策方案，即制定紧急配额计划，创建国际能源机构（IEA）。美国成功设置能源安全国际议程的关键在于能源安全议题并非仅对美国有重大利害关系，还涵盖了其他西方国家的利益。这是美国协调各国立场，成功进行利益动员，建立能源安全的议题联盟的根本。因此，利益动员与建立议题联盟的核心在于寻找个体利益与群体利益的重合点，协调个体利益与整体利益，从而成功设置国际议程。

3. 政策过程与选择议程设置渠道

对于国家行为体来说，是否拥有国际议程的"进入渠道"是权力的重要体现。实力强大的国家能够凭借其权力直接设置国际议程，其议程设置的渠道可以是双边的谈判、对话和协商机制，也可以是利用国际会议、论坛和国际组织等多边机制。对于实力弱小的中小国家和非国家行为体来说，国际组织等多边机制是其设置或者参与设置国际议程的重要平台和渠道。对于自主性较强的国际组织来说，也可以通过主办国际会议、举办国际论坛等方式，建立新的议程设置平台和渠道，推动议题进入国际议程。

此外，选择议程设置契机和寻找议程设置的切入点对于议程设置者来说非常重要。一般而言，全球突发重大事件往往为国际议程设置提供契机。如石油危机为美国设置能源安全国际议程提供了重要契机，2001 年的"9·11 事件"启动了"反恐"的国际议程设置。2008 年金融危机提高了 G20 在国际金融治理中的地位和作用，并启动了全球经济金融治理的国际议程。2019 年底暴发的新冠肺炎疫情，则提高了全球公共卫生问题的显著性，进而设置了全球公共卫生治理的国际议程。

4. 评价过程与出台政策方案

能否出台为国际社会所接受的政策方案、构建起解决问题的国际规范，是国际议程设置成功与否的重要标志。在国际议程设置的政策过程中，议程设置者必须进行广泛的利益动员，尽可能多地争取支持者，游说立场摇摆者，与反对者进行谈判、妥协，最终出台政策方案，使议程中的问题得以治理，这也决定了国际议程设置将是一个重复并且长期的过程。

由于议程设置效果评价过程的缺失，传统的议程设置理论往往认为议程设置是单一线性发展过程而非多维多向的周期性发展过程。也就是说，传统的议程设置理论将出台政策方案作为议程设置的终点，议程设置过程并不包括政策的价值评价。然而，国际社会中存在的大量反例事实说明对于政策方案的利弊认知往往是一个议题被反复设置为国际议程的前提。近几年，由于利益认知的变化，美国在全球气候领域、世界贸易领域、核裁军与军备控制领域采取"退出"或"威胁退出"的做法，事实上否定了原先的政策方案，"重置"了相关议题的国际议程。

从实用主义的角度出发，政策方案的有效性是判断国际议程是否成功设置的关键，即政策方案在大多程度上能够解决议题背后所反映的问题。好的政策方案能够解决问题，并使议题在议程中的显著性降低乃至消失。反之，则会导致议程设置者反复设置该议题的国际议程，并出台新的政策方案取代原有的政策方案。从国际规范的角度看，成功的议程设置会推动议题的制度化并生成国际规范，新的国际规范在大多程度上为成员国所接受并内化为国内规范，这是判断国际议程是否成功设置的规范标准。

将国际规范生成和传播纳入国际议程设置的效果评价体系，并将评价过程嵌入国际议程设置周期，在国际议程设置和国际规范研究架起桥梁，不仅有助于人们正确认识一个议题为何长期反复被设置为国际议程，而且有助于人们对国际规范的生成及传播进行学理的思考。[①] 首先，国际议程的成功设置以政策

---

① 关于规范的生成、传播及退化的理论分析可见：Martha Finnemore and Kathryn Sikkink. "International Norm Dynamics and Political Change"[J]. International Organization，Vol.52，No. 4, 1998：887 - 917. Amitav Acharya. "How Ideas Spread：Whose Norms Matter? Norm Localization and Institutional Change in Asian Regionalism"[J]. International Organization，Vol. 58，No. 2，2004：248 — 249; Amitav Acharya. "Norm Subsidiarityand Regional Orders：Sovereignty，Regionalism，and Rule-Making in the Third World"[J]. International Studies Quarterly，Vol.55，No. 1，2011：95-123; Antje Wiener. "Contested Meanings of Norms：A Research Framework"[J]. Comparative European Politics，Vol. 5，2007：1-17; Ryder Mc Keown. "Norm Regress：US Revisionism and the Slow Death of the Torture Norm"[J]. International Relations，Vol. 23，No. 1，2009：5-25; Michael J. Glennon. "How International Rules Die"[J]. Georgetown Law Journal，Vol. 93，No. 3，2003：939 - 991. 国内学者的研究成果有潘亚玲. 国际规范生成：理论反思与模型建构 [J]. 欧洲研究，2015（5）：45 - 67. 潘亚玲. 国际规范更替的逻辑与中国应对 [J]. 世界经济与政治，2014（4）：122 - 135. 潘亚玲. 安全化、国际合作与国际规范的动态发展 [J]. 外交评论，2008（3）：51 - 59. 黄超. 说服战略与国际规范传播 [J]. 世界经济与政治，2010（9）：72 - 87. 林民旺，朱立群. 国际规范的国内化：国内结构的影响及传播机制 [J]. 当代亚太，2011（1）：136 - 160. 柳思思. 从规范进化到规范退化 [J]. 当代亚太，2010（3）：145 - 160.

方案为国际行为体接受和政策方案所蕴含的国际规范内化为结果。其次，国际行为体对国际议程设置主导权的争夺往往包含着利益认知的冲突和规范的激烈竞争。国际规范的竞争、退化、更替往往意味着国际议程被重新设置，这是一个新的议程设置周期的肇始。

从安全化理论视角看，存在性威胁、言语行动和建构主体间性是安全化理论的核心概念，是议题安全化周期的不同阶段。安全化是一项国际规范从兴起、普及到内化阶段的主导性动力。[①] 在国际议程设置中，一项议题被设置为国际议程也是该议题"安全化"的过程，国际议程设置的问题过程是有助于提高议题的显著性，推动国际社会认知存在性威胁。在国际议程设置的政治过程，议程设置者进行利益动员、建立议题联盟，选择议程设置契机和寻找切入点，是议题安全化的言语行动。能否出台政策方案，塑造国际规范，建构主体间性，是国际议程设置的政策过程和评价过程。能否出台能为国际社会普遍接受的政策方案，构建问题得以有效治理的国际规范，成为判定议程是否成功设置的重要标志。

---

① 潘亚玲. 国际规范的生命周期与安全化理论——以艾滋病被安全化为国际威胁为例 [J]. 欧洲研究，2007（4）：68–69.

第二部分　案例分析：国家与国际议程设置

第三章　两次石油危机期间美国能源安全国际议程设置

第一节　第一次石油危机与国际能源政治参与情境变迁

对于能源议程的设置者和参与者来说，国际能源体系的变迁塑造了相关行为体议程设置的参与情境，决定了不同行为体围绕能源安全议程设置进行博弈的类型及其在博弈中的地位。第一次石油危机后，国际能源政治的参与情境发生了根本性的变化。我们可以从情境要素变化和情境类型变化认识第一次石油危机前后的国际能源政治的参与情境变化。

一、国际能源政治情境要素的变化

1. 行动者集合的变化

19世纪中后期，石油逐渐取代煤炭成为世界的主要能源。一战期间，石油的军事意义和战略价值开始凸显。一战结束后，随着石油的使用范围从军事领域向社会其他领域的扩展，西方国家对石油的消费量越来越大。在巨大的利润面前，西方国家的资本纷纷向石油行业集中，国际石油公司开始出现，影响越来越大。[①]到20世纪20年代，国际能源政治形成了国际石油公司"七姐妹"垄

---

① 王才良，周珊. 石油巨头：跨国石油公司兴衰之路 [M]. 北京：石油工业出版社，2011.

断的格局。为勘探开发中东地区的石油，1928 年，美国的埃克森石油公司和英国石油公司、壳牌石油公司签署《阿奇纳卡里"按现状"协定》。同年，美、英、荷、法四国政府和石油公司签署《红线协定》。1930—1934 年，国际石油公司又签署并执行《红线协定》的附属协定。"《'按现状'协定》划分了市场份额，《红线协定》划分了开采领地，它们共同组成了世界石油工业的卡特尔。"[①]利润、市场和垄断地位是国际石油公司这一时期的主要目标。

二战结束后，随着非殖民化运动的开展，中东民族国家纷纷宣告独立。扩大自身石油权益、夺回石油主权成为中东石油生产国的主要目标。石油生产国作为主要参与者进入国际能源政治领域。联合斗争成为石油生产国的主要行为特点。1960 年 9 月 14 日，沙特阿拉伯、委内瑞拉、伊朗、科威特和伊拉克五国宣布成立石油输出国组织。20 世纪 60 年代，收回租借地成为中东石油生产国与西方国际石油公司斗争的主要内容。20 世纪 70 年代，争夺石油定价权成为斗争的焦点。1970 年 10 月，欧佩克第 21 届部长会议决定以整体方式参与争夺石油定价权。1971 年，欧佩克组织的海湾国家通过谈判，与国际石油公司签署了《德黑兰协定》和《的黎波里协定》，国际石油公司垄断石油价格时代宣告终结，欧佩克与国际石油公司共同决定石油价格。这为第四次中东战争爆发后，中东石油生产国以石油为武器进行斗争奠定了基础。国际能源政治的行动者集合发生变化，国家与国际石油公司同为国际能源政治的行为体。

2. 行动者的权力

按照苏珊·斯特兰奇（Susan Strange）的观点，权力分为联系性权力和结构性权力。联系性权力是让他人做其不愿意做的事情的权力。结构性权力是"形成和决定全球各种政治经济结构的权力"。[②]对于石油生产国而言，夺回石油主权和掌握石油定价权，增强了石油生产国的联系性权力。20 世纪 70 年代，随着西方国家石油消费国对中东地区石油依存度的增加，中东石油生产国的联系性权力进一步扩大。然而，由于西方国际石油公司拥有资本、技术和市

---

① Peter F. The problem of Plenty：Energy of Policy and International Politics[M]．Berkley ,Los Angeles, CA：University of California Press，1985：85.

② [英]苏珊·斯特兰奇．西方国际政治经济学导论——国家与市场 [M]．杨宇光，等，译．北京：经济科学出版社，1990：29.

场的优势，在整个石油工业中形成了垄断优势，中东石油生产国虽然控制了石油资源，但难以对国际石油公司在生产、金融和知识的结构性权力构成挑战。因此，中东产油国在夺回石油主权后，不得不继续选择与国际石油公司进行合作。中东石油生产国在联系性权力扩大的同时，并不能挑战国际石油公司结构性权力。这也是在石油危机期间，中东石油国家之间就石油武器使用存在争论的原因所在，并解释了危机后不久，中东石油国家为什么选择与美国进行合作。

3. 行动者的行为方式

作为资本主义国家，在资本私有制基础上开放市场，鼓励竞争和发展自由贸易是其主要的经济特征。对于石油供应不足的问题，第一次石油危机爆发前，美欧等西方国家采取的主要策略是通过市场调节的方式满足其不断增长的能源需求。因此，西方国家鼓励国际石油公司的海外扩张，不干预国际石油公司的具体经营，并由此形成了霸权护持下的美欧石油公司主导的国际石油秩序。

对于国际石油公司来说，一方面，作为西方国家能源利益的代表，发展战略要"遵从母国的外交政策和国际战略，关键时候也得听命于母国政府"。另一方面，国际石油公司具有独立性，其投资行为、生产行为和销售行为遵循利益最大化和市场原则，是独立的国际能源行为体。事实上，20世纪50年代，国际石油市场供过于求，国际石油公司为维持市场份额，纷纷采取降价的策略。国际石油公司的这种市场行为损害了中东石油生产国的利益，并引发了中东石油生产国主权意识的觉醒。

对于石油生产国来说，在霸权主导下的国际能源秩序中，石油生产国处于不利的地位。在与国际石油公司的关系中，石油生产国处于弱势，难以通过发展本国的石油企业与国际石油公司竞争。因此，石油生产国必须依靠国家的力量，以联合斗争的方式从国际石油公司手中夺回石油主权和石油定价权。国家管控石油生产、价格和销售成为石油生产国参与国际能源政治的主要行为特征。

4. 行动者行为的影响范围

对于国际石油公司来说，在20世纪70年代前，国际石油公司垄断了石油工业的上下游，并通过相互之间盘根错节的联系，形成了庞大的利益共同体，凭借资本、技术和市场的优势，活动范围覆盖全球。20 世纪 70 年代以后，国际石油公司进入动荡调整期，国际石油公司通过调整结构和资产重组，形成了以埃克森美孚、BP、壳牌、雪佛龙、道达尔、康菲六个超级石油巨头的新格局，经营活动仍具有全球影响力，是国际能源政治的重要行为体。

随着收回石油主权并掌握石油定价权，以 OPEC 为代表的石油生产国的影响力扩大。与之相伴随的是西方国家石油消费需求的增加和石油依赖的增强。发达国家对中东和北非地区的石油进口比例急剧增加。第一次石油危机爆发前，日本对中东地区的石油进口在其进口总量中超过 70%。西欧对中东和北非地区的石油进口占其进口总量的 54%，美国对中东和北非地区的石油进口也增加到 7%。[①] 第一次石油危机期间，阿拉伯石油生产国的禁运、减产、提价等措施主要针对西方国家，但由于国际石油市场的联动效应，其行为具有全球影响力。

石油危机对西方国家的能源治理无疑是一大挑战。危机爆发后，美国与西方盟国之间就应对危机产生了分歧，但美国并未从根本上改变中东政策，而是通过调整能源政策，重构美国的能源安全体系。美国的措施主要由三个方面：一是发展替代能源，减少对石油的依赖；二是建立西方石油消费国的同盟，以合作和协调的方式确保石油供应；三是巩固并发展与中东石油生产国的同盟关系。作为体系的霸权国，美国的行为变化无疑具有全球影响力。

5. 信息

石油危机前，对于是否使用石油武器和石油武器的使用范围，中东产油国之间存在分歧。利比亚、阿尔及利亚、伊拉克等国家态度激进，多次警告要将石油与阿以冲突挂钩，以确保石油权益。沙特阿拉伯则态度温和，反对将石油与政治挂钩，希望通过石油与美国进行合作。但随着国内和阿拉伯世界压力的增大，沙特阿拉伯坚定了使用石油武器的决心，并向美国政府传递将使用石油武器的信息。

沙特阿拉伯传达信息的方式有三：一是 1973 年 4 月，沙特阿拉伯石油和矿产资源大臣艾哈迈德·扎基·亚马尼访问美国，警告美国政府官员劝说以色列

---

① Steven A. Schneider. The Oil Price Revolution[M]. Baltimore：Johns Hopkins University Press, 1983：105.

遵守联合国 242 号决议，否则沙特"很难提高甚至维持目前的石油产量"。[①]
二是通过阿美石油公司高层警告美国政府改变立场，否则将会采取行动。三是
1973 年 8 月，费萨尔国王访美期间，通过媒体宣称"美国全力支持犹太复国主义，
同阿拉伯人作对，这就使得沙特很难继续向美国提供石油，甚至难以继续与美
国保持盟友关系"。[②]

因此，在情境变化的过程中，对于行为者而言，有时不在于信息的匮乏，
而在于对信息的忽视或误判，这点在中东产油国采取石油武器之前，沙特向美
国政府传达信息而没有引起美国政府重视中得到具体体现。

6. 成本和收益

作为理性行为体，在变化的情境中，行动者对所采取的行动的后果有成本
和收益的考量。西方世界对中东地区石油的依赖增强了中东产油国的联系性权
力，提高了以石油武器改变西方国家的外交立场、解决阿以冲突的意愿。对中
东石油生产国而言，使用石油武器可以巩固石油主权，提高石油收入，并且迫
使西方国家改变支持以色列的政策。不使用石油武器则会导致阿拉伯世界的分
裂，并被其他阿拉伯国家孤立，甚至危及统治的基础。对于西方石油进口国来说，
由于缺乏应对危机的替代方案，中东石油生产国的减产、提价和选择性禁运造
成西方国家 GDP 增长下降、物价大幅上涨、失业人数创二战后新高，西方社会
经历了二战后最严重的经济衰退和社会恐慌。在此情境下，以美国为主的西方
能源消费国开始设置能源安全国际议程，应对因第一次石油危机而凸显的能源
安全问题（见表 3–1）。

① Alan Dowty. Berkeley. Middle East Crisis：U.S. Decision-Making in 1958, 1970 and
1973[M]. University of Califorina Press, 1984：206.

② SAlan Dowty. Middle East Crisis：U.S. Decision-Making in 1958, 1970 and 1973[M].
Berkeley：University of Califorina Press, 1984：206. .

表 3-1　第一次石油危机前后情境要素的变化

时间 情境要素	第一次石油危机前	第一次石油危机后
行动者集合	国际石油公司	国际石油公司、石油生产国、石油消费国
行动者权力	国际石油公司垄断权力	石油生产国控制石油生产和价格；国际石油公司拥有资金、技术和运输优势；石油消费国拥有市场优势
行动者行为方式	垄断行为和市场行为并存	石油生产国是管控方式；国际石油公司和石油消费国大体是市场行为方式
行动者行为的影响范围	全球性影响	全球性影响或地区性影响
信息	信息充足、透明、可预期	信息泛滥、不透明、难以预期
成本与收益	维持国际石油公司主导的石油秩序成本越来越大，收益减少	对石油生产国来说，推翻国际石油公司主导的石油秩序、建立石油生产国主导的石油秩序收益大于成本

资料来源：作者根据公开资料整理而得。

二、国际能源政治情境类型的变化

1.国际能源政治制度情境的变化

一战后，英国（和法国）将中东地区变为自己的"委任统治地"，通过英国石油公司（BP）和壳牌石油公司，英国控制了世界上除北美地区外最重要的石油产地，其中最重要的是波斯（伊朗）和美索不达米亚（伊拉克），并建立了英国主导的石油秩序。与此同时，美国国内石油需求的迅速增加，刺激了美国石油公司进入中东地区，美国开始挑战英国主导的石油秩序。经过长达 8 年的交涉和谈判，美英国际石油公司达成妥协，并逐渐形成了国际石油公司主导下的制度安排。这些制度安排包括：

（1）国际石油公司间的制度安排——《红线协定》与《"按现状"协定》

《红线协定》是美英国际石油公司开发中东地区石油的重要制度安排，1928 年 7 月 31 日由美英国际石油公司签署，主要包括两个方面的内容：一是对伊拉克石油公司的股份安排，由美国五家石油公司①组成的近东开发公司与英波石油公司、壳牌石油公司和法国石油公司各拥有伊拉克石油公司 23.75% 的股份，卡洛斯特·古尔班坎拥有 5% 的股份。二是对伊拉克石油公司经营地域范围的规定，即埃及以东、波斯以西，除科威特外的所有海湾国家。该区域由古尔班坎用红线标出，因此称《红线协定》。此外，协定还保留了"自我放弃"条款，即除非通过伊拉克石油公司，各股东公司放弃单独在中东地区的石油开发。

1928 年 8 月，新泽西标准石油公司、英国石油公司和壳牌石油公司签订《"按现状"协定》（又称《阿奇纳卡里协定》），提出了国际石油公司为控制石油生产、避免竞争和维持石油价格进行协作的原则，主要内容包括：各公司增加石油产量以维持目前市场份额为前提；剩余生产能力按成本提供给其他石油公司；不扩大生产能力，除非需求增加；以市场最低价决定自己的石油价格；将运输成本保持在最低水平；保证市场份额不被其他地区流入的石油所破坏；避免石油业成本上升。此后，几乎所有国际石油公司都签署了这个协议。由此，国际石油公司结成了利益共同体，并建立了国际石油公司主导下的石油秩序。

（2）国际石油公司与东道国间的制度安排——石油租借权制度与利润分成制度

石油租借权（Oil Concession）制度是一种不平等的经济制度安排，主要内容是东道国（殖民地）将一定面积的国土连同地下资源，按照一定条件租借给国际石油公司，在合同有效期内，外国公司可以在租借地上任意进行石油勘探、开采和经营，并完全占有全部生产出来的石油，国际石油公司仅向东道国缴纳租借权使用费和少量的税收，东道国对国际石油公司在租借地的行为不能干预。通过石油租借权制度，美英石油公司以极低的成本，控制了中东地区的石油勘探开发，这是一种资源掠夺行为。

早在 1901 年，英国商人威廉·诺克斯·达西与伊朗政府签署租让协定，获得了除北部五省外伊朗全境的石油租借权，期限 60 年，该租借权后为英波石油公司拥有。1912 年，土耳其石油公司（即后来的伊拉克石油公司）获得美索不

---

① 五家美国石油公司是新泽西标准石油公司、纽约标准石油公司、海湾炼油公司、大西洋炼油公司和泛美石油运输公司，其中新泽西标准石油公司和纽约标准石油公司各拥有近东开发公司 25% 的股份，其余三家公司共同拥有 50% 的股份。

达米亚地区的石油租借权。随着美国国际石油公司向中东地区的发展，通过《红线协定》，美国国际石油公司与英国国际石油公司共同分享中东地区石油开发的权力（见表3-2）。此后，美国的国际石油公司通过获得石油租借权的方式，进一步加大了在中东地区勘探开发。

表3-2 国际石油公司在中东地区的租借权

国家/地区	国际石油公司	内容
伊朗	英波石油公司	除北部5省外伊朗全境的石油租借权，期限60年
伊拉克及其他海湾地区	美、英、荷、法等国石油公司	通过伊拉克石油公司分享除科威特外海湾阿拉伯地区的石油租借权
巴林	加州标准石油公司	在加拿大注册子公司的巴林石油公司开发巴林的石油资源，于1932年发现石油
沙特阿拉伯	加州标准石油公司	特许有效期60年，租借地36万平方英里，成立加州—阿拉伯标准石油公司开发沙特阿拉伯地区石油。此后租借期延长至95年，租借地面积增加到113.92万平方英里，占沙特国土的70%
科威特	海湾石油公司/英波石油公司	双方成立各持股50%的科威特石油公司，联合开发，平分石油产量

资料来源：作者根据公开资料整理而得。

随着中东地区石油勘探和开采，国际石油公司获得了巨额的石油收益，但作为东道国的中东产油国，并不能从石油生产中获得任何收益，国际石油公司仅向东道国支付少量的租让权使用费。以沙特阿拉伯为例，1949年，阿美石油公司获得的石油收益是石油租让权使用费的3倍，甚至向美国政府缴纳的税收，比石油租让权使用费还多出400万美元。直到1950年底，在沙特阿拉伯的斗争下，阿美石油公司才同意与沙特阿拉伯实行利润分成。这种不平等的石油租借权制度与利润分成制度成为石油生产国与国际石油公司斗争的焦点。

（3）石油定价机制——从单基点定价制度到双基点定价制度

近代石油工业诞生于美国，美国长期是世界上最大的石油生产国和出口国，在解体之前，标准石油公司作为行业垄断性的石油托拉斯，掌握了石油的定价权，确定了以美国墨西哥湾沿岸为基点来确定油价，运往世界其他地区的石油价格以墨西哥湾沿岸油价加标准运费定价，即单基点定价制度。

随着中东石油的开发，在《"按现状"协定》中，国际石油公司推广了海湾基价加运费制度的单基点定价制度，即中东石油的价格仍以海湾基价加上从墨西哥湾到销售地的标准运费来定价。由于中东地区生产成本较低，推广使用海湾单基点定价制度，能够使国际石油公司获得更多的利润，并防止廉价的中东石油对世界石油价格造成冲击。

二战结束后，为了复兴欧洲经济，美国推动中东地区成为欧洲的主要石油供应地，因此需要把中东地区的石油价格降下来。国际石油公司修改了单基点定价制度，退出了双基点定价制度，即西半球的石油价格仍按照海湾基价加标准运费来定价，而中东地区的石油价格将按照新基点加标准运费来定价，新的基点最初选在马耳他共和国，后来移到伦敦，这样欧洲进口中东石油价格要低于从西半球进口石油的价格，中东成为欧洲石油的主要进口地区。1949 年，中东石油定价的平衡基点又移往纽约，低价的中东石油大量涌入美国市场，欧洲和美国对中东石油的依赖性大大提高。

（4）危机前后国际能源政治制度情境的变迁

第一，国际石油公司间关系的制度安排随着美国石油霸权的确立而变迁。

1928 年国际石油公司签订的《红线协定》为美国石油公司突破限制，开发中东地区石油奠定了基础。但《红线协定》中的"自我放弃"条款对加入伊拉克石油公司的美国石油公司形成了制约。二战结束后，美国成为世界政治中的霸权国，为了进一步控制中东地区的石油开发，建立美国霸权主导下的石油新秩序，在美国政府的支持下，1946 年 12 月到 1948 年 11 月，新泽西标准石油公司和纽约标准—真空石油公司通过与其他伊拉克石油公司股东方谈判的方式，解除了《红线协定》。二战结束后，美国利用伊朗石油国有化运动，通过成立伊朗国际石油财团，控制了伊朗石油的勘探、开采、加工和销售。此后，美国国际石油公司加大了联合开发中东地区的石油，中东地区石油生产被美国的国际石油公司完全控制。

第二，石油生产国夺回石油权益的斗争终结了不平等的石油租借权制度与利润分成制度。

对国际石油公司主导的制度安排形成致命性冲击的是中东产油国石油主权意识的觉醒和夺回石油生产控制权和定价权的斗争。在国际石油公司主导市场的情况下，中东产油国从石油生产中获得的收入只有石油租让权使用费和少量的利润分成。20 世纪 50 年代，国际石油市场供过于求，国际石油公司为维持市场份额，纷纷采取降价的策略，中东产油国石油主权意识觉醒，与西方国际石油公司展开了争夺石油定价权的斗争。1960 年 9 月 14 日，欧佩克成立，石油生产国决定采取集体行动争取石油收入的最大化。

20 世纪 60 年代末，国际石油市场发生了有利于石油生产国的变化，供不应求的市场格局扩大了石油生产国的结构性权力，夺回石油定价权的有利契机已经到来。1969 年，卡扎菲掌握政权后，利比亚采取了通过削减石油产量提高西方石油公司标价并取得了成功，国际石油公司单方面决定石油标价的局面首次被打破。1970 年 10 月，欧佩克第 21 届部长会议决定以整体方式参与争夺石油定价权。1971 年，欧佩克组织的海湾国家通过谈判，与国际石油公司签署了《德黑兰协定》和《的黎波里协定》，国际石油公司垄断石油价格时代宣告终结，欧佩克与国际石油公司共同决定石油价格。

第三，通过第一次石油危机，石油生产国彻底掌握石油定价权。

中东产油国的权力和影响国际石油市场的能力在第四次中东战争期间得到检验。1973 年 10 月 6 日战争爆发后，伊拉克宣布将欧美石油公司在巴士拉石油公司的股份收回国有，叙利亚、黎巴嫩关闭了过境的输油管道。10 月 16 日，海湾国家决定单方面将石油价格从 3.01 美元提高到 5.12 美元，幅度为 70%。10 月 17 日，阿拉伯石油输出国组织会议决定逐月削减石油产量。几天内，所有阿拉伯产油国都至少削减了 10% 的产量并宣布对美国禁运，禁运持续到 1974 年 3 月才宣告结束。

首先，中东产油国石油减产和禁运引发了第一次石油危机，其直接结果是国际石油价格从每桶 3.01 美元飙升了 3 倍，上涨到每桶 11.65 美元，西方国家经济遭受沉重打击，二战后西方世界经济快速增长时期宣告结束。

其次，中东产油国完全控制了本国的石油生产，完全掌握了石油价格的定价权。

最后，分化了西方国家在中东政策上的一致立场，日本、西欧各国第一次公开支持阿拉伯世界，反对美国的中东政策，西方联盟的团结面临瓦解。

2. 国际能源政治关系情境变化

第一，美国剩余石油生产能力消失，"权威"地位有所动摇。

二战结束后，美国凭借其强大的实力成为世界政治中的霸权国。在国际能源政治中，美国凭借其强大的石油生产能力和对中东地区石油的控制，成为国际能源政治中的"权威"，其他西方国家基于共同的价值理念、社会制度与美国结盟，建立了盟友关系。美国凭借其石油剩余生产能力，在其他西方国家面临石油供应威胁时，能够提供替代方案，保障西方世界的能源安全，这在苏伊士运河危机期间得到了验证。20世纪60年代末，随着美国石油剩余生产能力的消失，国际能源政治的关系情境发生了重大变化。其重要标志就是美国权威地位的衰落，美国及西方国家在石油权力结构中处于劣势地位，不能通过增加石油产量的替代方案确保石油供应安全，美国及西方国家在石油问题上政策出现分歧，西方联盟也因此面临巨大的挑战。

第二，西方国家对中东地区石油依赖进一步加深。

二战结束后，西欧经济的复苏严重依赖中东地区的石油，1950年，从中东进口的石油占欧洲进口石油的85%[①]。1956年10月，英、法为取得对苏伊士运河的控制权，支持以色列发动了第二次中东战争。战争期间，埃及封锁运河，欧洲面临严重的石油供应危机，伊拉克、沙特等国家封锁了通向地中海的石油管道，使得欧洲每天石油短缺216.5万桶，相当于欧洲石油需求总数的67%。为了解决西欧的石油供应危机，美国政府与国际石油公司密切合作，实施了石油援助（Oil Lift）行动，主要内容是迅速增加西半球的石油生产，取代中东向欧洲输送石油。石油援助行动使欧洲的石油供应安全很大程度上得到弥补，直至苏伊士运河危机结束。

需要指出的是，欧洲石油供应安全的保障在于存在一种替代方案，即在中东石油供应出现问题时，来自西半球尤其是美国的石油供应可以弥补中东石油供应的缺口，而这是以西半球尤其是美国的石油剩余生产能力为前提的。确保中东石油对盟国的供应成为美国对外能源政策的重要目标之一，这也加强了西方联盟的团结。

第三，危机期间美国与西方国家在中东政策上立场分化。

第一次石油危机爆发前，美国与西欧国家对中东地区的石油进口依赖大幅增加。1973年，西欧对中东和北非地区的石油进口依存度为54%，美国对中东地区的石油进口依存度为7%。西方世界对中东地区的石油减产和供应中断更加

---

① Richard H.K. Vietor. Energy Policy in America Since 1945：A Study of Business Government Relations[M]. Cambridge：Cambridge University Press, 1984：106.

敏感和脆弱，美国与盟国之间在多边框架内的石油合作问题上出现分歧，这为中东产油国在第四次中东战争期间采取"分而化之"的策略提供了机遇。阿拉伯石油输出国组织对法国、英国、西班牙等国不采取石油禁运措施，保证获得100%的石油供应。对比利时、日本削减石油供应。对支持以色列的美国、荷兰、葡萄牙等国禁止供应石油及石油制品，同时禁止向对美国等国转口石油的国家出口石油。

"分而化之"的策略取得了一定成功。在石油危机期间，日本与西欧国家公开谴责以色列，支持阿拉伯国家，批判美国的阿以政策。欧洲共同体通过决议，要求以色列归还 1967 年以来所占领土。日本对阿拉伯国家持同情立场，支持要求以色列撤出所占领土的联合国 242 号决议。

3. 国际能源政治常人情境变化

常人情境遵循情理的逻辑，即行动者选择合作而非对抗的方式实现共处。因此，常人情境可以说是前制度情境，也可以说是制度情境的补充①。在国际能源政治领域，由于国际能源权力的流散和能源行为体的多元化，以合作的方式维护能源安全成为能源行为体的主要选择。

第一，阿拉伯石油生产国内部在是否使用石油武器以及石油武器的使用范围上存在分歧。

在关于使用石油的问题上，阿拉伯石油生产国组织的成员利比亚、阿尔及利亚、伊拉克等国家态度激进，多次警告要将石油与阿以冲突挂钩，以确保石油权益。沙特阿拉伯则态度温和，反对将石油与政治挂钩，希望通过石油与美国进行合作。尽管危机期间沙特也参加了石油禁运，但始终与美国保持沟通。沙特阿拉伯的态度和立场，对于危机的最终解决发挥了决定性作用。

第二，西方国家在能源合作的具体制度设计上存在认知差异。

由于对中东地区石油的依赖程度不同，美国与西欧国家在如何通过能源合作，解决石油供应问题上存在认知差异。西欧国家（尤其是法国）希望出台与阿拉伯国家关系的新政策，通过与中东石油生产国建立合作机制来解决石油供应和石油价格问题，法国甚至倡议召开石油消费国和生产国对话会议以解决能

---

① 费爱华. 情境的类型及其运作逻辑 [J]. 广西社会科学，2007（3）：179.

源合作问题。[①]美国则坚决反对对 OPEC 进行妥协，希望建立石油消费国之间的同盟，所有石油消费国在多边框架内加强合作，来应对能源问题。在双边层面，美国选择沙特和伊朗这两个主要的中东石油生产国，发展"海湾双柱"。第一次石油危机期间，伊朗没有参与石油禁运使美国将伊朗视为保证石油供应安全的重要盟友。而态度温和的沙特阿拉伯是美国重要的能源合作对象。在美国看来，通过改善和发展与沙特阿拉伯的关系，减少对以色列援助，推动阿以和谈，营造对美国有利的中东政治环境，能够改善因第一次石油危机而恶化的石油供应环境，维护美国的能源安全。

4.危机期间国际能源政治的集群情境

与其他情境不同，集群情境是一种非常态情境。集群情境的形成来自突发重大事件或一些行动者有意操纵。在该情境下，由于信息的不足，行动者往往对事物充满怀疑和敌视，其非理性行为表现出冲动、偏执、专横和保守等特征。在集群情境下，往往充斥着语言暴力，"阴谋论""威胁论"等观点盛行，行动者往往采取对他者进行污名化的言语行动。

第一次石油危机构建了国际能源政治的集群情境，在这一情境下，西方国家的国内民众、西方国家政府之间充斥着非理性的言语行为，对美国设置能源安全国际议程产生了一定的负面影响。

首先，美国国内民众对政府的能源政策、国际石油公司的行为普遍的不信任和怀疑。在危机面前，美国国内有人认为危机是美国政府有意为之，目的在于"提高美国同欧洲和日本竞争中的优势"，或者是"转移对水门事件的注意力"。也有美国民众将矛头指向国际石油公司，认为石油危机是国际石油公司一手策划和操纵的。基辛格在回忆录指出，有人认为美国对石油涨价持欢迎态度，美国政府鼓励提价甚至于其他国家串通提价。[②]

其次，在危机面前，西方联盟内部之间也产生了诸多非理性的言行。以法国为代表的西欧国家指责美国偏袒以色列的做法引发了危机，西欧国家选择支

---

① 1975 年 12 月，国际经济合作会议（又称南北对话）在法国巴黎举行。1977 年 5 月，国际经济合作会议部长级会议再次在巴黎召开，在会议的核心问题能源问题上，未达成任何协议。

② Henry Kissinger. Years of Upheaval[M]. Boston：Little Brown, 1982：888.

持阿拉伯国家的立场。美国则对欧洲国家通过缓和与阿拉伯国家关系应对危机大为不满，认为欧洲国家过分讨好欧佩克。围绕石油供应问题，美日之间也相互指责，"日本指责石油巨头把运往日本的石油改为运往美国，美国指责日本为了保证供应出高价抬高了石油价格"。[①]

最后，在美国与中东产油国的关系问题上，西方媒体有报道认为中东产油国的行为违反了市场的原则，对美国和西方世界的能源安全产生了严重影响，鼓吹占领中东地区、特别是占领沙特阿拉伯的重要性。就连基辛格本人甚至也发出了占领中东油田的威胁。

第二节　美国能源安全国际议程设置与博弈策略选择

石油危机后国际能源政治的参与情境变化决定了美国设置能源安全国际议程所处的博弈场景。对美国来说，危机期间中东产油国的禁运不但严重冲击了美国的经济，对人民生活造成重大影响。而且在危机面前，西方联盟内部产生了重大分歧，美国在战后第一次无法在重大问题上与西欧盟国进行政治协调。因此，显著的危机提升了能源安全议题的重要性，石油供应问题和石油价格大幅波动成为危机后美国对外政策的核心问题之一。禁运解除后，在基辛格的主导下，美国开始考虑出台相关政策来使美国摆脱困境，在美国与西方盟友以及美国与中东国家的外交活动中，美国设置能源安全国际议程，并最终出台了政策方案，成功地维护了美国及盟友的石油供应安全。

一、美国在能源问题上的利益认知与议题界定

第一次石油危机使美国加强了对石油作为战略资源重要性的认识，也使美国认识到石油作为一种政治经济工具对世界事务的影响。石油价格波动和能源保障问题引发了美国国内能源政策的大辩论。为应对危机，尼克松政府成立了联邦能源署（Federal Energy Administration，FEA），并提出了能源独立计划（Project Independence），主要目的是开发美国石油生产的潜力，实现能源独立，以摆脱对进口石油的依赖。但是美国的能源独立计划并未获得成功，与之相反，两次

---

① 赵庆寺. 20世纪70年代石油危机与美国石油安全体系：结构、进程与变革 [D]. 上海：复旦大学，2003：109.

石油危机期间，美国从 OPEC 成员国进口石油持续增长，其中来自中东阿拉伯石油生产国的石油进口更是从 1973 年的 90 万桶增长到 1978 年的 300 万桶（见图 3-1）。

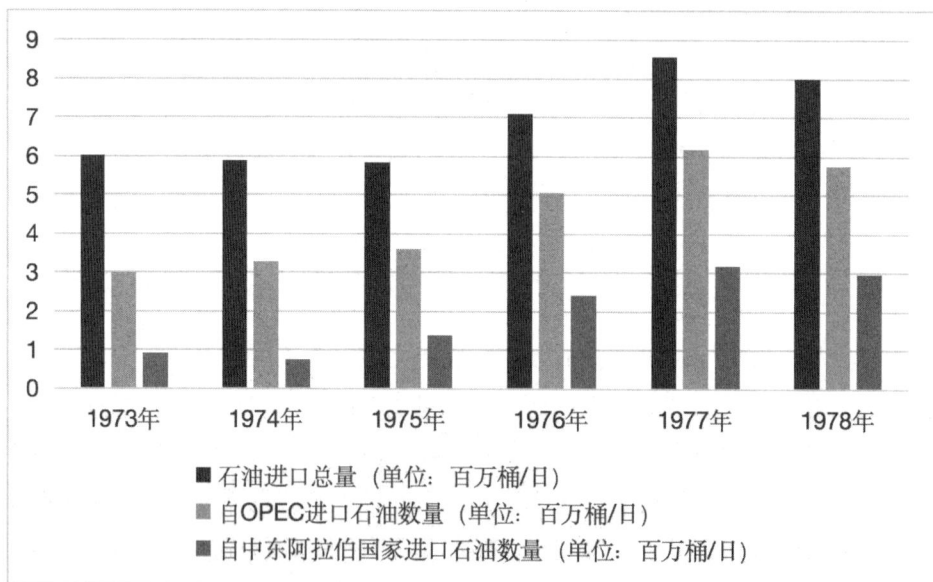

图 3-1 1973—1978 年美国进口石油情况表

资料来源：Robert J. Lieber. The Oil Decade[M]. New York: Praeger, 1983：97.

更为重要的是，第一次石油危机期间，日本、西欧等国家在中东政策上与美国的分析使美国认识到能源问题不仅是石油供应安全和价格波动的问题，更有可能导致大西洋联盟的分裂。对日本及西欧国家来说，日本 50% 的石油进口来自阿拉伯国家，西欧 65% 的石油进口来自阿拉伯国家。能源问题不仅是石油供应短缺和油价上涨的问题，更是危及政治和经济安全的重大问题，对中东石油的进口的高度依赖以及缺少替代方案，日本与西欧国家在中东政策上与美国拉开了距离。对于石油消费国来说，石油的供应安全和合理的油价是能源安全的两个基本目标，由于对中东地区石油的依赖不同，日本与西欧国家主要关心供应安全，而美国则更关注油价和西方联盟的团结。因此，美国界定能源安全议题的主要目标有两个：一是建立石油消费国的多边合作机制，加强西方联盟的团结。二是与主要中东石油生产国合作①，防止类似事件再次发生，确保石油供应安全和价格合理。因此，在美国设置能源安全的过程中，与日本、西欧国家等盟友以及沙特阿拉伯、伊朗等中东地区主要产油国的合作对于重建美国石油霸权、维护能源安全至关重要。一方面，建立与西方协调行动的机制，重建联盟在石油问题上的团结与信任，是在欧佩克主导石油秩序下重塑美国石油霸权的基础。另一方面，加强与伊朗、沙特阿拉伯等中东产油国的关系、深化美国与中东产油国的合作，是防止中东产油国动辄以石油武器相威胁的关键。

二、博弈类型、策略选择与议题联盟的建立

在美国与西方盟友及中东产油国的互动中，由于动机及偏好的差异，事实上形成了两种不同的博弈类型，美国与西方盟友的互动属于协调博弈（Coordination Game），与沙特、伊朗的双边互动则属于劝说博弈（Suasion Game），在两种不同类型的博弈过程中，由于美国采取了不同的博弈策略，最终得到了最优结果。这为美国成功设置能源安全国际议程奠定了基础。

1. 与西方盟友的协调博弈及美国的策略选择

协调博弈是在博弈所给定的收益空间中，存在两种可能的均衡结果，博弈双方都有一个偏好的结果，在此情况下，主要的困境是决定两种均衡中谁将获胜，"两个博弈者在这点上并不一致并且对结果的讨价还价都可能变得十分紧张，特别在博弈者希望把结果保持到更远的将来的时候"②。

在如何应对危机再次爆发的具体方案选择上，西方盟友之间的立场并不一致，突出表现在美国与法国的政策主张上。1973 年 12 月，基辛格提出了工业民主国家成立"能源行动小组"，建立（石油）消费国集团，在涉及能源问题的一切领域实行合作的"基辛格计划"。

西方盟友则持保留态度，根据基辛格的会议，欧洲各国政府实际上"都不那么赞成采取行动……但他们并不想采取一致的外交行动，认为力图联合就会

---

① 美国坚决反对与 OPEC 进行多边谈判，认为这将加强 OPEC 的权力，从而使西方处于不利地位。见 Henry Kissinger, Years of Upheaval[M].Boston: Little Brown, 1982: 881.

② [美] 莉萨·马丁，贝思·西蒙斯. 国际制度 [M]. 黄仁伟，蔡鹏鸿，等，译. 上海：上海人民出版社，2006：44.

激使产油国进行报复"①。二者之间的博弈情形如表 3-3 所示。

表 3-3 美国与盟友的协调博弈

建立消费国联盟 S₁		盟友	
		反对建立消费国联盟 S₂	
美国	建立消费国联盟 S₁	4, 3 (P, N)	2, 1
	反对建立消费国联盟 S₂	1, 2	3, 4 (P, N)

注：S_1、S_2 分别代表两种不同方案，P 表示帕累托最优，N 表示纳什均衡。

对于石油危机之后的美国及其盟友来说，加强西方联盟的团结，进行能源合作、确保石油供应安全是共同目标，虽然在具体的合作方案上有分歧，但因石油问题而导致联盟分裂是谁也不愿意看到的局面。在与盟友的博弈中，美国偏好建立石油消费国之间的联盟，以西方联盟间的合作提高能源利用效率，开发替代能源，从而确保长期稳定的能源供应。西方盟友对此持保留态度，尤其是法国持强硬的反对立场，主张在联合国框架下进行石油生产国和消费国的对话。虽然盟友对美国方案态度保留，但也不愿意公开反对，防止出现"共同失利的困境（Dilemma of Common Aversion）"。在维护西方联盟的团结上，美国与盟友之间具有基本共识，这为华盛顿能源会议的召开和国际能源机构的建立提供了前提。

协调博弈有两个基本特征：

第一，尽管博弈双方的偏好有所不同，但必须有一个共同的意愿和选择趋向。

第二，博弈双方必然有一方做出轻微的让步，这对双方都是有利的。② 为了实现美国的意图，美国采取了与西方国家沟通协调的博弈策略。在石油危机期间，美国就认识到能源安全不仅使美国及西方盟友的石油供应安全，而且涉及西方联盟的团结。因此，美国的能源计划的主要内容就是"处理能源消费国之间的长期关系以及能源政策协调问题。"③1973 年 12 月 4 日，美国国家安全

---

① [美]亨利·基辛格. 动乱年代：基辛格回忆录（第三册）[M]. 张志明，邱应觉，等，译. 北京：世界知识出版社，1983：57.

② 见王正毅. 全球化与国际政治经济学：超越"范式"之争？[J]. 世界经济与政治，2010（10）：15.

③ Memorandum of Conversation[R]. November 26,1973, FRUS,1969 - 1976, Vol. XXXVI, Energy Crisis ,1969 - 1974：697–701.

委员会顾问班子向基辛格递交备忘录（12.4 备忘录），提出美国应利用自身优势同西方盟友展开政策谈判，具体内容包括"经合组织框架内的能源共享安排；能源研究与开发领域的合作；应对能源对西方联盟的挑战化及美欧日能源政策的协调问题"①按照这一框架，1973 年 12 月 12 日，基辛格在英国清教徒协会的演讲中正式提出"基辛格计划"，主要内容是"建议工业民主国家成立'能源行动小组'——实际上就是建立消费国集团来促进代用能源的发展，促进节约能源，并同产油国进行谈判"②，美国将为此提供强有力的资金和技术支持。1974 年 1 月 9 日，美国正式邀请主要能源消费国参加华盛顿国际能源会议，会议的主要目的是落实基辛格的"能源行动小组"倡议并寻求达成协议。美国的战略意图就是通过与其他能源消费国的沟通及谈判，建立能源消费国的联盟，构建能源安全领域的国际规范。

2. 与沙特阿拉伯的劝说博弈及美国的策略选择

从博弈类型看，美国与沙特之间的能源博弈属于劝说博弈，莉萨·马丁曾以出口控制协调委员会（COCOM，又称巴黎统筹委员会）为例，来解释博弈参与方实力对比严重失衡的条件下，博弈参与方的策略选择。"由于霸权面临的困境就是要劝说或强迫其他国家去合作"③，莉萨·马丁将其称为"劝说"博弈。美国与沙特阿拉伯在能源合作上的博弈情形如表 3-4 所示。

表 3-4　美国与沙特阿拉伯的劝说博弈

合作 S_1		沙特阿拉伯	
		不合作 S_2	
美国	合作 S_1	4, 3 (P, N)	3, 4(P, N)
	不合作 S_2	2, 2	1, 1

注：S_1、S_2 分别代表合作与不合作，P 表示帕累托最优，N 表示纳什均衡。

劝说博弈会产生两种均衡结果，但任一均衡结果都会有一方不满意。对于实力强大的一方 A 来说，其主导战略是合作。对于实力弱小的一方 B 来说，选

---

① 舒建中. 美国对外能源政策与国际能源机构的建立 [J]. 美国研究，2013（1）：92-93.

② [美] 亨利·基辛格. 动乱年代：基辛格回忆录（第三册）[M]. 张志明，邱应觉，等，译. 北京：世界知识出版社，1983：57.

③ [美] 莉萨·马丁，贝思·西蒙斯. 国际制度 [M]. 黄仁伟，蔡鹏鸿，等，译. 上海：上海人民出版社，2006：46 – 48.

择不合作能够获得收益的最大，因此 B 有背叛合作的动机。对于 A 来说，另一方选择合作，实力强大的博弈方获益最大，博弈长生（4，3）的纳什均衡。如果 B 选择不合作，但只要 B 的背叛行为不足以改变全面的权力均衡，也可以"容忍"对方的"搭便车"行为，从而产生收益为（3，4）的纳什均衡。假如 B 的不合作策略威胁到权力的均衡，对于 A 来说，可以采取两种策略使实力弱小的一方选择合作。一是采取威胁的策略，对 B 的不合作将采取非理性的行为，并且 A 的非理性行为具有可信性。二是采取问题联系策略，这种问题联系策略"要么是威胁要么是承诺"，威胁 B 的背叛行为将影响到双边其他领域的合作，承诺如果 B 选择合作，将促进双方的长期利益，也就是马丁所说的提高相互合作所支付的额度（额外付款）[1]。美国与沙特的能源合作属于典型的劝说博弈。作为中东地区产油国的沙特阿拉伯，在美国重塑石油霸权的过程中具有重要地位。在美国与沙特阿拉伯能源博弈中，美国设置能源安全国际议程采取了问题联系策略和威胁策略。

第一，将能源合作与美沙关系挂钩，全面加强美国与沙特的政治、军事和经济联系。石油危机之后，美国认识到沙特作为中东地区（也是世界）最大产油国和持温和态度的阿拉伯国家对于美国石油供应安全的重要性，沙特的合作对于美国重塑石油霸权至关重要。美国必须"劝说"沙特在能源政治领域进行合作。为此，美国采取了问题联系策略，把能源问题与美沙关系的发展联系起来，承诺沙特的能源合作将促进美国与沙特关系的发展。在政治领域，1974 年 6 月，沙特王储法赫德访问美国，此后不久，尼克松总统回访沙特，美沙政治关系加强。在美沙关系升温的背景下，美国与沙特成立了美沙经济合作委员会和美沙安全合作委员会，美沙盟友关系得以强化。在经济领域，美沙确定把美元作为石油结算的唯一货币，此后，OPEC 成员国也接受美元作为石油交易的唯一结算货币，石油美元建立。一方面，沙特将巨量石油美元投资于美国的金融和经济领域，沙特在经济上对美国的依赖加深。另一方面，石油美元回流美国有助于平衡美国的财政赤字，美国政府鼓励美国企业参与沙特经济建设，美沙之间的经济联系日益加强。在安全领域，美沙军事合作加强，沙特成为美国在中东地区最重

---

[1] [美]莉萨·马丁，贝思·西蒙斯. 国际制度 [M]. 黄仁伟，蔡鹏鸿，等，译. 上海：上海人民出版社，2006：47 – 48.

要的盟友。美国加大了对沙特的武器出口，同时推动沙特的军事现代化，修建军事设施、建设军事院校、培训军事人员等。从 70 年代到 80 年代，沙特花在向美国购买武器及进行军事合作的总费用达到了 340 多亿美元。[①] 通过问题联系战略，美沙的能源合作进一步深化。第一次石油危机后，沙特再也没有对美国使用石油武器。

第二，在使用问题联系策略的同时，美国也采取威胁策略，使沙特认识到不合作可能带来的严重后果。1974 年底，基辛格在一次采访中表示在出现重大危机的情况下，不能保证"美国在任何情况下都不会使用武力，但使用的前提是出现了石油价格的巨大争执，或者是对工业国产生了致命的影响"[②]。美国的武力威胁在中东产油国产生了重大影响。沙特国王和政府对"美国针对沙特的恐吓深表失望和担忧，对他和美国政府的关系产生了怀疑"，并表示沙特会因美国政策的变化而改变对美政策。虽然美国政府解释称从未认为采取军事行动是回应石油价格的"合理途径"，但随着舆论的扩散，西方媒体充斥着鼓吹占领中东地区、特别是占领沙特重要性的报道，这表明，美国的威胁进行了精心的时机选择并进行了舆论准备，对沙特及中东产油国形成压力。"基辛格占领油田的威胁其真实的目的存在于两个方面，一个是在美国石油霸权解体，西方联盟分裂，OPEC 国家又不愿合作解决油价高企问题的情况下，对沙特等中东产油国进行恐吓，以恐吓推动合作；另一个是基辛格确实有过占领油田的考虑。"[③] 威胁之所以没有变成现实，一是美国认为导致采取军事行动的最糟糕的结果并没有出现，二是"因为时机未到，也因为顾虑颇大"。[④]

三、议程"进入渠道"与政策方案的出台

通过华盛顿国际能源会议协调各方立场，推动"能源行动小组"由倡议落实为具体行动计划。1974 年 2 月 11 日至 13 日，西方国家部长级的华盛顿国际

---

① 徐孝明. 论第一次石油危机后美国对沙特的外交政策 [J]. 广西师范大学学报（哲学社会科学版），2010（2）：133.

② Editorial Note[R]. FRUS,1969 – 1976,Vol.XXXVII, Energy Crisis,1974 – 1980：108.

③ 郑功. 20 世纪 70 年代的两次石油危机与美国中东石油政策的调整 [D]. 南京：南京大学，2015：124.

④ 江红. 为石油而战：美国石油霸权的历史透视 [M]. 上海：东方出版社，2002：400.

能源会议举行，基辛格通过与参会各国代表的双边会晤了解各方的真实态度，即西欧国家不愿意看到西方联盟的破裂，并不支持法国的立场。美国则传达这样一个信号，即能源问题与安全和经济相联系，能源关系西方联盟的团结。美国的策略取得了成功，在美国坚持通过协调一致的多边行动解决能源安全问题的立场下，除法国外，其他国家做出让步，选择了妥协。会议发表最后公报，同意在经合组织框架内制定一个综合性的行动计划，并建立一个"能源协调小组"就相关问题展开进一步磋商。能源协调小组成立后，1974年6月，美国提交了综合应急方案，主要内容是建立消费国的石油储备目标和紧急状态下的石油分享机制，成立美国主导下的石油消费国组织。1974年9月，根据美国的"综合应急方案"，相关国家达成了国际能源计划的最终文本，并决定成立一个政府间国际能源机构来执行国际能源计划。1974年11月15日，国际能源机构（IEA）正式成立，11月18日，《国际能源计划》临时生效。[1] 美国实现了建立能源消费国联盟的目标。

国际能源机构由理事会、管理委员会（已合并到理事会）、常设工作组、秘书处组成。其中理事会为最高权力机构，由代表成员国的能源部长或高级官员组成。

应急共享体系（ESS）是国际能源机构的核心机制，为确保成员国"以公平合理的价格获得可靠的石油供应"，国际能源机构要求成员国执行以下义务：第一，石油储备。成员国必须承担相当于90天石油净进口量的石油储备义务。第二，石油需求限制。每个成员国需制订计划随时准备采取可能的石油需求限制措施，如果国际石油市场的供应减少7%时，其成员国将按同样的比例减少消费；如果国际石油市场供应短缺12%以上时，除要求其成员国减少10%的消费外，将立即启动紧急应急措施，由国际能源机构理事会决定动用石油储备，并由所有的成员国分享。[2]

美国与沙特阿拉伯间的能源安全议程设置主要通过发展双边关系来完成。

---

[1] 按照约定，《国际能源计划协定》自11月18日起临时生效。1976年1月19日正式生效。

[2] 1984年，国际能源机构理事会提出了"协调应急反应措施"（CERM）。根据"协调应急反应措施"的安排，即使供应短缺小于7%，成员国也会采取协调行动向市场释放库存石油，从而增加了应急共享制度的灵活性。

随着石油禁运的解除，美沙特殊关系进入新的阶段。1974 年 3 月，沙特宣布恢复禁运前 850 万桶 / 日的石油产量。1974 年 6 月，美国与沙特签署了一系列双边经济合作协定，主要内容涉及经济、金融、军事等领域。1974 年 6 月 15 日，尼克松访问沙特后，美沙关系进一步发展。1974 年 12 月，美沙签署协议，沙特确定把美元作为石油结算的唯一货币，并把大量的石油资金投资于美国的股票和房地产。此后，其他石油生产国也宣布在石油贸易中使用美元结算。石油美元体系正式形成。

第三节 第二次石油危机与美国能源安全议程设置效果评价

一、第二次石油危机的影响与美国的应对

1978 年，伊朗爆发伊斯兰革命，1979 年 4 月 1 日，伊朗以全民公决的方式，正式成立伊朗伊斯兰共和国。伊朗是中东地区重要的产油国，伊斯兰革命对伊朗的石油生产和出口造成重大影响。从 1978 年 10 月，伊朗石油出口量逐渐减少，到 12 月底，伊朗完全停止了石油出口，由此造成了国际石油市场减少了约 550 万桶 / 日的供应量，石油价格短时间内从 13 美元 / 桶涨至 34 美元 / 桶。由此引发了第二次石油危机。

与第一次石油危机相比，第二次石油危机主要以西方国家对石油供应减少的恐慌、国际石油市场的抢购和国际石油价格上涨为主要特征。但与第一次石油危机不同的是，第二次石油危机持续时间更长，1979 年 11 月爆发的伊朗人质事件 和 1980 年 9 月爆发的两伊战争，冲击和深化了第二次石油危机的影响（见表 3-3）。美国刚刚完成霸权护持下的制度安排面临新的挑战。

第二次石油危机期间，国际能源问题主要表现在以下几个方面：一是伊朗石油出口量的减少乃至停止出口导致国际市场石油供应量的减少，最高峰约为 550 万桶 / 日；二是石油价格在短期内的快速上涨；三是公众的恐慌心理和过度反映导致国际石油现货市场的抢购风潮（见表 3-5）。

表 3-5　第二次石油危机的影响

危机的不同阶段	影响
1978 年 10 月—1979 年 4 月，伊朗伊斯兰革命	伊朗石油出口减少直至停止，国际石油市场缺口最高达到 450 万桶 / 日，国际石油价格从 13 美元 / 桶涨到 34 美元 / 桶
1979 年 11 月 4 日，伊朗人质事件的冲击	美国对伊朗实施制裁，国际石油价格涨至 45 美元 / 桶
1980 年 9 月 22 日，两伊战争	伊朗、伊拉克石油出口减少，国际石油供应减少 400 万桶 / 日

20 世纪 70 年代中后期，由于美元贬值和通货膨胀，国际石油公司利润减少。一方面，石油消费国反对国际石油公司单方面提高石油价格。另一方面，由于石油生产国夺回了对石油资源的控制权，国际石油公司也不能通过提高石油产量的方式来增加税收。因此，国际石油公司希望利用第二次石油危机提供的契机，进一步提高石油价格。危机期间，国际石油公司纷纷增加石油库存，囤积石油，进行商业投机。

与此同时，石油生产国也面临巨大的提高油价诱惑。1978 年，OPEC 成员国普遍出现了财政赤字，希望通过石油危机所造成的市场恐慌，提高石油价格。而石油现货市场的价格上涨对长期的合同市场造成冲击。OPEC 成员国要么对长期合同提高价格，要么选择撕毁合同而将石油买到现货市场。其结果是 1979 年全年石油生产实际上供大于求，但石油价格却上涨了一倍。

对于石油消费国来说，第二次石油危机对英国、日本等以伊朗石油为主要供应的石油消费国影响较大。抢购石油的风潮加剧了石油消费国的紧张心理，石油消费国政府要求本国的石油公司寻找新的石油供应来源。此外，第一次石油危机后，西欧国家通过节能和开发替代能源，一定程度上减少了对石油进口的依赖。而美国则在第一次石油危机之后，进一步加大了对中东石油的进口，美国对中东石油的依赖度进一步上升。

伊朗伊斯兰革命爆发后，面对国际石油市场供应短缺、油价上涨以及石油抢购风潮，美国主要采取了以下做法加强应对：

第一，利用美国与沙特阿拉伯的盟友关系，劝说沙特阿拉伯提高石油产量，抵消伊朗减产，维持世界石油市场的供应水平。

在危机爆发前，为维持高位的石油价格，沙特阿拉伯确定了 850 万桶 / 日的石油产量上限。美国对沙特劝说从伊朗石油减产开始从未停止，到1978年底，沙特石油产量提高到1000万桶/日。进入1979年，美国继续劝说沙特阿拉伯维持石油产量以稳定石油价格。在美国的劝说下，沙特阿拉伯在1979年第一季度保持了950万桶/日的石油生产水平。随着伊朗恢复石油出口，沙特阿拉伯在1979年第二季度石油生产水平降至850万桶/日。进入6月，随着伊朗形势的再度恶化和石油现货市场价格的飙升，沙特再次宣布石油增产，将石油生产水平恢复至950万桶/日，并将这一水平维持到1980年第一季度。美国对沙特的劝说收到了明显效果，即使在OPEC内部，沙特提高石油产量的做法招致其他成员国的批评，沙特的做法对于缓解因危机而造成的石油供应紧张，维持石油价格发挥了巨大作用。

第二，通过与西方石油消费国的沟通与合作，节约能源，减少石油进口，开发替代能源应对危机。

1979年3月2日，国际能源机构理事会会议提出了应对危机的措施：各成员国削减200万桶/天的石油进口，减少消费总量的5%以缓解供应紧张的压力。此外，国际能源机构将继续加强成员国能源节约和替代能源的使用。由于国际能源机构的应对措施只是提出了削减石油进口的总目标，而没有提出成员国削减石油进口的具体分配额度，因此对成员国不能形成约束。

1979年6月28日，西方七国首脑会议在东京召开，会议发表《东京宣言》，提出应对危机的具体措施：第一，控制石油消费量。欧共体将1979年的石油消费量控制在1000万桶/日以内。加拿大、日本和美国将严格执行1979年的石油进口限额，并保证1980年的石油进口量不超过1979年的水平。第二，确定各国到1985年的石油进口限额：加拿大是60万桶/日，日本不超过630万~690万桶/日，美国是850万桶/日，欧共体是940万桶/日。第三，确立了"使所有国家公平的获得石油产品"的原则。此外，宣言还提出了建立国际石油交易注册中心、不鼓励石油公司在现货市场抢购石油的行动、停止战略石油储备购油、开发替代能源尤其是清洁能源等具体措施[①]。

第三，在加强国际合作，共同应对危机的同时，美国一些做法招致了国际

---

① G7 Summits Declaration, Tokyo. [EB/OL]. (1979–06–29). http://www.g8.utoronto.ca/summit/1979tokyo/communique.html.

社会的批评。

首先，1979 年 5 月 4 日，美国能源部宣布对石油进口提供补贴，补贴金额为 5 美元 / 桶，虽然补贴的数量有限，但仍招致了欧洲的强烈谴责和抗议，认为美国的做法加剧了世界石油供应的不平衡，并给国际油价造成压力。其次，在危机尚未解除、国际石油价格仍然高企的情况下，1980 年 2 月，美国国内开始讨论重启战略石油储备。最后，美国计划恢复战略石油储备购油招致沙特和其他西方国家的强烈反对，沙特等 OPEC 将石油储备视为对产油国权力的真正威胁，美国的做法将使沙特维持石油产量和国际油价的努力遭受打击。西欧国家则担心美国的做法会对国际石油市场造成冲击，也违反了西方七国领导人峰会上达成的暂停石油储备购油的相关规定。

1979 年 11 月 4 日，伊朗人质事件爆发，美伊关系全面恶化，美国宣布对伊朗进行经济制裁，第二次石油危机进入新阶段。随着苏联入侵阿富汗，中东地区地缘政治发生了重大变化。美国面临对伊朗经济制裁造成的国际石油市场变动的挑战，又要应对因苏联入侵阿富汗所导致的地缘政治变化。为此，美国在以下方面做了筹划：

首先，对经济制裁可能造成的世界石油市场进行风险研判。

根据美国能源部的分析，对伊朗实施经济制裁不会造成世界石油市场的根本改变，原因有四个方面：一是世界石油需求呈减少态势，只有不出现现货市场的投机囤积行为，因制裁而减少的石油损失可以被消化；二是伊朗可能转向其他国家出口石油，伊朗石油出口总量不会减少；三是伊朗可能转向其他国家出口石油，伊朗石油出口总量不会减少；四是世界石油库存达到五亿桶的水平，可以在 6 个月内完全抵消因制裁而造成的 150 桶 / 日的损失。[①]

其次，美国敦促沙特阿拉伯等石油生产国增加石油产量，以应对现货石油的压力。

一方面，美国政府指令驻委内瑞拉、尼日利亚、沙特阿拉伯大使，敦促三国增加石油产量。另一方面，美国推动英国、法国劝说伊拉克、科威特、阿联酋等中东产油国增加石油产量。自 1978 年年底以来，沙特阿拉伯一直在超额生

---

① 郑功. 20 世纪 70 年代的两次石油危机与美国中东石油政策的调整 [D]. 南京：南京大学，2015：149.

产石油，以抑制油价上涨。在 OPEC 内部，沙特、科威特等温和派一再呼吁稳定石油价格，沙特甚至极力压低本国的石油标价以稳定石油价格。

再次，通过国际能源机构开展合作，缓解石油现货市场压力。

美国要求石油公司不要参与石油现货市场的采购，而是加强与国际能源机构的合作，减少石油储备并调节石油储备。

最后，出台卡特主义，调整中东战略以应对地缘政治的新变化。

1980 年 1 月，卡特在国情咨文中强调中东、波斯湾的重要地缘政治意义，承认美国在波斯湾地区具有切身利益，公开宣布将使用一切必要手段，打退外部力量企图控制波斯湾的尝试。

1980 年 9 月 22 日，两伊战争爆发。战争初期，伊朗石油出口锐减，伊拉克石油出口近乎停止，世界石油市场失去近 400 万桶 / 日的石油产量，石油价格再次迅速上涨。

然而，与伊朗伊斯兰革命引起的反应不同，两伊战争并没有深化危机，经过初期的震荡之后，石油消费国的石油供应并没有减少，国际石油价格很快恢复平稳。这表明，美国设置能源安全国际议程的制度经受住危机考验，显示出一定的韧性。一方面，沙特巨大的剩余石油产能和美沙在危机期间的密切配合保证了世界石油市场的充足供应。在战争初期，沙特阿拉伯宣布石油增产 90 万桶 / 日，相当于伊朗与伊拉克石油产量的 1/4。其他欧佩克成员国提高了石油产量，非欧佩克成员的墨西哥、英国、挪威等国也提高了石油产量。世界石油市场的供需矛盾并不强烈。与此同时，石油消费国尤其是发达国家的石油储备比 1978 年危机爆发前的石油储备多了 10 亿桶，大大缓和消费国对石油供应不足的恐慌心理。另一方面，国际能源机构的合作和协调功能发挥了重要作用。战争爆发后，国际能源机构秘书处建议为避免 1979 年应对危机不及时的错误，应该在节能、限制现货市场抢购、利用现有库存应对价格上涨而不是供应不足方面尽快采取联合行动。[①]1980 年 11 月，美国建议国际能源机构启动非正式的石油分享机制，国际原子能机构成员国就 1981 年进口石油上限达成一致。1980 年 12 月，国际能源机构部长级会议提出了五个方面应对措施：在 1981 年第一季度释放石油库存以平衡供需、鼓励理性消费石油并发展替代能源、反对现货市场抢购和高价

---

① FRUS［R］. 1969 - 1976,Vol. XXXVII, Energy Crisis,1974 - 1980: 887-892.

购买石油、启动非正式的石油分享机制、鼓励各国开发本国油气资源。[①] 国际能源机构成员国的合作更加有效地防止了石油现货市场的抢购风潮，降低了信息的不确定性，避免了国际石油市场的心理恐慌。

二、对第二次石油危机的理论分析

按照笔者提出的综合理论分析框架，与第一次石油危机从根本上改变了国际能源政治的参与情境不同，虽然第二次石油危机影响巨大，但并未改变国际能源政治的参与情境，因此，国际能源政治行动者之间的博弈类型和博弈策略也未发生根本变化。所以，美国不会选择设置新的能源安全议程，出台新的政策方案和制度安排来应对第二次石油危机的挑战，而是选择在既有的制度安排下加以应对。以下是具体分析：

首先，第二次石油危机没有从根本上改变第一次石油危机后的国际能源政治的参与情境。

从情境的要素看，第一次石油危机后，国际能源政治的参与者集合未发生新的变化，参与者的权力、行为方式和影响范围也未发生改变。国际能源政治的参与者仍是国际石油公司、石油生产国和石油消费国。石油生产国由于收回石油主权和掌握石油定价权，增强了对石油消费国和国际石油公司的联系性权力。但石油消费国（指西方石油消费国）和国际石油公司仍拥有结构性权力。参与者仍遵循理性的逻辑，从成本收益视角出发决定自己的行为，其影响范围仍是全球性的。

在信息和成本收益方面，虽然第二次石油危机期间，参与者进行决策的信息有一定不足，甚至有时传递出模糊信息。但作为主导者的美国，通过与西方石油消费国和沙特阿拉伯的合作来应对危机的信息是明确的，维持第一次石油危机后建立的以国际能源机构为代表的制度安排的成本和收益也未发生根本性的变化。

从情境的类型看，第一次石油危机后所构建的制度情境、关系情境、常人情境和集群情境也未发生根本性变化。第一次石油危机后，国际能源政治的制度情境发生了重要变化，主要表现在：国际石油公司组成的卡特尔被打破，国

---

① FRUS［R］. 1969 - 1976,Vol. XXXVII, Energy Crisis，1974 - 1980: 918-920.

际石油的定价权从国际石油公司转移到以 OPEC 为代表的石油生产国手中，美国建立了石油消费国联盟的国际能源机构，以及以美沙特殊关系为基础的美沙同盟。作为海湾双柱之一的美伊关系发生了重大转变，但并未从根本上改变国际能源政治的制度情境。国际能源政治的关系情境也未发生根本变化，美国仍是石油秩序的霸权国，是应对危机挑战的领导者和权威。各参与者仍以沟通和合作的方式应对危机，常人情境也未发生改变。在集群情境中，参与者之间仍充斥着怀疑和不信任，相互指责和国内"阴谋论"的观点仍然存在。

其次，不变的参与情境决定了参与者之间的博弈类型和博弈策略不会发生变化。

第二次石油危机爆发后，国际石油市场出现了恐慌，出于对未来石油供应短缺的担忧，出现了石油抢购风潮。国际石油公司、石油消费国纷纷抢购现货石油，美国与其他石油消费国纷纷指责对方的政策，进一步加剧了国际石油市场的混乱。但整体而言，美国与其他石油消费国的博弈类型并未发生改变，仍是进行合作的协调博弈，在策略选择上，美国仍是以加强石油消费国的沟通，提高信息的透明度，通过国际能源机构来协调各国的能源政策。美国与作为主要产油国的沙特阿拉伯之间仍是劝说博弈，虽然沙特阿拉伯也有限产提高石油价格的意图，但整体上采取了与美国合作，提高石油产量，共同应对危机的政策。

最后，不变的参与情境和确定的博弈策略决定美国不会重新设置能源安全国际议程，而是在现有制度安排框架内应对危机。

如前所述，重大突发事件往往凸显某一问题的重要性，但并非所有的重大突发事件都会启动解决该问题的议程设置。某一问题能否最终成功设置为国际议程，关键在于该问题领域的参与情境是否发生变化。第二次石油危机再次使国际社会中能源安全问题的重要性凸显出来，但由于国际能源政治的参与情境并未发生根本变化，因此美国不会重新设置新的能源安全议程，而是在现有能源制度安排框架内应对挑战。

国际议程设置是全球性问题得以实现治理的重要环节。20 世纪 60、70 年代以来，随着全球性问题的增多及其影响的扩大，国际社会在对全球性问题治理的讨论中，逐渐发展并完善了国际议程设置的理论框架。然而，学术界所进行的学历探讨多是围绕"议程设置是否重要？"和"议程设置如何重要？"两个核心问题而进行的，对于国际议程设置过程这一"黑箱"及其运作机理，相关学术成果多是描述性的，而非分析性的。

将"情境—行动者"模式引入国际议程设置分析，论文提出了一种综合性理论分析框架，重点关注国际议程如何"启动"设置及其运作机理，从而打开国际议程设置过程的"黑箱"。国际议程设置是情境变迁和行动者互动影响的结果。情境变迁包括情境要素的变化和情境类型的变化，行为者的互动则体现在行为者之间博弈类型和博弈策略的变化，上述变化影响行为者的利益认知和议题界定，议程设置者根据所界定的议题，采取不同的博弈策略，设置不同的国际议程，出台政策解决方案，最终实现问题的治理。

第一次石油危机对西方国家石油供应造成了严重影响，凸显了西方国家能源安全问题的重要性。危机深层次的影响在于国际能源政治的参与情境发生了根本性的变化。从情境要素看，参与者的集合发生了重大变化，国家取代国际石油公司成为国际能源政治的主要行为体。国际能源政治的权力出现流散，石油生产国、国际石油公司和石油消费国分享能源权力。参与者的行为方式和行为影响范围也发生了改变。此外，在变化的参与情境中，与危机前相比，参与者获得的信息、成本收益等要素也发生了改变。从情境类型看，行动者间互动所构建的制度情境、关系情境、常人情境和集群情境也发生了重大变化。

变化的参与情境构建了行动者的关系，也决定了行动者设置国际议程的博弈类型。美国与日欧等西方国家同为石油消费国，在能源安全问题上具有一致的利益认知，将石油供应不足界定为安全议题，并组成了能源安全的议题同盟。因此，在能源安全议程设置的过程中，美国与日本、西欧等西方国家间的博弈类型为协调博弈，美国主要采取了沟通协调的博弈策略，明确界定了能源安全的议题，并使西方盟友充分了解自己的战略意图和行动目标，最终协调了各国立场，建立了美国主导下的政策方案和制度安排。美国与沙特、伊朗等石油生产国在能源安全问题上存在利益认知冲突，沙特阿拉伯将美国建立国际能源机构、推出战略石油储备视作对产油国权力的真正威胁。因此，双方对能源问题的议题界定也有所不同，美国将能源问题界定为安全议题，沙特阿拉伯等产油国则将能源问题界定为主权或发展议题。因此，在美国设置能源安全议程的过程中，美国与沙特等产油国之间的博弈类型为劝说博弈，凭借其霸权，美国采取了问题联系战略和威胁战略，建立了美沙特殊关系，实现了沙特阿拉伯在能源问题上与美国的"合作"，最终成功设置了能源安全国际议程。

　　突发国际重大事件并必然"触发"国际议程设置，关键在于事件背后的参与情境是否发生了根本变化。1978 年，伊朗伊斯兰革命引发了第二次石油危机，同样引发了国际社会的恐慌心理，但得益于美国成功设置了能源安全国际议程，与第一次石油危机相比，美国及西方国家的应对显得较为从容。一方面，尽管美国的"海湾双柱"政策遭受沉重打击，但由于沙特在危机期间提高石油产量、稳定国际油价的做法，很大程度上缓解了国际市场上石油供应不足的状况。另一方面，国际能源机构的协调、西方石油消费国的合作与应对最终将危机的影响限定在较小范围，新的能源治理制度显示出一定的韧性和灵活度。由于第二次石油危机并未改变国际能源政治的参与情境和行动者之间的博弈，美国及其他西方国家也就没有必要设置新的能源安全国际议程。

第四章　俄罗斯"北极地区开发"国际议程设置

第一节　发展、安全与环境保护：俄罗斯新北极政策

一、俄罗斯新北极政策出台的背景

俄罗斯联邦北极区域指的是俄联邦第 296 号总统令《关于俄联邦北极区域陆地领土》规定的陆地领域，同时包括与这些地区相邻的俄联邦内海水域、领海、专属经济区与大陆架。[①] 俄罗斯拥有北冰洋漫长的海岸线，俄属北极地区总面积近 900 万平方公里，居住着 250 万人口，占北极地区人口的 40%。[②] 北极地区对于俄罗斯来说具有战略意义。俄罗斯也是北极国家中最早制定北极战略和政策国家，2008 年俄罗斯政府出台《2020 年前及更长期的俄罗斯联邦北极地区国家政策基本原则》、2013 年出台《2020 年前俄罗斯联邦北极地区发展与国家

---

① 为了顺利执行国家北极政策，2014 年 5 月，普京签署第 296 号总统令，将俄属北极地区区划调整为包括摩尔曼斯克州；涅涅茨自治区；楚科奇自治区；亚马尔—涅涅茨自治区；科米共和国所属的"沃尔库塔"市辖区；萨哈共和国（雅库特）所属的阿莱伊霍夫斯克、阿纳巴尔（多尔干－埃文基）民族区，布伦区、下科雷姆斯克区、乌斯季扬斯克区；克拉斯诺亚尔斯克边疆区所属的诺里尔斯克市辖区、泰梅尔多尔干－涅涅茨地区、图鲁汉斯克区；阿尔汉格尔斯克州所属的"阿尔汉格尔斯克"市、"梅津地区""新地岛""新德文斯克""奥涅加地区""滨海地区""北德文斯克"，以及"由苏联中央执行委员会主席团 1926 年 3 月 15 日《关于宣布苏维埃社会主义共和国联盟在北冰洋地区陆地与岛屿领土的决议》及其他法令所确定的北冰洋地区的土地与岛屿"。见 [EB/OL]. [2020-03-20]. http://www.garant.ru/products/ipo/prime/doc/70547984/#ixzz3b4Y8id DU.

② Правительство Российской Федерации, Стратегия развития Арктической зоны Российской Федерации и обеспечения национальной безопасности на периоддо 2020 года[EB/OL]. [2020-03-20]. http://kremlin.ru/news/17539.

安全保障战略》，此外，在俄罗斯国家安全战略和能源发展战略等政策文件中，也涉及北极问题。整体而言，俄罗斯的北极政策保持了延续性，但也有部分调整。其中最重要的变化是明确了发展议题在北极政策中的核心地位。

与 2008 年俄罗斯政府出台北极政策的首份文件《2020 年前及更长期的俄罗斯联邦北极地区国家政策基本原则》时的遮遮掩掩不同[①]，早在 2019 年 4 月，俄罗斯总统普京在"北极—对话区域"国际北极论坛上就公开提出，俄罗斯政府将制定 2035 年前的俄罗斯北极地区发展战略，并在 2020 年 3 月 5 日签署总统令后不久，即公开了《政策》的全文，体现了俄罗斯在制定北极政策上的自主性和政策的透明性。也表明俄罗斯北极政策上的利益诉求发生了新的变化。促进俄属北极地区资源开发和社会发展、维护北极地区国家安全、保护北极地区生态环境是俄罗斯新北极政策的主要考量，而北极地区环境变迁和西方对俄实施经济制裁则构成了俄罗斯北极政策调整的外部因素。

1. 开发俄属北极地区是俄罗斯国家发展战略和平衡地区社会经济发展的重要途径

在《原则》中，俄罗斯政府对北极的定位是"自然资源战略基地"，俄罗斯北极政策在社会—经济发展领域的主要目标是"充分发挥并扩大北极作为俄罗斯'主要战略资源基地'的作用，在很大程度上可以满足俄罗斯对油气资源、水产资源和其他战略原料的需求"[②]。俄罗斯北极地区已探明石油（含凝析油）储量 358.43 亿桶，天然气 1563.46 万亿立方英尺（约 44 万亿立方米），分别占北极地区已探明油气储量的 58% 与 94%。[③] 随着俄罗斯传统油气产量的下降，对北极地区油气资源进行勘探开发，发展创新技术降低北极地区油气资源的开采成本在俄罗斯的能源战略中具有重要意义。虽然《战略》中俄罗斯政府就提

---

① 2008 年 9 月 18 日，俄罗斯总统梅德韦杰夫发布总统令，批准了《2020 年前及更长期的俄罗斯联邦北极地区国家政策基本原则》，但直到 2009 年 3 月 30 日才正式予以公布，其中俄罗斯关于北极地区的立场和主张引发了国际社会的热议。Стратегия развития Арктической зоны Российской Федерации и обеспечения национальной безопасности на период до 2020 года[EB/OL]. http://docs.cntd.ru/document/499002465.

② Стратегия развития Арктической зоны Российской Федерации и обеспечения национальной безопасности на период до 2020 год[EB/OL]. http://docs.cntd.ru/document/499002465 .

③ 贾凌霄. 北极地区油气资源勘探开发现状 [J]. 中国矿业报，2017（4）.

高北极地区人民的生活质量，改善其工作条件、北极地区交通基础设施的现代化建设等目标制定了具体规划，但在俄罗斯开发北极地区的实践中，油气资源的勘探开发是主要内容。2010 年以来，俄罗斯通过俄罗斯石油公司、俄罗斯天然气工业股份公司与国际石油公司建立合资企业，加大了对北极大陆架海域的勘探力度。2014 年，随着欧美制裁，国际石油公司纷纷退出了俄罗斯北极海域，但俄罗斯并未停止对北极地区油气资源的勘探开发。亚马尔 LNG 项目成为这一时期俄罗斯北极油气资源开发国际合作的典范。

随着俄罗斯创新发展战略和远东开发战略的提出，极大地拓展了开发俄属北极地区的内涵和外延，使这一议题在俄罗斯国家发展战略中的重要性进一步凸显。首先，开发俄属北极地区尤其是大陆架的油气资源严重依赖技术创新，包括海洋油气勘探技术、极地油气开采技术、现代化交通运输系统、极地信息通信系统等，开发俄属北极地区是俄罗斯创新发展战略的重要实验平台。其次，开发俄属北极地区扩展到社会发展、基础设施建设等领域。俄罗斯北极地区发展严重滞后，地区发展失衡不仅造成了北极地区民众大量迁往西部地区，而且使俄罗斯北极地区社会经济发展面临的问题和障碍长期固化。一方面，人员的大量流失使俄罗斯北极地区劳动力尤其是专业技术人员供给不足，劳动生产效率低下。另一方面，政府改善地区设施的意愿不足。这不仅体现在电力、通讯和社会服务网络等基础设施不健全，还由于地方政府资金、设备和技术保障投入不足。在此背景下，俄罗斯政府将"北极地区人口数量缩减""社会、交通、通信基础设施发展薄弱""发北极所必需的国产技术发展滞后"视为俄罗斯北极地区国家安全的主要威胁。①

2. 俄罗斯北极政策的调整与俄罗斯捍卫北极主权、维护北极地区国家安全的能力提升密切相关

2008 年俄罗斯政府出台的《原则》以将捍卫俄罗斯北极主权作为俄罗斯北极政策的核心议题，虽然《原则》明确提出"俄罗斯在北极的边界线已经确定，不存在争议。至于俄罗斯没有签署的国际法、国际公约、国际协议，其内容和

---

① Основы государственной политики Российской Федерации в Арктике на период до 2035 года[EB/OL]. http://publication.pravo.gov.ru/Document/View/0001202003050019?index=0&rangeSize=1.

规定的义务对俄罗斯没有任何约束力"①。但事实上，《原则》出台之时俄罗斯面临北极国家围绕北极"划界"竞争激烈、而俄罗斯在北极地区军事力量"收缩"的不利条件。《原则》将"在充分考虑俄罗斯利益的前提下……最终划定海洋边界"、使国际社会承认俄罗斯在北极地区的主权权利、解决争议和纠纷作为俄罗斯北极政策的战略重点。俄罗斯将加强北极军事力量部署作为北极政策的重要内容。2013 年 9 月，俄罗斯海军北方舰队启动了新西伯利亚群岛军事基地恢复工作；2014 年 12 月，俄罗斯宣布成立北方舰队联合战略指挥部，隶属原总参谋部和国防部；2017 年，俄罗斯公布了弗朗茨约瑟夫群岛"北极三叶草"军事基地照片，在北极地区部署了棱堡岸基反舰导弹系统。2018 年，俄罗斯国防部宣布成立一支专门负责北极考察的集团军。2020 年，俄罗斯北方舰队将接收一艘"北风之神"级核潜艇和一艘"戈尔什科夫海军元帅"级护卫舰和其他 4 艘新型军舰，此外，俄罗斯还将列装各种能够适应北极严酷作战环境的新型武器装备。

《政策》对 2020 年前俄罗斯北极地区国家安全进行了评估，认为俄罗斯 2020 年前的北极政策实现了"创建俄联邦北极区域军事力量以保护不同军事政治条件下的军事安全"②。随着俄罗斯在北极地区军事能力的提升，俄罗斯有能力在捍卫北极主权、维护北极地区国家安全的前提下进行俄属北极地区的开发。

3. 北极地区脆弱的生态环境与国际社会对北极生态环境保护的关注对俄罗斯北极政策的实施构成制约

北极作为一个特殊的生态系统，自我修复和调节能力很差。对北极地区的生态环境保护日益受到国际社会的重视。事实上，在国际层面，北极地区的生态环境保护才是最核心的议题。目前，北极地区生态环境面临的严峻挑战主要来自三方面：一是全球气候变化对北极地区的自然生态环境的影响。二是北极地区的军事部署和军事演习对北极生态环境的破坏。三是人类对北极地区的资源勘探开发及大规模商业活动所造成的工业污染。北极地区的生态环境保护是

① Стратегия развития Арктической зоны Российской Федерации и обеспечения национальной безопасности на период до 2020 года[EB/OL]. http://docs.cntd.ru/document/499002465.

② Стратегия развития Арктической зоны Российской Федерации и обеспечения национальной безопасности на период до 2020 года[EB/OL]. http://docs.cntd.ru/document/499002465.

一项全球性的议题，也是北极国家和国际社会最容易进行合作的领域。事实上，作为北极治理最重要的制度安排，北极理事会也是从北极生态环境保护的国际制度安排《北极环境保护战略》（AEPS）发展而来的。

对于俄罗斯来说，北极政策的制定和调整不可能绕开生态环境保护的议题。《原则》将"保护北极独特的生态系统"视作俄罗斯在北极地区的国家利益主要体现。《政策》则进一步详细列举了俄罗斯北极政策在环境保护及生态安全保障领域的八项主要任务，包括发展自然保护区、保护北极地区的动植物生态圈、清除已积累的环境破坏因素、完善环境监测体系等内容。[①]

4. 北方海航道大规模商业开发利用成为俄罗斯北极政策的重要内容，全球气候变暖使北极航道的大规模通航成为可能

由于坐拥"北方海"航道，俄罗斯的地缘通道优势明显。因此，加快北方海航道的港口基础设施建设、组建破冰、救援及辅助船队，将俄罗斯的油气资源产地和北方海航道上的港口通过水运或铁路运输的方式联系起来，通过北方海航道连接俄罗斯的油气产地与国际市场，成为俄罗斯北极政策中基础设施建设领域的重要考量。

在利用北方海航道方面，俄罗斯拥有丰富的实践经验和管理经验。苏联时期，北方海航道就作为俄罗斯的"内水"成为连接东西部地区的重要运输通道，苏联政府出台了北方航道利用的相关法律文件并成立了管理机构。苏联解体后，俄罗斯北极地区的人口大规模内迁，北方海航道的货运量大幅下降，一些港口基础设置老化甚至停用。近年来，随着北极地区自然环境变化和俄罗斯北极油气资源的开发，北方海航道的重要性开始凸显。从长期看，北方海航道未来可能发展成为连接欧亚的高纬度通道，航程经济性的优势明显。从短期看，北方海航道也可以作为俄罗斯北极地区油气资源外运的重要通道。在此背景下，俄罗斯将开发北方海航道视作扩大在北极地区影响力的重要领域，在俄罗斯的北极政策中具有重要地位。在《政策》中，俄罗斯对北极地区国家安全评估中，认为2020年前的北极政策虽然"开始北海航线综合基础设施建设工作，北海航

① Основы государственной политики Российской Федерации в Арктике на период до 2035 года[EB/OL]. http://publication.pravo.gov.ru/Document/View/0001202003050019?index=0&rangeSize=1.

线域内水文气象、水文地理与航行导引保障体系建设工作,破冰船队现代化工作"等工作,但"未在规定期限内建成北海航线基础设施,制成破冰、救济及辅助船队所需船只"[1],这成为俄罗斯北极地区国家安全的主要威胁之一。

5. 西方国家对俄罗斯实施经济制裁成为俄罗斯北极政策变迁的重要干涉变量

乌克兰危机爆发后,西方国家对俄罗斯实施经济制裁,俄罗斯北极政策的战略规划受到了一定的影响,主要表现在以下几方面:

第一,北极地区的油气资源勘探开发和基础设施建设受到资金和技术的制约。2010年以来,俄罗斯通过俄罗斯石油公司、俄罗斯天然气工业股份公司与美国、意大利、挪威等国家的石油公司建立合资企业,加大了对北极海域的勘探力度,勘探区域集中在巴伦支海、伯朝拉海、喀拉海、拉普捷夫海、东西伯利亚海等北极大陆架海域。随着西方经济制裁俄罗斯,国际石油公司纷纷退出了俄罗斯北极海域的勘探开发。此外,在北极地区的基础设施建设领域,如港口设施、极地交通设备、极地信息通信技术等方面,俄罗斯也面临资金和技术的制约。

第二,俄罗斯在北极地区的军事部署和行动增加了其他北极国家的疑虑,北极军事对抗和军备竞赛的潜在风险一直存在。2014年12月,俄罗斯成立北方舰队联合司令部,并展开一系列军事建设活动,引发西方国家的疑虑。2018年10月,北约在北极举行了冷战结束以来最大规模"三叉戟"军演,意图重夺北极地区军事战略主动权,北极地区安全局势迅速恶化。可以说,一旦北极军事对抗升级,俄罗斯北极政策的重心势必发生转移。

第三,俄罗斯北极地区大规模的项目建设面临西方社会破坏北极生态环境的指责。苏联时期,由于粗放式的工业开发,造成了俄属北极地区生态环境的破坏。工业污染和核污染曾使俄罗斯付出了极大的代价。虽然俄罗斯领导人一再强调在不破坏生态环境的前提下实施北极项目。但西方媒体和环保团体始终对俄罗斯北极项目予以关注,一旦发生环境破坏事件,俄罗斯可能面临极大的

---

[1]　Основы государственной политики Российской Федерации в Арктике на период до 2035 года[EB/OL]. http://publication.pravo.gov.ru/Document/View/0001202003050019?index=0&rangeSize=1.

国际舆论严厉，进而影响到北极项目的实施和北极政策目标的实现。

二、 俄罗斯新北极政策的内容与特点

从《原则》到《政策》， 新北极政策在议题界定、利益认知和政策目标、方向与任务上并无根本的变化，体现了俄罗斯北极政策的延续性。在发展、安全和环境保护三大议题的优先偏序和实现北极政策目标的策略上，俄罗斯新北极政策有所调整，并且提出了判定政策是否有效执行的评价标准，体现了俄罗斯北极政策的务实性和灵活性。通过对俄罗斯新北极政策内容的分析，有助于我们进一步认识俄罗斯新北极政策的特点。

1. 俄罗斯新北极政策聚焦发展、安全和环境保护三大议题，是以发展议题为核心，发展、安全和环境保护相协调的政策安排

首先，新北极政策深化了对俄罗斯在北极地区国家利益的认知，扩大了发展利益的范围。2008 年出台的《原则》将俄罗斯在北极地区的国家利益界定为发展利益、安全利益、生态环境保护和北方海航道四个方面，其中发展利益的主要体现是把北极地区建设成为俄罗斯的"自然资源战略基地"[1]。2020 年出台的《政策》对俄罗斯在北极的国家利益认知更为具体和明确，尤其是对发展利益的界定，在利益认知范围上进一步扩大。除建设战略资源基地外， "提高俄罗斯北极地区居民的生活质量和福利水平" "保护俄属北极地区土著居民的生活方式和居住环境"也被纳入俄罗斯在北极地区的国家利益。俄罗斯在北极地区发展利益的范围进一步扩大。

其次，利益范围的扩大导致俄罗斯北极政策的目标发生变化。《原则》将北极政策在社会经济发展领域的目标定为"很大程度上可以满足俄罗斯对油气资源、水产资源和其他战略原料的需求"[2]。《政策》进一步将发展的目标调整为"提高俄联邦北极区域人口（包括少数民族）的生活质量；加快俄联邦北

---

[1] Стратегия развития Арктической зоны Российской Федерации и обеспечения национальной безопасности на период до 2020 года[EB/OL]. http://docs.cntd.ru/document/499002465.

[2] Стратегия развития Арктической зоны Российской Федерации и обеспечения национальной безопасности на период до 2020 года[EB/OL]. http://docs.cntd.ru/document/499002465.

极区域内经济发展，提高其对国家经济增长的贡献"①。并提出了社会发展领域、经济发展领域、基础设施发展领域和北极开发领域的主要任务。

最后，俄罗斯新北极政策实现了从侧重安全到侧重发展的变迁。《原则》出台正值北极国家围绕北极划界的竞争日益激烈之时。北极划界的主要依据是《联合国海洋法公约》，根据公约相关规定，俄罗斯拥有北极海域 200 海里专属经济区，这与俄罗斯主张的北极"领土"相差悬殊。为证明俄罗斯拥有北极 200 海里外的海域的主权权利，俄罗斯展开了大规模北极科考行动。2005 年和 2007 年，俄罗斯科学家对北冰洋海底的罗蒙诺索夫海岭和门捷列夫隆起进行考察，为俄罗斯的主权声索寻找依据。2007 年 8 月 2 日，俄罗斯北冰洋海底"插旗"的行为引发了国际社会热议。在此背景下，《原则》的出台标志着侧重安全的俄罗斯北极政策的出台。2020 年，俄罗斯基本上完成了《战略》中关于北极地区军事安全的部署，而北极地区油气资源的开发、北方海航道基础设施建设和平衡东西部地区发展差异的需求提高了发展议题在俄罗斯北极政策中的显著性。《政策》的出台标志俄罗斯新北极政策完成了从侧重安全到侧重发展的变迁，发展、安全和生态环境保护三大议题的优先顺序发生了改变。

2. 俄罗斯新北极政策明确提出各领域的任务、政策的执行机制和政策有效执行的评价标准

新北极政策的发展议题涉及社会发展、经济发展、基础设施和北极开发领域，其中社会发展领域的主要任务包括保障基础卫生医疗服务、教育、住房、社会基础设施、燃料、粮食及其他生活必需品等；经济发展领域的主要任务包括支持中小企业发展、鼓励私人投资者参与大陆架开发、开发北极地区油气资源、促进渔、林、农等行业发展，鼓励发展旅游业、保障少数民族经济权利等；基础设施领域的主要任务是组建破冰、救援及辅助船队、建设航行安全保障、交通管理监督体系、创建污染预警及清除机制、建设现代化港口、发展内河、铁路及机场建设、建设北极地区的交通、通讯、电力网络等。北极开发领域集中于科技发展，主要任务包括北极勘探、北极开发相关的新材料和新技术、工

---

① Основы государственной политики Российской Федерации в Арктике на период до 2035 года[EB/OL]. http://publication.pravo.gov.ru/Document/View/0001202003050019?index=0&rangeSize=1.

程技术方案创新、发展科学考察团队等。

新北极政策的生态环境保护领域的主要任务包括发展自然保护区、自然保护水域网、保护北极地区的动植物生态圈、继续清除已积累的环境破坏因素、完善环境监测体系、对环境不良影响最小化原则、防止有毒有害物质和放射性物质向北极地区投放等。

新北极政策的安全议题涉及军事安全保障领域和国家边境保卫领域，军事安全保障领域的主要任务包括保卫俄罗斯主权及领土完整、提高军队的战斗能力、完善俄联邦北极区域空中、水面、水下设施的综合监督体系、创建现代化军事基础设施。国家边境保卫领域的主要任务包括发展信息技术、发展与其他国家边防部门的合作、完善边防基础设施、提高俄联邦空中勘探及监控体系能力、标注俄联邦领海、俄联邦北极地区专属经济区范围等。

此外，俄罗斯新北极政策还涉及国际合作和灾害防治等领域。《政策》还就新北极政策的基本执行机制做出明确规定，包括出台调控北极区域经济及其他活动的法律规范文件、完善北极地区发展相关的国家管理、深入研究并执行《2035年前俄联邦北极地区发展与国际安全保障战略》《俄联邦北极旅游发展战略》、建立统一数据信息分析系统、为各级政府制订战略计划等。

《政策》明确提出总统为俄联邦北极地区国家政策执行总指挥、国家北极发展委员会负责协调并监督联邦权力执行机关与俄联邦各主体北极国家政策执行权力机关活动。俄罗斯新北极政策执行的资金来源由俄联邦财政体系预算、俄联邦国家项目"俄联邦北极区域社会经济发展"资金、预算外资金支持。

与《原则》不同的是，《政策》还提出了俄罗斯新北极政策有效执行的评价标准。如社会发展领域北极政策有效执行的评价标准包括俄联邦北极区域人口预期寿命、移入人口增长系数、人口失业水平、新企业工作岗位数量、工人平均工资等。经济发展领域北极政策有效执行的评价标准包括：北极区域固定资本内投资额与俄联邦固定资本内总投资额比值、投资额与俄联邦北极区域领土固定资本内总投资额比值、北极区域开采的原油（包括天然气凝析油）与可燃气量与俄联邦开采总量比值等。军事安全领域的评价标准有现代化武器、军事设备及特别设备量与俄联邦北极区域武器、军事设备及特别设备总量比值。

从内容上看，作为俄罗斯北极政策调整的纲领性文件，《政策》提出了俄罗斯新北极政策的目标、任务、执行机制和评价标准。但并没有提出实行目标、完成任务的具体规划。这项工作将在不久之后出台《2035年前俄联邦北极地区发展与国际安全保障战略》等文件中得以体现。

3. 俄罗斯高度重视国际合作在实现北极政策目标中的作用，国际合作方式务实而灵活

北极地区的安全和生态环境保护需要北极国家乃至国际社会的共同努力。开发北极地区，实现经济、社会、基础设施的发展，俄罗斯面临资金和技术的约束。在此情况下，通过国际合作推动北极地区开发在俄罗斯的北极政策中就显得尤为重要。《原则》把在北极地区开展国际合作视作俄罗斯在北极地区国家利益的主要体现，《政策》也将国际合作作为执行俄罗斯北极政策的主要方向，并提出了在北极问题上进行国际合作的主要任务[1]。

第一，强化与北极国家在双边和多边形式下的睦邻友好关系，在全球气候变化研究领域、环境保护领域与有效开发自然资源领域（遵守高生态标准的前提下）内的共同协作；

第二，强化北极理事会在协调地区内国际性活动之中的关键性地区组织地位；

第三，保证俄罗斯进入斯匹次卑尔根群岛的权利；

第四，在北冰洋大陆架划分问题上与北极国家保持合作；

第五，在建设北极地区统一搜救体系、预防工程技术灾害与清除灾害后果、协调救援力量问题上贡献力量；

第六，积极吸引北极国家、区域外国家参与俄联邦北极区域的互利经济合作；

第七，促进北极地区少数民族与其境外亲族、母族开展跨境合作、文化交流与经济活动交流，促进少数民族参与国际民族文化发展合作；

第八，在国际社会中宣传俄联邦在北极地区事业成果。

在进行北极国际合作的实践中，俄罗斯的北极政策呈现出务实性和灵活性的特点，主要表现在以下几方面：

第一，拓展国际合作范围，将国际合作对象从北极国家扩展到区域外国家。

---

[1] Основы государственной политики Российской Федерации в Арктике на период до 2035 года[EB/OL]. http://publication.pravo.gov.ru/Document/View/0001202003050019?index=0&rangeSize=1.

在北极地区的油气资源勘探开发进行。全球北极大陆架共发现大型油气田近 60 个，其中超过 40 个位于俄罗斯北极海域。[①] 2010 年以来，俄罗斯通过俄罗斯石油公司、俄罗斯天然气工业股份公司与美国、意大利、挪威等国家的石油公司建立合资企业，加大了对北极海域的勘探力度，勘探区域集中在巴伦支海、伯朝拉海、喀拉海、拉普捷夫海、东西伯利亚海等北极大陆架海域。2014 年，随着欧美制裁，国际石油公司纷纷退出了俄罗斯北极海域，但俄罗斯并未停止对北极地区油气资源的勘探开发。其中亚马尔 LNG 项目堪称北极油气资源开发国际合作的典范。亚马尔项目的合作方是俄罗斯诺瓦泰克、法国道达尔和中国石油三家能源公司，2017 年 11 月 6 日，亚马尔 LNG 项目第一期年产 550 万吨液化天然气（LNG）生产线正式建成投产。亚马尔项目的成功引起了国际社会的关注，明显提高了北极地区开发议题的显著性。

第二，发起北极合作的国际倡议，建立国际合作的议题同盟。加快北方海航道的基础设置建设，开发和利用这一重要的北极航道是俄罗斯北极地区开发的重要内容之一。2017 年 5 月，普京在首届"一带一路"国际合作高峰论坛上表示要把北极航道和"一带一路"连接起来，打造欧亚地区新的交通格局。2017 年 5 月 26 日，中国外交部部长王毅在莫斯科表示，中方欢迎并支持俄方提出的"冰上丝绸之路"倡议，愿同俄方及其他各方一道，共同开发北极航线。在 2017 年底举行的年度新闻发布会上，普京正式提出邀请中国参与建设北极交通走廊，打造"冰上丝绸之路"。中俄两国领导人经过多次会晤，最终确定了共建"冰上丝绸之路"的合作方向。[②] 目前，冰上丝绸之路被正式纳入"一带一路"建设的总体布局。

第三，俄罗斯积极创设北极问题的论坛，设置北极问题国际合作的议程。"北极—对话区域"国际北极论坛是俄罗斯创建的与国际社会就北极问题进行对话的最重要的平台，自 2010 年 9 月在莫斯科举办首届论坛以来，已经举办五届，该论坛已逐渐成为全球范围内探讨北极可持续发展、共同开发和有效利用北极

---

① 郭俊广，管硕，柏锁柱，赵刚. 俄罗斯北极海域合作开发现状 [J]. 国际石油经济，2017（3）：80.

② 岳鹏. 共建"冰上丝绸之路"中的俄方诉求及内在挑战分析 [J]. 东北亚论坛，2020（2）：34.

资源的多边性机制平台。从2017年第四届"北极—对话区域"国际北极论坛开始，论坛的定位发生了重大变化，从俱乐部性质的论坛变为开放性的多边机制平台。主办方由俄罗斯地理学会改为俄罗斯会展基金会员会，并获得了俄罗斯北极发展问题国家委员会支持。北极地区开发取代北极生态环境保护，成为论坛的主要议题，参加者数量急剧增长，且主要由企业代表组成。

在2019年第五届"北极—对话区域"国际北极论坛上，普京称2021年俄罗斯将成为新任北极理事会的轮值主席国，在其任期内，将推动环境保护型技术在工业、能源等领域的应用，并增加在北极地区的投资力度。[①] 这表明，通过论坛外交，俄罗斯设置北极问题国际合作的议程，为实现北极政策目标奠定基础。

三、俄罗斯新北极政策的影响与前景

俄罗斯的北极政策的演进是一个继承、调整与完善的发展过程。《政策》在发展、安全和生态环境保护三大议题上的利益认知和目标任务并未发生任何改变。受国内外因素的影响，俄罗斯北极政策的重心从安全议题转移到发展议题，国际合作在实现北极政策目标任务中的重要性日益凸显。虽然到目前为止，俄罗斯政府尚未出台《2035年前俄联邦北极地区发展与国际安全保障战略》，但俄罗斯新北极政策至少对以下三个方面产生影响：

首先，北极地区开发议题的显著性将明显提高。俄罗斯将发展议题作为新北极政策的核心，有利于人们思考安全、发展和生态环境保护三大议题的关系，理解北极地区开发的价值和意义。冷战结束后，北极地区地缘政治、经济环境的变迁推动了北极问题的升温。但传统的北极议程主要集中在北极地区的军事竞争、北冰洋划界、北极地区的生态环境保护等议题上，发展并非北极问题国际议程的核心议题。[②]

两个突发性事件提高了北极开发的热度。一个是美国地质调查局2008年公布的北极地区油气潜力的评估报告，该报告对北极地区油气资源的评估在国际

---

① 国际在线："第五届'北极—对话区域'国际北极论坛在俄罗斯圣彼得堡开幕"，[EB/OL][2020–03–05]. http://news.cri.cn/20190410/d98d3c3f-a79c-9256-1032-b5ef2aa0df69.html.

② 作为北极治理最重要的制度安排，北极理事会从《北极环境保护战略》（AEPS）发展而来，在监测与评估北极环境、气候变化、促进原住民参与地区可持续发展方面取得了一定的成果。但整体性的北极地区开发并未进入北极理事会的议程。

上引起了开发北极大陆架的热议。北冰洋沿岸的美国、俄罗斯、加拿大、丹麦、挪威纷纷出台了新的国家北极战略和政策，均将北冰洋油气勘探与开发列为重要领域，并加快了油气活动的步伐。另一事件是北冰洋海冰融化使北极航道大规模的商业通航成为可能，越来越多的商业船只尝试利用北极航线，这对北冰洋沿岸国家视为经济发展的大好机遇。俄罗斯出台以"发展"为核心的新北极政策，涉及社会发展、经济发展、基础设施和北极开发诸多领域，无疑将进一步提高北极地区开发议题的显著性，引发国际社会的关注和讨论。

其次，在北极地区的持续投入将进一步提高俄罗斯在北极问题上的关系性权力。作为重要的北极国家，俄罗斯在北极问题的议程设置拥有重要的影响力。新北极政策强调在维护北极地区安全、保护北极生态环境的前提下，通过国际合作实现北极地区开发和区域发展。俄罗斯坚持北极理事会在北极治理上的主导地位，在北极大陆架划界、生态环境保护、利用北极航道等问题上，俄罗斯重视与其他北极国家的政策沟通和立场协调。在北极地区开发、基础设施建设等问题上，俄罗斯积极吸引区域外国家的参与，试图建立起最大范围的议题同盟。通过发起国家倡议、进行论坛外交、设置北极地区开发国际议程，俄罗斯扩大了在北极问题上的关系性权力。

最后，新北极政策的出台有助于俄罗斯对冲西方经济制裁的风险和压力。新北极政策是俄罗斯创新发展战略和远东开发战略的重要组成部分。在西方实施经济制裁的背景下，把北极地区开发和发展作为新北极政策的核心，用北极油气资源开发和北方海航道通航的诱人前景吸引西方国家和其他域外国家参与，通过打"北极牌"分化西方国家。尤其是域外国家的参与，俄罗斯能够突破资金和技术的约束，从而对冲西方经济制裁的风险和压力，为俄属北极地区开发和社会经济发展注入新的活力。

然而，需要指出的是，俄罗斯新北极政策虽然雄心勃勃、前景诱人。但现实的制约因素仍然存在，新北极政策目标的实现仍面临巨大的挑战。从这方面来说，俄罗斯的新北极政策始终充满了不确定性。

第一，俄罗斯北极政策的议题优先排序与北极地区形势密切相关，一旦北极地区形势发生重大变化，俄罗斯北极政策的议题将会重新排序。发展、安全与生态环境保护是俄罗斯北极政策的三大议题。俄罗斯出台以发展为核心的新北极政策，与俄罗斯北极地区军事能力的提升和北极地区安全形势趋稳密切相关。然而，北极地区安全的影响因素仍然存在，主要是北极地区大陆架划界问题、北极地区的军备竞赛、对北极航道的认知差异等。这些因素构成了北极地区俄罗斯国家安全的重要挑战。此外，北极生态系统的脆弱性使国际社会对北极地区大规模的开发建设提出质疑。一旦北极安全形势发生变化，或者出现重大的生态环境破坏事件，俄罗斯北极政策的议题优先排序将会发生重大变化。

第二，俄属北极地区人口数量缩减、社会、交通、通信基础设施落后，人才和技术储备不足构成了对俄罗斯北极政策目标实现的现实威胁。俄属北极地区是俄罗斯人口密度最低的地区，人员的大量迁徙导致这一地区人口数量缩减，劳动力资源严重不足。俄罗斯北极地区的开发项目严重依赖外来人员。俄属北极地区恶劣的环境和人口的缩减，造成基础设施投入严重滞后。到目前为止，俄属北极地区仍未形成统一的交通、通讯和能源电力供应网络。在北方海航道基础设施建设上，俄罗斯虽然投入大量人力财力，但仍未按期完成航道基础设施建设，破冰船及其他辅助船只仍存在较大缺口。此外，在北极大陆架油气资源勘探开发、建立极地生态环境监测系统、极地通讯系统、航道交通管理、监测系统等方面，俄罗斯也面临人才和技术储备不足的问题。

第三，俄罗斯北极地区开发面临巨大的资金缺口。仅就发展领域而言，俄罗斯的北极地区开发涉及社会发展、经济发展、基础设施发展和科学技术发展等领域。虽然俄罗斯政府将北极政策的资金来源纳入俄联邦财政体系预算，并有俄联邦国家项目"俄联邦北极区域社会经济发展"资金、预算外资金支持。但是很显然，仅依靠财政预算并不能满足俄罗斯北极地区开发项目的资金需求。俄罗斯石油公司预测，仅开发大陆架，俄罗斯在 2050 年前就需要投资 61.6 万亿卢布。

为解决资金投入的问题，俄罗斯鼓励私人投资者参与北极大陆架投资项目和北方海航道基础设施建设，并"积极吸引北极国家、区域外国家参与俄联邦北极区域的互利经济合作"[1]。然而在当前西方经济制裁的背景下，俄罗斯北极开发项目的国际融资也遭遇了巨大挑战。

---

[1] Основы государственной политики Российской Федерации в Арктике на период до 2035года. Стратегия развития Арктической зоны Россий скойФедерации и обеспечения национальной безопасности до 2035 года[EB/OL]. http://docs.cntd.ru/document/564371920.

第四，俄罗斯在建立北极地区开发的"发展议题"同盟上存在难度。基于北极国家的共同身份，俄罗斯将其他北极国家视为在北极问题上进行国际合作的主要对象。基本思路是通过与北极国家的合作划定大陆架划界、保护北极生态环境、建立北极地区统一的搜救系统和航道货物运输，在维护北极地区和平、稳定和互利的基础上实现北极地区的开发。因此，俄罗斯高度重视与美国、加拿大、挪威、丹麦等北极国家的合作。在北极海域油气资源的勘探开发中，俄罗斯最初也是选择欧美国家的石油公司作为合作对象，"北极—对话区域"国际北极论坛最初也被俄罗斯定位与北极国家高层对话的俱乐部。

然而，虽然其他北极国家与俄罗斯在北极问题上具有广泛的利益基础，但对俄罗斯的北极以政策始终存有疑虑。乌克兰危机后，在欧美制裁的背景下，俄罗斯与北极国家建立北极地区开发的"发展议题"联盟的计划停滞，开发俄属北极地区的急迫性使俄罗斯在更大范围寻找合作伙伴，俄罗斯不得不进行北极地区开发的全球利益动员。《政策》在保留与北极国家合作的基础上，增加了"积极吸引……区域外国家参与俄联邦北极区域的互利经济合作"的内容。在北极地区开发的两个关键领域，即油气资源开发和北方海航道建设上，俄罗斯积极寻求与包括中国在内的亚洲国家进行合作，最终目的建立北极地区开发的全球性的"发展议题"联盟。由于北极国家在北极问题上的"垄断"地位和北极治理的"排他性"特征，域外国家参与北极地区的核心议题往往遭到北极国家的反对，只能以项目合作的方式参与北极地区的商业开发。因此，无论是在地区层面还是全球层面，俄罗斯建立北极地区开发的"发展议题"同盟，均存在极大的难度。

第二节 俄罗斯"北极地区开发"政策的制定与国际合作实践

2020年3月5日，俄罗斯总统普京批准了《2035年前俄罗斯联邦北极国家基本政策》（以下简称《政策》），2020年10月27日，普京批准了《2035前俄罗斯联邦北极地区发展和国家安全保障战略》（以下简称"新战略"）。这是继 2008 年俄罗斯政府出台《2020 年前及更长期的俄罗斯联邦北极地区国家政策基本原则》（以下简称"原则"）、2013 年出台《2020 年前俄罗斯联邦北极地区发展与国家安全保障战略》（以下简称"战略"）之后，俄罗斯关于北极地区政策和国家规划的又一份纲领性文件和具体战略规划。《政策》对 2035 年前俄罗斯在北极地区的国家利益、安全面临的威胁和挑战进行了界定，提出了俄罗斯在北极地区的政策目标、主要方向和任务，包括"提升俄北极地区居民生活质量、促进俄北极地区经济发展、保护北极环境以及少数民族传统生活方式"[1]。从《原则》到《政策》，俄罗斯在北极地区的利益认知越来越清晰，结合《战略》在相关领域的规划和近年来俄罗斯在北极问题上的实践看，"北极地区开发"已经成为俄罗斯国家发展的一项重要议题。

俄属北极地区油气资源的勘探开发、北方海航道的基础设施建设和提高北极地区的经济社会发展水平是俄罗斯开发北极地区的重要内容，为实现上述目标，俄罗斯制定了宏大的国家规划，并通过国家财政预算拨款和预算外追加拨款的方式为北极地区开发提供资金支持。未来 5 年，俄罗斯将投资 15 万亿卢布（约合 2372 亿美元）用于北极地区开发。但对于俄罗斯北极开发的国家规划来说，这些资金投入仍然不够。俄罗斯石油公司曾预测，仅开发大陆架，俄罗斯在 2050 年前就需要投资 61.6 万亿卢布。[2] 此外，俄罗斯还缺乏极地油气资源勘探开发和极地信息通讯和航道基础设施建设的核心技术，尤其是在大陆架油气资源勘探开发上，俄罗斯严重依赖国外的技术和设备。

为了实现北极地区开发的规划目标，近年来，俄罗斯十分重视北极地区开发的国际合作。《政策》将国际合作作为执行俄罗斯北极政策的主要方向，并提出了在北极问题上进行国际合作的主要任务，涵盖经济、安全、生态环境保护和科学考察等诸多议题。在实践中，俄罗斯积极进行北极地区油气开发项目合作、与北极国家"跨界共同开发"北极地区资源、发起北极地区开发的国际合作倡议，建立"北极—对话区域"国际北极论坛。

然而，在制定"北极地区开发"政策的过程中，俄罗斯也面临巨大的挑战。

---

[1] Основыгосударственнойполитики Российской Федерации в Арктике на период до 2035 года[EB/OL]. [2020-10-09]. http://docs.cntd.ru/document/564371920.

[2] 王晓薇. 俄罗斯颁布开发北极法令 [N]. 华夏时报，2008（13）.

一方面，当前北极的热点问题是"北极地区安全"和"生态环境保护"，"北极地区开发"虽然在包括俄罗斯、加拿大、挪威等北极国家国内引发关注，但在国际上，"北极地区开发"面临"安全"和"生态环境保护"的制约。另一方面，乌克兰危机后，俄罗斯与西方矛盾不断深化，在军事、经济、金融与宣传领域的冲突不断激化。对于俄罗斯"北极地区开发"的国际合作倡议，西方国家充满了怀疑和戒心。短时期内俄罗斯难以与其他北极国家进行实质性的合作。

在此情况下，俄罗斯寻求"北极地区开发"国际合作的行为呈现出务实性和灵活性的特点。俄罗斯将"北极地区开发"界定为经济议题，与北极的安全议题和环保议题做了明确划分。在合作对象的选择上，俄罗斯把合作对象选择范围从北极地区扩大到全球范围，寻求与地区外的国家在北极地区开发上进行合作。此外，通过成立"北极—对话区域"国际北极论坛，俄罗斯积极开展论坛外交，试图掌握"北极地区开发"的话语权。

本书关注的核心问题是俄罗斯"北极地区开发"国际合作政策制定和实施效果如何？论文首先分析了俄罗斯"北极地区开发"政策制定的动因和北极地区开发的经济属性，归纳总结了俄罗斯"北极地区开发"国际合作政策的领域、目标与实现方式，对俄罗斯北极地区开发国际合作行为方式展开讨论，并在此基础上对俄罗斯"北极地区开发"国际合作政策的实施效果进行评析。

一、俄罗斯"北极地区开发"政策制定的动因

独立初期，俄罗斯国力急剧衰退，无力支撑像苏联时期那样在北极地区的军事投入，甚至没有能力继续提供对北极地区发展的财政支持。结果导致北极地区的基础设施（军事基地、港口、道路交通、航运设施）大量荒废。俄罗斯在北极地区的开发事实上处于停滞状态。2008年俄罗斯政府出台的《原则》是一份说明俄罗斯北极政策的目标、任务、战略重点、落实机制以及办法和措施的纲领性文件。《原则》列举了俄罗斯在北极地区的国家利益，包括北极是俄罗斯的"自然战略资源基地"；保持北极的和平与安定；保护北极独特的生态系统和俄罗斯的北方海航道。在安全和生态环境保护之外，俄罗斯特别强调了以建设北极这一"自然战略资源基地"和"北方海航道"为主要内容的北极地区开发。从国内因素看，"北极地区开发"在俄罗斯国内的兴起，主要原因包

括以下几方面：

首先，俄罗斯北极地区能源资源储量丰富，开发潜力巨大。从资源分布看，俄罗斯北极地区有储量丰富的石油天然气资源。美国地质调查局（USGS）2008年调查估计，世界 22% 的尚未发现的技术上可采的油气资源，包括世界上 13% 的未发现石油、30% 未发现的天然气和 20% 未发现的液态天然气，都在北极地区。① 在北极地区生产俄罗斯全国 80% 以上的天然气和 17% 以上的石油，北极大陆架上蕴含超过 85.1 万亿立方米的天然气和 173 亿吨的石油。② 能源行业是俄罗斯经济的支柱产业，能源外汇构成了俄罗斯财政收入的主要来源。在俄罗斯《2030 年前能源战略规划》中，俄罗斯政府制定了 2030 年前，石油年出口达到 3.7 亿吨，天然气年出口约 3700 亿立方米的目标。③ 可以说，随着俄罗斯传统油气产量的下降，对北极地区油气资源进行勘探开发，发展创新技术降低北极地区油气资源的开采成本在俄罗斯的能源战略中具有重要意义。

其次，全球气候变化使北冰洋商业通航成为可能，这是北极地区重大的地缘经济环境变迁。在所有北极国家中，俄罗斯所占北冰洋海岸线最长，"北方海"航道西起喀拉海峡，东到普罗维杰尼亚湾，连接俄罗斯的欧洲和远东港口，长约 5600 公里。④ 但由于部分港口基础设施老化严重，目前北方海航道的通航能力远不能满足未来商业通航的需求。俄罗斯政府试图进一步加快对北方海航道的科学考察，加快基础设施建设，包括对沿岸港口、导航台等岸上基础设施建设和建造新型破冰船、救援船及辅助舰艇，以确保北方海航线的货物运输量大幅提升。

最后，俄罗斯北极地区发展严重滞后，地区发展失衡不仅造成了北极地区民众大量迁往西部地区，而且将俄罗斯北极地区社会经济发展面临的问题和障

---

① 贾凌霄. 北极地区油气资源勘探开发现状 [N]. 中国矿业报，2017（4）.

② Стратегия развития Арктической зоны Россий скойФедерации и обеспечения национальной безопасности до 2035 года[EB/OL]. [2020-11-12]. http://www.kremlin.ru/acts/news/64274.

③ Энергетическая стратегия России на период до 2030 года[EB/OL]. [2020-10-15]. https://minenergo.gov.ru/node/1026.

④ 郭培清，管清蕾. 北方海航道政治与法律问题探析 [J]. 中国海洋大学学报（社会科学版），2009（4）：1.

碍长期固化。一方面，人员的大量流失使俄罗斯北极地区劳动力尤其是专业技术人员供给不足，劳动生产效率低下。另一方面，政府改善地区设施的意愿不足。这不仅体现在电力、通讯和社会服务网络等基础设施的不健全，也由于地方政府资金、设备和技术保障投入不足。在此背景下，加快北极地区基础设施建设，提高北极地区居民生活质量水平，促进北极地区经济社会发展被纳入北极地区发展的国家战略。

在俄罗斯国内，"北极地区开发"与俄罗斯的能源战略、创新经济发展战略和远东地区经济发展战略关联性极强，关系俄罗斯未来经济社会发展和国家的复兴，是俄罗斯核心利益所在。制定以"开发"为主题的北极政策，得到了俄罗斯政府、地方官员、专家学者、企业人士和北极地区居民的普遍支持。

二、"北极地区开发"的经济属性

建设"自然战略资源基地"和北方海航道，是俄罗斯"北极地区开发"议题的主要内容。此外，《原则》提出了俄罗斯在社会—经济发展领域、军事安全领域、生态安全领域、信息技术和通信领域、科学技术领域和国际合作领域的主要目标、战略重点和主要任务，从内容上看，俄罗斯北极政策的目标和重点涉及资源开发、北极划界、国际合作、基础设施建设、科学考察、实施管辖权等方面。由此，俄罗斯北极政策明确区分为三大领域，分别是经济属性的"北极地区开发"政策、安全属性的"北冰洋划界"和环保属性的"北极生态环境保护"。[①]2013 年，依据《原则》和俄罗斯联邦战略计划的主要文件，俄罗斯政府出台《2020 年前俄罗斯联邦北极地区发展与国家安全保障战略》，《战略》的目的是实现国家利益，完成俄罗斯北极地区国家政策中的主要目标，实现目标的途径是"完成《原则》中提出的主要任务"[②]。

在北极地区开发问题上，为了实现俄罗斯北极地区社会与经济的全面发展，《战略》从"完善俄罗斯北极地区社会与经济发展的国家管理系统""提高北

---

① Стратегия развития Арктической зоны Российской Федерации и обеспечения национальной безопасности на периоддо 2020 года[EB/OL]. http://government.ru/info/18360/.

② Стратегия развития Арктической зоны Российской Федерации и обеспечения национальной безопасности на периоддо 2020 года[EB/OL]. http://government.ru/info/18360/.

极地区人民的生活质量，改善其工作条件""有效利用并开采俄罗斯北极地区的自然资源""北极地区交通基础设施的现代化建设""北极地区的捕鱼业进行现代化建设"五个方面做出规定，具体措施包括：落实大型投资项目，利用现代技术和服务，积极在北冰洋群岛、科拉半岛、极圈乌拉尔山脊和俄属北极东部地区的矿区开采铬、锰、锡、矾土、铀、钛、锌等矿产资源；开发蒂曼—伯朝拉油气区，以及巴伦支海、伯朝拉海和喀拉海、亚马尔半岛和格达半岛大陆架上的油气产区；为了落实油气开采项目，发展知识密集型的海洋服务综合体；发展国家海上运输干线，包括北方海航道及其沿线的河流运输、铁路运输和空中运输系统；完善交通基础设施，以便俄罗斯的油气资源通过多条线路向世界市场供应；建立破冰船队、搜救船队和辅助船队，加强岸上基础设施建设，提升北方海路的货运量；对北极各个港口进行现代化建设，在北极港口建立新的生产基地；推动北极地区社会基础设施现代化、住房现代化、提高医疗水平、发展教育事业等。[①]

在"北冰洋划界"问题上，此前《原则》明确提出了俄属北极地区的领土范围，包括萨哈（雅库梯）共和国、摩尔曼斯克州、阿尔汉格尔斯克州、克拉斯诺亚尔斯克边疆区、涅涅茨民族自治区、亚马尔—涅涅茨民族自治区、楚科奇民族自治区。以及这些行政区划邻近的土地、内海（河）中的岛屿、领海、专属经济区和大陆架。"俄罗斯在北极的边界线已经确定，不存在争议。"[②]然而事实上，围绕北冰洋200海里外大陆架的划分一直是北极国家争议的焦点。2007年，俄罗斯北冰洋洋底的"插旗行动"事实上助推了北极竞争的升温。在这一议题上，俄罗斯采取了两种方式捍卫北极主权声索。一方面，俄罗斯加强在北极地区的军事存在，俄罗斯北极政策在军事领域的目标是"坚决捍卫俄罗斯在北极的北部边界，保持……在北极地区所必需的作战潜力"[③]。根据《2035年前俄罗斯联邦北极国家基本政策》，俄罗斯已经在北极地区组建常规部队，

---

① Стратегия развития Арктической зоны Российской Федерации и обеспечения национальной безопасности на периоддо 2020 года[EB/OL]. http://government.ru/info/18360/.

② Основы государственной политики Российской Федерации в Арктике на период до 2020 года и дальнейшую перспективу[EB/OL]. http://government.ru/info/18359/.

③ Стратегия развития Арктической зоны Российской Федерации и обеспечения национальной безопасности на периоддо 2020 года[EB/OL]. http://government.ru/info/18360/.

"可以在不同军事、政治条件下维护俄罗斯北极地区的军事安全。"① 另一方面，俄罗斯加强在北极的科考力度，力图掌握详细的地质、地理、水文、测绘等方面的材料和确凿的证据，为俄罗斯在北极划界工作中占据主动创造条件。最终目标是"让国际社会承认俄属北极疆域"②。

在俄罗斯的北极政策中，俄罗斯将"保护北极独特的生态系统"视作俄罗斯在北极地区主要的国家利益。《原则》提出俄罗斯在生态安全领域的主要措施是"建立北极自然资源开发利用和保护特殊机制，加强北极地区环境污染监测；恢复北极的自然环境，处理有毒工业废物，保证化学品的安全"③。《战略》进一步规定要发展扩大自然保护区，妥善处理环境污染，建立国家级生态保护系统，减少经济活动等人为因素对北极环境造成的负面影响等。④

总之，"北冰洋划界""生态环境保护"和"北极地区开发"是俄罗斯北极政策的三大问题领域。通过比较分析俄罗斯北极政策的官方文件，我们可以得出俄罗斯北极政策的发展演变脉络，即从安全为主向经济发展为主的转变。在当前俄罗斯的北极政策中，"北极地区开发"是核心议题。俄罗斯北极政策基本逻辑是通过北冰洋大陆架的划界维护俄罗斯北极地区的主权和领土完整，在保护北极地区生态环境的前提下开发俄属北极地区，通过国际合作将北极地区建设成为和平的地区、稳定与互利的空间。⑤

---

① Основы государственной политики Российской Федерации в Арктике на период до 2035 года[EB/OL]. http://publication.pravo.gov.ru/Document/View/0001202003050019?index=0&rangeSize=1.

② Стратегия развития Арктической зоны Российской Федерации и обеспечения национальной безопасности на периоддо 2020 года[EB/OL]. http://government.ru/info/18360/.

③ Стратегия развития Арктической зоны Российской Федерации и обеспечения национальной безопасности на периоддо 2020 года[EB/OL]. http://government.ru/info/18360/.

④ Основы государственной политики Российской Федерации в Арктике на период до 2020 года и дальнейшую перспективу[EB/OL]. http://government.ru/info/18359/.

⑤ Основы государственной политики Российской Федерации в Арктике на период до 2035 года[EB/OL]. http://publication.pravo.gov.ru/Document/View/0001202003050019?index=0&rangeSize=1.

三、俄罗斯"北极地区开发"国际合作政策的领域、目标与实现方式

作为新北极政策的核心议题，"北极地区开发"涉及北极地区的社会发展、经济发展、基础设施和科学技术发展等领域，其中社会发展领域的主要任务包括保障基础卫生医疗服务、教育、住房、社会基础设施、燃料、粮食及其他生活必需品等；经济发展领域的主要任务包括支持中小企业发展、鼓励私人投资者参与大陆架开发、开发北极地区油气资源、促进渔、林、农等行业发展，鼓励发展旅游业、保障少数民族经济权利等；基础设施领域的主要任务是组建破冰、救援及辅助船队、建设航行安全保障、交通管理监督体系、创建污染预警及清除机制、建设现代化港口、发展内河、铁路及机场建设、建设北极地区的交通、通讯、电力网络等。北极开发领域集中于科技发展，主要任务包括北极勘探、北极开发相关的新材料和新技术、工程技术方案创新、发展科学考察团队等。[①]

与2008年《原则》相比，《政策》在北极地区开发问题上有两处明显的变化。一是将俄属北极地区的欠发展上升为俄罗斯国家安全的主要威胁。二是提出了北极地区开发的评价标准。《政策》明确提出了影响俄属北极地区开发的七类威胁，包括俄罗斯北极区域人口数量缩减、社会、交通、通信基础设施发展薄弱、地质研究的低效率、国家支持体系缺失、未能如期完成北方海航道基础设施和相关船只（破冰、救济及辅助船只）建设、极地陆上和空中交通设备制造效率低下、开发北极所必需的国产技术发展滞后、环境检测体系未准备就绪。在北极地区开发问题上，俄罗斯新北极政策提出了一系列评价标准，如社会发展领域北极政策有效执行的评价标准包括俄联邦北极区域人口预期寿命、移入人口增长系数、人口失业水平、新企业工作岗位数量、工人平均工资等。经济发展领域北极政策有效执行的评价标准包括：北极区域固定资本内投资额与俄联邦固定资本内总投资额比值、投资额与俄联邦北极区域领土固定资本内总投资额比值、北极区域开采的原油（包括天然气凝析油）与可燃气量与俄联邦开

---

① Основы государственной политики Российской Федерации в Арктике на период до 2035 года[EB/OL]. http://publication.pravo.gov.ru/Document/View/0001202003050019?index=0&rangeSize=1.

采总量比值等①。

为了解决北极地区开发面临的问题和障碍，俄罗斯尤为重视北极地区开发的国际合作，这体现在俄罗斯北极地区开发的政策制定中，《原则》将在北极地区开展国际合作视作俄罗斯在北极地区国家利益的主要体现，《政策》也将国际合作作为执行俄罗斯北极政策的主要方向。《原则》提出俄罗斯北极政策国际合作的目标是"确保在国际公约和国际协议的基础上（前提是俄罗斯必须是这些公约和协议的参加国之一），建立俄罗斯与其他北极四国互利互惠的双边或多边合作机制"②。

与《原则》相比，《政策》制定的更为详细的国际合作的八大任务，其中涉及北极地区开发的共有五条③，涉及地区经济合作、科学技术、生态环境保护、文化与边境合作、国际民族文化发展等领域。

通过解读俄罗斯关于北极政策的官方文件，不难发现，俄罗斯北极政策国际合作涵盖了"北极地区合作""北极地区安全""北极地区生态和环境保护"和"北极地区合作平台建设"等领域。其中，"北极地区开发"是俄罗斯北极国际合作政策的核心领域，"北极地区安全"和"北极地区生态和环境保护"是"北极地区开发"国际合作的前提，"北极地区合作平台建设"则为北极地区开发国际合作提供制度支持。表4-1列出了俄罗斯北极政策国际合作的领域、目标和方式：

---

① Основы государственной политики Российской Федерации в Арктике на период до 2035 года[EB/OL]. http://publication.pravo.gov.ru/Document/View/0001202003050019?index=0&rangeSize=1.

② Основы государственной политики Российской Федерации в Арктике на период до 2020 года и дальнейшую перспективу[EB/OL]. http://government.ru/info/18359/.

③ Основы государственной политики Российской Федерации в Арктике на период до 2035 года[EB/OL]. http://publication.pravo.gov.ru/Document/View/0001202003050019?index=0&rangeSize=1.

表 4-1 俄罗斯北极地区开发国际合作的目标与实现方式

合作领域	合作目标	合作方式
北极地区合作	积极吸引北极国家、区域外国家参与俄属北极地区的互利经济合作	1. 勘探并开采大陆架能源和资源 2. 利用北极地区的过境运输航线、极地航线和北方海路实现国际货物运输 3. 科学技术国际合作 4. 制定并实施节能和能效项目 5. 建立统一的搜救系统 6. 在国内和国际市场上推动北极旅游业发展 7. 利用航空设备研究北极气候，完善水文气象信息系统
北极地区安全	最终划定北冰洋海域边界	1. 在国际法的约束下与北极四国开展活动 2. 依据俄罗斯联邦国家利益与国际法、已达成公约在北冰洋大陆架划分问题上与北极国家保持合作 3. 保证俄罗斯与挪威在斯匹次卑尔根群岛互利共存
北极地区生态和环境保护	保护北极独特的生态系统	1. 建立综合性的国际科研机构，研究北极地区的自然环境 2. 与北极国家开展对话，在制定气候和能源政策方面分享经验 3. 建立综合性的国际科研机构，研究北极地区的自然环境
北极地区合作平台建设	在国际社会中宣传俄罗斯在北极地区事业成果	1. 在双边合作.多变地区合作形式（包括北极理事会、"北极五国"、欧洲北极委员会在内）下强化与北极国家睦邻友好关系 2. 强化北极理事会作为关键性地区组织地位 3. 积极参加与北极问题相关的多种国际会议

资料来源：作者根据俄罗斯官方文件整理而得。

从内容上看，作为俄罗斯北极政策调整的纲领性文件，《政策》提出了俄罗斯以北极地区开发为主要内容的新北极的目标、任务、执行机制和评价标准。在《2035 年前俄联邦北极地区发展与国际安全保障战略》文件中，俄罗斯政府明确提出在经济领域，实现北极地区开发的主要途径是：向循环经济的过渡、实现地质勘探领域的私人投资、创建新的工业生产项目并对现有工业生产项目进行现代化改造以及发展科技密集型和高科技产业等。[①]

---

① Стратегия развития Арктической зоны России и обеспечения национальной безопасности до 2035 года[EB/OL]. [2020-11-12]. http://www.kremlin.ru/acts/news/64274.

第三节　俄罗斯"北极地区开发"国际合作政策的特点和实施效果

俄罗斯北极地区开发是一项长期的国家规划，需要长期大量资金投入。《原则》提出"多种渠道筹集资金，中央政府和地方各级政府都要为北极的开发投入大量资金"[①]，《战略》进一步明确开发资金的来源可由国家财政预算拨款核预算外追加拨款支付。[②]然而，仅依靠财政预算并不能满足俄罗斯北极地区开发项目的资金需求。在2017年的《俄联邦北极地区经济社会发展国家规划》中，俄罗斯提出将重点推进"发展支柱区""北海航路发展与极地航行""北极区域矿产资源开发所需油气设备和工程技术设备的制造"三个子项目[③]，虽然此前有报道称俄罗斯将为规划实施投入2300亿卢布，但在规划实施的过程中，预算财政拨款大幅减少。在技术支持方面，在北极地区的能源矿产资源开发加工、基础设施的升级改造、极地信息通信系统和生态环境监测系统方面，俄罗斯都缺乏足够的高新技术支持。俄罗斯在北极问题上寻求国际合作，主要诉求是吸引国际社会参与俄罗斯北极地区的开发，尤其是在基础设施建设、能源资源的勘探开发和北方海航道建设等领域，俄罗斯需要国际社会的投资和技术。对俄罗斯来说，为吸引国际社会参与俄罗斯北极地区开发，俄罗斯积极开展国际合作。

第一，俄罗斯北极地区开发油气资源勘探开发的国际项目合作。北极大陆架共发现大型油气田近60个，其中超过40个位于俄罗斯北极海域。[④]2010年以来，俄罗斯通过俄罗斯石油公司、俄罗斯天然气工业股份公司与美国、意大利、挪威等国家的石油公司建立合资企业，加大了对北极海域的勘探力度，勘探区

---

①　Стратегия развития Арктической зоны Российской Федерации и обеспечения национальной безопасности на периоддо 2020 года[EB/OL].　http://government.ru/info/18360/.

②　Основы государственной политики Российской Федерации в Арктике на период до 2035 года[EB/OL].　http://publication.pravo.gov.ru/Document/View/0001202003050019?index=0&rangeSize=1.

③　Социально-экономическое развитие Арктической зоны Российской Федерации[EB/OL]. http://static.government.ru/media/files/GGu3GTtv8bvV8gZxSEAS1R7XmzloK6ar.pdf.

④　郭俊广，管硕，柏锁柱，赵刚. 俄罗斯北极海域合作开发现状 [J]. 国际石油经济，2017（3）：80.

域集中在巴伦支海、伯朝拉海、喀拉海、拉普捷夫海、东西伯利亚海等北极大陆架海域。2014 年，随着欧美制裁，国际石油公司纷纷退出了俄罗斯北极海域，但俄罗斯并未停止对北极地区油气资源的勘探开发。其中亚马尔 LNG 项目堪称北极油气资源开发国际合作的典范。亚马尔项目的合作方是俄罗斯诺瓦泰克、法国道达尔和中国石油三家能源公司（三家公司占比分别为 60%、20%、20%）①。亚马尔项目集油气开采、天然气处理、LNG 制造和销售、海运为一体，被俄政府定位为战略性项目，俄罗斯政府专门从国家福利基金中拨款 1500 亿卢布（约合 30 亿美元）用于项目开发。2017 年 11 月 6 日，亚马尔 LNG 项目第一期年产 550 万吨 LNG 生产线正式建成投产。截至 2018 年底，3 条年产 550 万吨共 1650 万吨 LNG 生产线已全部建成投产。亚马尔项目生产的液化天然气利用北方海航道运往欧洲和亚太市场，并订购了 16 搜有破冰能力的 LNG 运输船，每艘船每次可运送 17 万立方米 LNG，可实现全年向国际能源市场运送 LNG 的构想。2018 年 7 月，亚马尔项目向中国供应的首船液化天然气通过北方海航道抵达中国江苏。根据相关协议，中石油从 2019 年起，每年进口来自亚马尔项目的 300 万吨液化天然气。

第二，与北极国家"跨界共同开发"北极地区资源。作为北冰洋边缘海巴伦支海两个仅有的沿海国家，俄罗斯与挪威在巴伦支海的大陆架主张发生重叠。苏联时期，两国曾开展了长达数十年的大陆架划界谈判。在解决争议地区资源争端的过程中，俄罗斯提出了"联合开发"的政策，这为俄罗斯北极地区开发的国际合作积累了历史经验。

早在 20 世纪 70 年代，苏联、挪威为解决巴伦支海渔业资源争端，签署了一系列相关协议，成立了联合渔业委员会，将争议区域设为共同开发的"灰色地带"，从而发展出北极渔业资源的共同开发政策。2006 年，俄罗斯与挪威启动巴伦支海能源共同开发谈判，最终于 2010 年 9 月 15 日签署了《关于在巴伦支海和北冰洋的海域划界与合作条约》（以下简称《俄挪海洋条约》），并在附件 2 中对油气资源的共同开发做了详细规定。2011 年 7 月 7 日条约生效后，俄罗斯与挪威成立了联合油气田开发委员会，负责油气田的开发与分配。从而

---

① 2015 年 9 月 3 日，中国丝路基金与诺瓦泰克公司签署协议，购买亚马尔项目 9.9% 的股权。此外，丝路基金还将提供为期 15 年、总额约 7.3 亿欧元的贷款支持亚马尔项目建设。

实现了争议海域油气勘探冻结向划界后跨界共同开发的转变。[1]

《俄挪海洋条约》及附件 2 确立了巴伦支海大陆架 "统一整体开发的原则"，即在海域划界后俄挪双方对跨界油气资源进行共同开发。为此，俄挪双方在附件 2 中就共同开发区地理范围的界定、碳氢化合物矿床信息的交换、许可证的颁发、共同开发协定的签署、共同开发的起始日和终止期限、碳氢化合物矿床开发的责任人的任命、监管、成立联合委员会以及人权与环保等内容做了详细规定。[2] 条约生效后不久，2012 年 5 月，俄罗斯石油公司与挪威国家石油公司签署协议，宣布成立合资企业，共同对位于俄罗斯巴伦支海和鄂霍次克海大陆架地区的四个区块进行油气勘探开发。与此同时，俄罗斯石油公司通过其全资子公司参与挪威第 22 轮大陆架油气区块的许可证招标工作，并获得其中四个区块 20% 的参与权益。

《俄挪海洋条约》的签署和跨界共同开发北极海洋油气资源，表明双方关注点不再仅是聚焦海上划界，而是突出合作开发利用。这种成功的国际合作实践为北极地区争议区域的开发积累了成功经验。

第三，发起北极地区开发的国际合作倡议。加快北方海航道的基础设置建设，开发和利用这一重要的北极航道是俄罗斯北极地区开发的重要内容之一。2017 年 5 月，普京在首届一带一路国际合作高峰论坛上表示要把北极航道和一带一路连接起来，打造欧亚地区新的交通格局。2017 年 5 月 26 日，中国外长王毅在莫斯科表示，中方欢迎并支持俄方提出的 "冰上丝绸之路" 倡议，愿同俄方及其他各方一道，共同开发北极航线。在 2017 年底举行的年度新闻发布会上，普京正式提出邀请中国参与建设北极交通走廊，打造 "冰上丝绸之路"。中俄两国领导人经过多次会晤，最终确定了共建 "冰上丝绸之路" 的合作方向。[3] 目前，冰上丝绸之路被正式纳入一带一路建设的总体布局。2019 年 10 月，普

---

[1] 匡增军，欧开飞. 俄罗斯与挪威的海上共同开发案评析 [J]. 边界与海洋研究，2016（1）：90.

[2] "Treaty between the Kingdom of Norway and the Russian Federation concerning Maritime Delimitation and Cooperation in the Barents Sea and the Arctic Ocean"[EB/OL]. [2020-10-20]. https://www.regjeringen.no/globalassets/upload/ud/vedlegg/folkerett/avtale_engelsk.pdf.

[3] 岳鹏. 共建 "冰上丝绸之路" 中的俄方诉求及内在挑战分析 [J]. 东北亚论坛，2020（2）：34.

京在瓦尔代俱乐部全体会议期间，提出了建设"西伯利亚子午线"北极铁路倡议，主要内容是修建连接北方航航道各大港口和太平洋、印度洋沿岸港口的铁路干线。铁路涵盖俄属北极地区、东西伯利亚和欧亚大陆广阔地区，项目总投资约4.9万亿卢布（800亿美元）。①

需要指出的是，在俄罗斯的北极政策中，北极地区开发的国际合作对象首先是其他北极国家，普京提出的建设"冰上丝绸之路"的倡议，目的是建设从欧洲经北极航道到东亚的国际货物运输大通道。但在欧美制裁的情况下，中俄合作加快北冰洋地区港口基础设施建设，对于缺乏国际融资的俄罗斯来说意义重大。建设"西伯利亚子午线"北极铁路，则涵盖了东亚、东南亚和南亚地区，最终目标是形成北极地区开发的全球合作网络。

第四，创建国际北极论坛，积极进行北极地区开发的论坛外交。随着全球性问题的增多和国际合作的深化，越来越过的国际论坛得以创设。论坛主办方往往根据自身利益需求，精心设置论坛主题和议程，寻求扩大国际合作。因此，国际论坛成为国际议程设置的重要渠道和切入点。俄罗斯积极参加与北极问题相关的多种国际会议，并高度重视北极理事会在北极问题上的主导地位。

近年来，俄罗斯积极创设北极问题的论坛，通过论坛外交宣示政策主张，塑造俄罗斯在北极问题上的国家形象。更为重要的是，作为国际论坛的创设者，俄罗斯利用主导论坛议程的契机，将本国最为关切的"北极地区开发"议题设置为国际议程，提高了北极地区开发的热度和关注度。

"北极—对话区域"国际北极论坛是俄罗斯创建的与国际社会就北极问题进行对话的最重要的平台，自2010年9月在莫斯科举办首届论坛以来，已经举办五届，该论坛已逐渐成为全球范围内探讨北极可持续发展、共同开发和有效利用北极资源的多边性机制平台。表4-2反映了"北极—对话区域"国际北极论坛议程设置的变化情况：

---

① Железныедорогитянутпоперек Сибири «Сибирскиймеридиан» обойдетсяпочтив 5 трлнруб[EB/OL]．[2020-10-20]．https://www.kommersant.ru/doc/4321419.

表 4-2 历届"北极—对话区域"国际北极论坛议程

届别	主办方	议程	主要内容	参加者
第一届 莫斯科 2010 年 9 月 22—23 日	俄罗斯地理学会	北极地区生态环境保护	北极现代问题、北极地区环保，以及如何在保持脆弱的生态系统平衡情况下开发北极	冰岛、北极理事会主席等政府官员、科学家、环保人士 300 多人
第二届 阿尔汉格尔斯克 2011 年 9 月 21—24 日	俄罗斯地理学会	北极地区生态环境保护	扩大北极科研活动，建立北极地区发展的基础	北极国家的政府官员、科学家和商务代表 400 多人
第三届 萨列哈尔德 2013 年 9 月 24—25 日	俄罗斯地理学会	北极地区生态环境保护	气候变化、污染现状、工业发展对原住民影响	包括冰岛、芬兰总统在内的 370 余名专家学者、政府官员参加。
第四届 阿尔汉格尔斯克 2017 年 9 月 29—30 日	俄罗斯国家会展基金会	北极地区开发	北极地区科学发展、合理建设、国际合作等	来自世界 30 多个国家的约 2300 名代表，主要为商务人员
第五届 圣彼得堡 2019 年 4 月 9—10 日	俄罗斯国家会展基金会	北极地区开发	北极综合开发、合理利用自然资源、保护生态环境、交通运输保障、保护原住民利益、北极地区可持续发展等	11 个国家和国际组织代表 3000 多人参加，主要为企业代表

资料来源：作者根据公开资料整理而得。

　　"北极—对话区域"国际北极论坛起初定位是北极国家参加的俱乐部性质的国际论坛，主办方为俄罗斯地理学会，主要议题是北极地区的生态环境保护，规模在 400 人左右。2010 年到 2013 年，论坛举行了三届，主要参加者是北极国家的政府官员、专家学者和环保人士。这一时期，有关北极地区开发的议题有时也被论及，但也是在保护北极地区生态环境的情况下加以讨论，并非论坛的主要议题。

　　从 2017 年第四届"北极—对话区域"国际北极论坛开始，论坛的定位发生了重大变化，从俱乐部性质的论坛变为开放性的多边机制平台。主办方由俄罗斯地理学会改为俄罗斯会展基金会员会，并获得了俄罗斯北极发展问题国家委员会支持。北极地区开发取代北极生态环境保护，成为论坛的主要议题，参加者数量急剧增长，且主要由企业代表组成。在第四届"北极—对话区域"国际北极论坛的演讲中，普京表示，随着气候变暖加剧，北极地区表现出极大的经济发展机遇，具有越来越重要的现实意义。俄罗斯与很多国家密切关注北极发展。"我们的目标是保持北极地区的持续发展，这包括建设现代化的基础设施，开发北极资源，发展工业基地，提高北极居民生活条件，保护当地独具特色的文化和传统。"①

在 2019 年第五届"北极—对话区域"国际北极论坛上，普京称 2021 年俄罗斯将成为新任北极理事会的轮值主席国，在其任期内，将推动环境保护型技术在工业、能源等领域的应用，并增加在北极地区的投资力度。② 由于轮值主席国在北极理事会拥有议程设置的权利，俄罗斯如何抓住机遇，加快"北极地区开发"国际合作的推进力度值得关注。

作为拥有北冰洋最长海岸线的环北极国家和北极理事会的正式成员国，俄罗斯在北极问题上拥有重要的影响力和话语权。进入 21 世纪以来，俄罗斯高度重视北极地区开发，出台了一系列关于北极地区开发的政策文件，在这些文件的指导下，俄罗斯北极开发活动不断提速。然而，由于北极地区环境的特殊性和北极问题的复杂性，俄罗斯能否实现北极地区开发的政策目标受到诸多因素的影响。在此情况下，俄罗斯大力推进北极地区开发的国际合作，引进国际资金和技术，在北极地区形势缓和和保护地区生态环境的前提下，加快俄属北极地区的开发。俄罗斯北极地区开发的国际合作政策具有以下特点：

第一，俄罗斯对北极地区开发的利益认知日益清晰，北极地区开发的国际合作政策详细而具体。在《原则》中，俄罗斯对北极地区开发的利益认知是"北极是俄罗斯的'自然资源战略基地'"和"北冰洋航线是俄罗斯在北极地区唯一的一条水上通道"③，建设自然资源战略基地和北方海航道是北极地区开发

---

① 国际在线. 普京出席第四届国际北极论坛称俄对北极开发持开放态度 [EB/OL]. [2020-10-05]. http://news.cri.cn/uc-eco/20170331/266c5b7c-cc46-4821-1d6d-58a945691990.html.

② 国际在线. 第五届"北极—对话区域"国际北极论坛在俄罗斯圣彼得堡开幕 [EB/OL]. [2020-10-05]. http://news.cri.cn/20190410/d98d3c3f-a79c-9256-1032-b5ef2aa0df69.html.

③ Стратегия развития Арктической зоны Российской Федерации и обеспечения национальной безопасности на периоддо 2020 года[EB/OL]. http://government.ru/info/18360/.

的主要内容。对北极地区开发的国际合作，俄罗斯的目标也比较简单，要"建立俄罗斯与其他北极四国互利互惠的双边或多边合作机制。"在开发俄属北极地区的过程中，俄罗斯认识到北极地区开发在俄罗斯国家发展中的重要地位，俄属北极地区人口数量缩减、基础设施发展薄弱、技术发展滞后等问题严重制约了北极地区开发的进程。在目前俄罗斯最为关注的北极油气资源勘探开发和北方海航道建设上，由于受到资金投入和技术装备的限制，《原则》和《战略》所制定的 2020 年前的政策目标并未完全实现。

《政策》进一步明确了俄罗斯在北极地区的政策目标，并确立了在社会发展等十大领域的主要任务。其中与北极地区开发有关的包括社会发展、经济发展、基础设施发展、科学技术发展、环境保护和生态安全、防灾减灾、社会安全等领域，明确了北极地区开发的经济属性及其在俄罗斯北极政策中核心地位。与此同时，《政策》进一步明确了北极地区开发的国际合作的任务安排，在强调俄罗斯在北极地区权益的基础上，俄罗斯北极地区开发国际合作政策的主要任务包括强化与北极国家睦邻友好关系、强化北极理事会的地位、积极吸引北极国家、区域外国家参与俄联邦北极区域的互利经济合作、促进俄属北极地区少数民族参与国际民族文化发展合作、建设北极地区统一搜救体系、宣传俄罗斯在北极地区事业成果等内容。

第二，俄罗斯北极地区开发国际合作对象选择经历了从地区合作伙伴到全球合作伙伴的变化，极大地推动了北极地区开发的进程。作为北极国家和北极理事会的成员，俄罗斯最初将其他北极国家作为北极地区开发的合作对象。基本思路是通过与北极国家的合作划定大陆架划界、保护北极生态环境、建立北极地区统一的搜救系统和航道货物运输，在维护北极地区和平、稳定和互利的基础上实现北极地区的开发。因此，俄罗斯高度重视与美国、加拿大、挪威、丹麦等北极国家的合作。在北极海域油气资源的勘探开发中，俄罗斯最初也是选择欧美国家的石油公司作为合作对象，"北极—对话区域"国际北极论坛最初也被俄罗斯定位与北极国家高层对话的俱乐部。

乌克兰危机后，在欧美经济制裁的背景下，拥有资金和技术优势的国际石油公司纷纷退出俄罗斯北极地区海域油气资源的勘探开发。2014 年以来，随着国际能源价格下跌，高昂的开发成本使俄罗斯石油公司和俄罗斯天然气工业股份公司纷纷推迟了北极海域的勘探开发计划。在单凭自身实力难以实现北极地区开发政策目标和国际石油公司退出的情况下，俄罗斯将北极地区开发国际合作对象的选择范围从北极地区扩大到全球范围。《政策》在保留与北极国家合作的基础上，增加了"积极吸引……区域外国家参与俄联邦北极区域的互利经济合作"的内容。在北极地区开发的两个关键领域，即油气资源开发和北方海航道建设上，俄罗斯积极寻求与包括中国在内的亚洲国家进行合作，最终建立北极地区开发的全球伙伴网络。

继亚马尔LNG项目后，2019年，俄罗斯北极地区开发的第二个LNG项目——北极 LNG 2 项目（Arctic LNG 2）启动，该项目合作方为俄罗斯诺瓦泰克公司（拥有项目 60% 的权益）、法国道达尔公司、中石油、中海油和日本的三井财团和 Jogmec 机构设立的日本北极液化天然气（Japan Arctic LNG）联合体（分别拥有项目 10% 的权益）。项目将建成三条年产能各为 660 万吨的液化天然气生产线，并采用法国、德国、意大利等欧洲国家公司的相关工程技术和液化天然气技术用于项目开发。项目首条液化天然气生产线预计将于 2023 年建成投产，产品将使用液化天然气船队，通过北方海航道运往亚太和欧洲市场。通过建立北极地区开发国际合作伙伴网络，俄罗斯极大推进了北极地区开发的进程。

第三，俄罗斯寻求北极地区开发国际合作行为务实而灵活，发起北极地区开发的国际倡议，创建国际合作平台，显著提高了北极地区开发的国际关注度。俄罗斯极为重视北极地区开发国际合作平台建设，在俄罗斯北极地区开发国际合作设想中，其他北极国家是俄罗斯北极地区开发最重要的合作伙伴，北极理事会是协调北极地区内国际性活动的关键性地区组织，也是俄罗斯北极地区开发最为重要的国际合作平台。在不能主导北极理事会议程的情况下，俄罗斯积极利用现有国际平台甚至主动创建新的平台，进行务实而灵活的北极地区开发国际合作。首先，俄罗斯积极发起北极地区开发的国际合作倡议。2017 年 5 月，普京在中国举办的首届一带一路国际合作高峰论坛上表示要把北极航道和"一带一路"连接起来，打造欧亚地区新的交通格局。此后不久，中俄双方领导人正式发起了"冰上丝绸之路"的国际合作倡议。2019 年 10 月，普京提出了建设"西伯利亚子午线"超级铁路倡议。其次，俄罗斯创建"北极—对话区域"国际北极论坛，与国际社会就北极地区开发开展对话，阐明俄罗斯的政策立场，推进北极地区开发的国际合作。最后，利用担任北极理事会主席国的契机，设置北极地区开发议程，加强俄罗斯与其他北极国家在北极地区开发上的合作。

2021—2023 年，俄罗斯将担任北极理事会主席国。普京早就表态，在主席国任期内俄罗斯"将推动环境保护型技术在工业、能源等领域的应用，并增加在北极地区的投资力度"。[①]

总的来说，俄罗斯北极地区开发国际合作政策的实施取得了一定成果，这不仅体现在俄罗斯北极地区油气资源勘探开发和基础设施建设的具体项目取得了较大进展，而且引发了国际社会对北极地区开发的关注。然而，由于北极地区开发的外部环境和俄罗斯国内因素的影响，俄罗斯北极地区开发的国际合作仍面临巨大的挑战。我们可以从以下几个方面认识俄罗斯北极地区开发国际合作政策的实施效果：

首先，国际合作政策的出台对于实现俄罗斯北极地区开发的规划目标具有重要意义，有利于维护俄罗斯的国家利益。北极地区开发与俄罗斯的地区发展战略、能源战略和北极航道建设关系密切，是俄罗斯国家战略的重要组成部分。然而，资金和技术的匮乏以及不利的外部环境制约了俄罗斯北极地区开发的步伐，事实上，《原则》和《战略》中制定的 2020 年前北极地区开发的目标和规划到目前为止并未完全实现。在此情况下，俄罗斯加大了国际合作的力度，希望引入外部的资金和技术，加快北极地区开发。通过国际合作政策的实施，俄罗斯在一些具体开发领域取得了成功，如在北极地区的油气资源勘探开发、北极航道的基础设施建设以及北极的科学考察等领域。这些开发实践不仅为俄罗斯带来了国际资金和技术的支持，而且为俄罗斯进一步推进北极地区开发的国际合作积累了宝贵经验。

其次，俄罗斯寻求北极地区开发的国际合作，有利于国际社会思考北极问题安全、环保与发展三大议题的关系，理解北极地区开发的价值和意义。冷战结束后，北极地区地缘政治、经济环境的变迁推动了北极问题的升温。传统的北极议程主要集中在北极地区的军事竞争、北冰洋划界、北极地区的生态环境保护等领域，北极地区开发并非北极事务的核心。

两个突发性事件提高了北极开发议题的显著性。一个是美国地质调查局 2008 年公布的北极地区油气潜力的评估报告，该报告对北极地区油气资源的评

---

① 国际在线. 第五届"北极—对话区域"国际北极论坛在俄罗斯圣彼得堡开幕 [EB/OL]. [2020-10-05]. http://news.cri.cn/20190410/d98d3c3f-a79c-9256-1032-b5ef2aa0df69.html.

估在国际上引起了开发北极大陆架的热议。北冰洋沿岸的美国、俄罗斯、加拿大、丹麦、挪威纷纷出台了新的国家北极战略和政策，均将北冰洋油气勘探与开发列为重要领域，并加快了油气活动的步伐。另一事件是北冰洋海冰融化使北极航道大规模的商业通航成为可能，越来越多的商业船只尝试利用北极航线，这对北冰洋沿岸国家视为经济发展的大好机遇。

俄罗斯北极地区开发不仅聚焦北极地区的油气资源勘探开发和北极航道的利用，而且将北极地区的社会发展、基础设施建设、少数民族文化保护、生态环境和防灾减灾等问题纳入其中，有助于人们进一步思考安全、环保和发展三大议题的关系。开发需要在安全和合作的前提下进行，同时开发不能以破坏北极生态环境为代价。因此，北极地区开发国际合作对于北极国家处理好主权争议、保护北极生态环境具有积极的促进作用。

最后，俄罗斯北极地区开发的国际合作仍处于利益认知和项目合作的阶段。由于北极地区环境的特殊性和北极问题的复杂性，国际社会并未形成北极地区开发的共识，也未能就北极地区开发制定统一的法律规范，缺乏对北地区开发的科学化管理。俄罗斯现有的关于北极地区开发的国际合作框架，是从一系列项目合作协议发展而来的。在没有专门的北极地区开发国际制度约束下，俄罗斯北极地区开发的国际合作面临巨大的不确定性。

在北极地区开发问题上，北极国家开发具有广泛的利益契合点，俄罗斯将北极国家视作首要的合作对象。在北极地区开发的过程中，没有其他北极国家的合作，俄罗斯不可能实现北极地区开发的政策目标。对于其他北极国家而言，搁置甚至解决北极主权争议问题，在确定的国际制度中稳定获得北极地区开发稳定的收益，也离不开俄罗斯的参与。因此，设置北极地区开发国际议程具有一定的可能性和可行性。

此外，北极地区开发并非北极国家的内部事务，而是具有全球意义。与北极地区开发相关的气候变化、北极航道利用、油气资源开发与贸易对非北极国家具有重要意义。俄罗斯北极地区开发的政策规划彰显了俄罗斯的主权和管辖权利，也表明在北极地区开发的部分领域，俄罗斯可以与非北极国家开展国际合作。事实上，在欧美对俄罗斯实行经济制裁的情况下，俄罗斯北极地区开发的一些具体项目之所以能够取得成功，正是得益于俄罗斯与法国、中国、日本等非北极国家的国际合作。

到目前为止，俄罗斯北极地区开发国际合作仍处于利益认知和项目合作的初级阶段。北极地区开发不仅关乎北极国家的自身利益，而且具有全球性的影响。只有国际社会达成广泛共识，构建共同的国际合作平台，完善具有约束力的北极地区开发法律规范，才会使北极地区开发处于有序发展状态。从这个意义上来看，俄罗斯北极地区开发国际合作仍有很长的路程要走。

第五章 上合组织公共卫生安全议程设置

第一节 上合组织公共卫生合作国际议程设置的问题过程

在二十年的发展历程中，上合组织成员国不断汇集利益预期、清晰界定合作议题、精心设置国际议程，为上合组织的持续发展不断注入动力。可以说，二十年来，围绕安全、经贸合作和人文交流三大议题，上合组织成员国成功地设置了相关议题的国际议程，出台了政策方案，形成了制度化的安排，有力地推动了上合组织在上述议题领域的合作。上合组织在地区事务中的作用日益重要，并具有广泛的国际影响力。

从组织的发展看，国际组织有纵向和横向两个发展方向：前者是围绕某一问题领域不断深化合作，推动组织的一体化建设。后者是合作领域的拓展，合作从某一问题向其他领域"外溢"。在组织的发展过程中，成功的国际议程设置扮演了重要角色。就本文关注的上合组织的公共卫生合作议题而言，其提出和发展的过程正是上合组织合作领域外溢和拓展的结果。2004年9月23日，上合组织成员国政府首脑（总理）理事会发表联合公报，提出"应加强本组织文化、教育、卫生和体育合作"①，因此，上合组织卫生合作的议题首次提出。2008年到2010年，上合组织相继设立卫生部门高官会、卫生防疫部门领导人会议和卫生部长会议等机构，上合组织公共卫生合作机构逐渐完善。2011年6月15日，上合组织成员国签署《上合组织成员国政府间卫生合作协定》，为上合组织开展公共卫生合作奠定了法律基础。此后，上合组织公共卫生合作内容不断丰富，进入全面发展的时期。

---

① 上合组织成员国政府首脑（总理）理事会联合公报.上合组织秘书处[EB/OL]. http://chn.sectsco.org/documents/.

公共卫生合作议题在上合组织提出较晚，属于人文交流领域的一项重要内容。重大国际公共卫生事件的频发以及上合组织成员国对公共卫生合作的关注提高了公共卫生合作议题的显著性，以上合组织国家元首理事会、政府首脑（总理）理事会[①]为平台，上合组织成员国开始设置公共卫生安全合作国际议程，不断推动上合组织成员国公共卫生合作和地区卫生治理。

2020年，新冠肺炎疫情暴发后，为应对疫情蔓延，2020年11月10日，上海合作组织成员国元首理事会第二十次会议再次将公共卫生合作列为会议的主要议题。在此次会议上，习近平主席在讲话中提出要"加强抗疫合作，构建卫生健康共同体"，提出了"加强各国联防联控""支持世界卫生组织发挥关键领导作用""用好本组织卫生领域合作机制""倡议成员国疾控中心设立热线联系""发挥传统医学作用""加强疫苗合作"等卫生健康的合作重点。[②]这为上合组织在灾后疫情时代的公共卫生合作指明了发展方向和合作重点。

上合组织如何设置公共卫生合作国际议程？其公共卫生合作议程设置的效果如何？上合组织公共卫生合作议程设置的未来方向和路径是什么？本书首先提出了国际议程设置的理论分析框架，就上合组织作为公共卫生安全国际议程设置的渠道和平台进行分析，并提出了国际议程设置的过程和周期模型，用于评估上合组织公共卫生合作议程设置过程和效果，并分析了上合组织公共卫生合作议程设置面临的问题和挑战。

一、上合组织作为国际议程设置渠道和平台的理论分析

国际组织对于国际政治议程的重要性毋庸置疑。早期的国际议程研究者将国际组织视为设置国际议程的主要场所和平台，认为正是借助这些场所和平台，国际议题的发起者将个体议题上升为国际议题，从而进入国际议程设置的渠

---

① 《上海合作组织宪章》将国家元首的会议机制称"国家元首会议"、将政府首脑（总理）的会议机制称"政府首脑（总理）会议"，但在实际使用中，一般采用国家元首理事会和政府首脑（总理）理事会的表述，本书采用国家元首理事会和政府首脑（总理）理事会的表述。

② 习近平："弘扬'上海精神'深化团结协作构建更加紧密的命运共同体——在上海合作组织成员国元首理事会第二十次会议上的讲话"[N]. 人民日报，2020（2）.

道①。20世纪90年代以来，随着国际关系理论研究的社会学转向，一些国际关系学者越来越关注国际组织在规范塑造与规范传播方面的重要作用，将国际组织视为具有自主性行为的国际关系行为体，并提出国际组织的中立原则、道德取向以及专业知识，使其具有权威，并运用权威来"确定行动和创造现实"②。因此，对于国际议程的设置者来说，一方面，国际组织为议程设置者提供了设置国际议程的场所和平台，在这一场所和平台上，议程设置者和其他行为体通过沟通和协商，甚至是激烈的政治博弈，就利益认知达成一致，建立起议题同盟，从而使个体议题有可能上升为国际议题。另一方面，由于国际组织本身的权威性，能够为议程设置的最终结果，即政策方案提供合法性支持，从而为政策方案的广泛接受和遵守提供可能。一些自主性强的国际组织，甚至能够独立设置国际议程。

对于上海合作组织来说，《上海合作组织宪章》的相关规定一定程度上限制了上合组织的自主性，其对上合组织国家元首会议、政府首脑（总理）会议、各部门领导人会议以及秘书处的权力和功能的定位，决定了上合组织是成员国通过"协商一致"原则设置本地区国际议程的重要场所和平台。

首先，上合组织明确提出了组织的基本宗旨和任务、合作的基本方向和落实宗旨的机构。《上海合作组织宪章》明确提出了"加强成员国的相互信任和睦邻友好""发展多领域合作……""共同打击一切形式的恐怖主义、分裂主义和极端主义，打击非法贩卖毒品、武器和其他跨国犯罪活动，以及非法移民""鼓励开展……共同感兴趣领域的有效区域合作"等十项基本宗旨和任务，并提出了上合组织框架内合作的基本方向，包括地区安全、打击"三股势力"、打击非法贩卖毒品、武器和其他跨国犯罪活动，以及非法移民；裁军和军控、区域

---

① Richard W. Mansbach and John A.Vasquez. In Search of Theory：A New Paradigm for Global Politics[M]. New York：Columbia University Press，1981：3-83. Steven G. Livingston. "The Politics of International Agenda – Setting：Reagan and North - South" [J]. International Studies Quarterly, Vol. 36, No.3, 1992：313-329.

② 玛莎·芬尼莫尔. 国际组织是国际准则的指导者：联合国教育、科学和文化组织与科学政策 [J]. [美] 莉萨·马丁，贝思·西蒙斯. 国际制度 [M]. 黄仁伟，蔡鹏鸿，等，译. 上海：上海人民出版社，2006：65 – 89. [美] 迈克尔·巴尼特，玛莎·费丽莫. 薄燕，译. 为世界定规则：全球政治中的国际组织 [M]. 上海：上海人民出版社，2009.

经济合作、贸易和投资便利化、能源、交通、司法合作、科技、教育、卫生、文化、体育及旅游等领域的合作①。并成立了国家元首理事会、政府首脑（总理）理事会、外交部部长会议、各部门领导人会议、国家协调员理事会、地区反恐怖机构以及秘书处等机构。《上海合作组织宪章》不仅明确提出了成员国合作的领域和议题，而且建立了合作的机构。这表明，上合组织是地区国际议程设置的重要场所和平台。

其次，上合组织对组织国际人格、组织机构的功能定位和决议程序和决议执行的相关规定提升了上合组织议程设置的权威性，并决定了上合组织议程设置的渠道和平台。《上海合作组织宪章》明确提出，上合组织是国际法主体，享有国际人格。在各成员国境内，拥有为实现其宗旨和任务所必需的法律行为能力。《宪章》还对上合组织框架内的机构的权力和功能进行了明确规定，其中，国家元首会议（即国家元首理事会）是上合组织的最高机构。"该会议确定本组织活动的有限领域和基本方向，决定其内部结构和运作、与其他国家及国际组织相互协作的原则问题，同时研究最迫切的国际问题"。政府首脑（总理）会议（即政府首脑（总理）理事会）"研究并决定组织框架内发展各具体领域，特别是经济领域相互协作的主要问题"。各部门领导人会议则"研究本组织框架内发展相关领域相互协作的具体问题"。秘书处作为常设行政机构，承担"组织框架内开展活动的组织技术保障工作，并为组织年度预算方案提出建议"。②上合组织各机构的决议是以不举行投票的协商方式通过，即遵循"协商一致"的原则，决议由成员国根据本国法律程序执行。

《宪章》的相关规定表明，上合组织设置国际议程的主要机构是国家元首理事会、政府首脑（总理）理事会和各部门领导人会议。其中，上合组织国家元首理事会作为组织的最高机构，是上合组织设置国际议程的最具权威的平台。并且，由于上合组织具有国际法主体的地位，各机构的决议程序遵循"协商一致"的原则。因此，上合组织成员国通过各机构进行的国际议程设置最终以集体性的上合组织国际议程的形式表示出来。从而体现上合组织议程设置的权威性和

---

① 上海合作组织宪章 [J]. 全国人民代表大会常务委员会公报. 2002（5）.

② 见《上海合作组织宪章》关于各机构的相关规定. 全国人民代表大会常务委员会公报. 2002（5）.

自主性的特征。

基于上述理论分析，本文提出了上合组织公共卫生安全合作国际议程设置的理论分析框架，并用以对上合组织公共卫生安全国际议程设置的实践进行分析。在该理论分析框架下，本文关注的重点问题是：上合组织成员国如何界定公共卫生议题并进行利益动员以建立议题联盟？上合组织成员国设置公共卫生合作国际议程设置的过程及行为特点是什么？如何评价上合组织公共卫生合作议程设置的效果及上合组织公共卫生安全合作的前景？

二、上合组织公共卫生合作国际议程设置的问题过程

2001年1月，上海合作组织成立，成员国为上合组织设立了为期三年的初创阶段（2001—2004年）。在上合组织的初创阶段，组织的主要任务是机制建设和建章立制。三年间，上合组织成员国签署了《上海合作组织宪章》《关于地区反恐怖机构的协定》《上海合作组织成员国元首宣言》等重要文件，成立了上合组织秘书处和地区反恐怖机构两个常设机构，为上合组织的机制化和法律化建设奠定了基础。从国际议程设置的视角看，这一时期，上合组织的国际议程设置尚处于利益认知和议题界定的阶段，以打击恐怖主义、分裂主义和极端主义"三股势力"为主要内容的安全议题成为上合组织的核心议题。区域经济合作是上合组织关注的另一核心议题。2003年9月25日，上合组织第六次政府首脑（总理）理事会签署了《上合组织成员国多边经贸合作纲要》，提出了上合组织区域经济合作的"三步走"战略，规定了上合组织区域经济合作的目标、重点领域和实施机制。2004年以后，上合组织进入全面发展时期，上合组织成员国在卫生、科技、文化、旅游、教育及环保领域密切合作，推动了上合组织人文合作的深化。2007年上海合作组织成员国政府首脑（总理）理事会签署《上合组织成员国政府间文化合作协定》，人文合作成为与地区安全、区域经济合作一起，成为上合组织发展的三大议题。

1. 上合组织公共卫生合作议题显著性的提高

虽然《上海合作组织宪章》明确提出要"扩大在科技、教育、卫生、文化、体育及旅游领域的相互协作"，但上合组织对公共卫生合作议题的关注始于2004年。这一时期，上合组织公共卫生合作议题显著性的提高主要包括以下两个原因：

一是突发重大国际公共卫生事件凸显了上合组织进行公共卫生合作的重要性与紧迫性。2002年11月，中国广东爆发了严重急性呼吸综合征（SARS），并扩散至东南亚地区乃至全球，直至2003年中期疫情才被消灭，SARS成为进入21世纪以来的一起重大的全球公共卫生安全事件。2005年，修订后的"国际卫生条例"出台了"国际关注的紧急公共卫生事件"（PHEIC）机制。此后，世界卫生组织宣布了六起"国际关注的紧急公共卫生事件"，即2009年H1N1甲型流感、2014年脊髓灰质炎疫情、2014年西非埃博拉病毒疫情、2015年寨卡病毒疫情、2019年刚果（金）埃博拉病毒疫情和2020年新冠肺炎（COVID-19）疫情。突发重大的国际公共卫生事件使国际社会认识到，公共卫生安全问题已经超过国界的限制，成为需要国际社会进行合作加以解决的跨国性问题。对于上合组织成员国来说，突发重大国际公共卫生事件是一个重大威胁，但上合组织地区并没有一个专门性的公共卫生组织来协调各方立场，推动地区的公共卫生合作。在此情况下，上合组织公共卫生安全议题的显著性开始提高。

二是上合组织机构对公共卫生问题的关注进一步提高了上合组织公共卫生合作议题的显著性。2004年9月23日，上合组织政府首脑（总理）理事会第三次会议（比什凯克）发表的《联合公报》强调要加强包括卫生在内的合作。① 这是上合组织相关文件中首次提出开展卫生合作。2006年6月15日，上海合作组织国家元首理事会上海峰会发布的《上海合作组织五周年宣言》提出"本组织将尽己所能，积极参与防治传染病的国际行动，为环境保护和合理利用自然资源做出贡献"②。9月16日，上合组织成员国总理政府首脑（总理）理事会第五次会议（杜尚别）发表的《联合公报》指出，"六国总理认为，应尽快在本组织框架内开展卫生合作，并授权本组织秘书处会同国家协调员理事会研究成立专家工作组的问题"③。2007年11月3日，上合组织成员国政府首脑（总理）理事会第六次会议联合公报表示"总理们对启动卫生合作表示欢迎，责成本组织秘书处会同各方专家制订本组织成员国卫生部门合作计划，确定该领域

① 上合组织成员国政府首脑（总理）理事会联合公报. 上合组织秘书处 [EB/OL]. http://chn.sectsco.org/documents/.

② 上海合作组织五周年宣言. 上合组织秘书处 [EB/OL]. http://chn.sectsco.org/documents/.

③ 上海合作组织成员国总理会议签署联合公报（全文）. 上合组织秘书处 [EB/OL]. http://chn.sectsco.org/documents/.

优先合作方向"①。这一时期，上合组织的公共卫生合作处于起步阶段。从国际议程设置的过程看，上合组织公共卫生合作尚处于议题界定和利益认知的阶段，即议程设置的问题过程阶段。在这一阶段，上合组织成员国认识到公共卫生合作对于成员国的人文交流和组织发展具有重要意义，强调在上合组织框架内开展公共卫生合作的急迫性。但公共卫生合作议题并非上合组织元首理事会和政府首脑（总理）理事会的核心议题，也未建立新的公共卫生合作议程设置渠道和平台，没有出台相应的政策方案。

2. 上合组织公共卫生合作议程的设置者和渠道选择

上合组织公共卫生合作议程的设置者。

从《上海合作组织宪章》的相关规定来看，上合组织的自主性较弱，作为上合组织常设行政机构，上合组织秘书处的功能定位是"承担本组织框架内开展活动的组织技术保障工作，并为组织年度预算方案提出建议"。因此，上合组织秘书处并不承担组织议程设置者的角色，上合组织的议程设置权力主要为成员国所掌握，并且由于上合组织各机构遵循"协商一致"的原则，上合组织的议程设置体现出上合组织成员国一致的利益认知。

在实践中，国家元首理事会作为上合组织的最高机构，每年举行一次国家元首理事会峰会，峰会的主办国在上合组织议程设置中扮演了重要角色。如前所述，国际议程设置是一种"稀缺资源"，什么议题能够进入国际议程，什么议题不被纳入国际议程？这一过程中存在激烈的议题竞争。作为会议的主办国，能够通过"主场外交"的方式将自己关注的议题列为会议的优先议题，从而设置该议题的国际议程。另一方面，由于上合组织各机构决议遵循"协商一致"的原则，对于上合组织国家元首理事会峰会的主办国来说，如何使其他成员国接受峰会主办国所设置的国际议程，这就需要主办国与其他成员国进行沟通、解释和说服。

上合组织在机构设置上为成员国之间的沟通与交流提供了便利的渠道。首先是国家协调员会议，作为组织日常活动的协调和管理机构，国家协调员会议为国家元首理事会、政府首脑（总理）理事会和外交部部长会议进行必要准备。

---

① 上合组织成员国政府首脑（总理）理事会会议联合公报. 上合组织秘书处 [EB/OL]. http://chn.sectsco.org/documents/.

国家元首理事会的主办国的国家协调员担任协调员理事会的主席，通过每年至少举行三次国家协调员理事会会议，上合组织成员国就该年度的国家元首理事会、政府首脑（总理）理事会的议程设置进行充分的协商和沟通。其次是上合组织外交部部长会议，同样由国家元首理事会的主办国外交部部长担任会议主席，就筹备国家元首理事会和其他国际问题进行磋商。除了上述两个正式的渠道之外，峰会主办国还可以通过非正式的双边与多边会谈，就国家元首理事会和政府首脑（总理）理事会的议程设置做进一步的沟通和游说工作。通过会议主办国的沟通、解释和说服，主办方设置的国际议程最终为其他成员国所接受，并通过在峰会召开前对外公开发布的方式，使议题成功进入国际议程。

上合组织决议"协商一致"的原则和轮流主办国家元首理事会的安排不仅有利于建立解决问题的"议题联盟"，而且有助于国际议程的持续接力设置。这表明，上合组织的议程设置者并非某一成员国，所有成员国都是上合组织国际议程的设置者，这种集体接力设置国际议程的方式对于提高上合组织的有效性发挥了重要作用。

3. 上合组织公共卫生合作议程的设置渠道

根据《上海合作组织宪章》的规定，上合组织议程设置的主要渠道和平台是国家元首理事会和政府首脑（总理）理事会。其中，国家元首理事会作为上合组织的最高权力机构，是上合组织议程设置的核心渠道和平台，能够"研究最迫切的国际问题"。政府首脑（总理）理事会则是设置与经济相关议程的重要渠道和平台。虽然上合组织也赋予各部门领导人会议"研究本组织框架内发展相关领域相互协作的具体问题"的权力，但由于上合组织在成立后的初创阶段，主要议题集中于安全和经济领域，并没有建立公共卫生部门的领导人会议机制。因此，在2008年之前，上合组织公共卫生合作议程的主要设置渠道是国家元首理事会和政府首脑（总理）理事会。故而，在上合组织公共卫生合作议程设置的初始阶段，上合组织国家元首会议、政府首脑（总理）会议在组织的公共卫生国际议程设置的过程中发挥了核心和主导作用。会议举行期间，会议主办国将公共卫生议题设置为国际议程，并经上合组织成员国的元首与政府首脑们讨论和协商，通过发表公报或声明的方式，阐明上合组织成员国加强公共卫生合作的重要性，并为上合组织出台公共卫生议题的政策方案指明发展方向。

然而，由于缺少公共卫生合作的部门领导人会议及其他相关执行机构，国家元首理事会和政府首脑（总理）理事会关于公共卫生合作的相关决议往往难以转化为具体的行动方案，这在一定程度上影响了上合组织公共卫生合作的效率。为解决这一问题，2007 年 11 月，上合组织成员国总理政府首脑理事会第六次会议明确提出，"责成组织秘书处会同各方专家制订本组织成员国卫生部门合作计划，确定该领域优先合作方向"。 2008—2010 年是上合组织公共卫生合作机构快速发展的时期，2008 年 6 月，上海合作组织成员国首次卫生部门高官会，讨论了建立卫生合作机制、成立卫生合作专家工作组、确定优先合作领域等问题。同年 11 月，上合组织在莫斯科召开了首次成员国卫生防疫部门领导人会议，专门讨论防治传染病问题。2010 年 11 月，上合组织举办了首届成员国卫生部长会议，会议通过了《上合组织成员国卫生专家工作组工作条例》，批准了《上合组织成员国卫生领域重点合作计划》。

至此，上合组织公共卫生合作机制建设已经成熟。从国际议程设置的角度看，上合组织既有处于顶层设计层面的国家元首理事会和政府首脑（总理）理事会，又有卫生部长会议、卫生防疫部门领导人会议和卫生部门高官会等公共卫生合作的专门机构，它们共同构成了上海组织公共卫生合作议程设置的渠道和平台，为上合组织成员国之间的公共卫生合作奠定了坚实的制度基础。

第二节　上合组织公共卫生合作议程设置的政治过程与政策过程

按照时间的先后顺序，可以将上合组织公共卫生合作的议程设置分为以下阶段：2004—2008 年，是上合组织公共卫生合作议程设置的初始阶段，这一阶段的主要特点是公共卫生合作议题的显著性不断提高。2008—2010 年，是上合组织公共卫生合作议程设置的发展阶段，这一阶段的主要特点是上合组织成员国公共卫生合作机制的形成与完善。2011—2020 年，是上合组织公共卫生合作议程设置的成熟阶段，这一阶段的主要特点是上合组织公共卫生合作的政策方案出台和执行。

2004—2008 年，上合组织公共卫生合作议程设置的初始阶段。这一阶段，上合组织成员国以国家元首理事会和政府首脑（总理）理事会为渠道和平台，设置公共卫生合作的国际议程，并通过发表声明或公报的方式表达了对公共卫生合作议题的关注，极大提高了公共卫生合作议题的显著性（见表 6-1）。但由于缺少公共卫生合作的执行机构，这一阶段上合组织的公共卫生合作议程设置仅限于言语行为，并未转化为具体的公共卫生合作行动。

表 6-1 2004—2008 年上合组织公共卫生合作议程设置

时间	议程设置的平台	公共卫生合作议程的相关表述
2004 年 9 月 23 日	上合组织成员国政府首脑（总理）理事会第三次会议（比什凯克）	加强组织文化、教育、卫生和体育合作，以进一步巩固各成员国人民的友谊
2006 年 6 月 15 日	上合组织成员国元首理事会（上海）	组织将尽己所能，积极参与防治传染病的国际行动
2006 年 9 月 16 日	上合组织成员国总理政府首脑理事会第五次会议（杜尚别）	应尽快在组织框架内开展卫生合作，并授权本组织秘书处会同国家协调员理事会研究成立专家工作组的问题
2007 年 11 月 3 日	上合组织成员国总理政府首脑理事会第六次会议	责成组织秘书处会同各方专家制订本组织成员国卫生部门合作计划，确定该领域优先合作方向

2008—2010 年，上合组织公共卫生合作议程设置的发展阶段。2008 年 6 月，根据上合组织成员国总理政府首脑理事会会议精神，上合组织北京秘书处召开了首次成员国卫生部门高官会，上合组织成员国卫生部门代表就成立卫生合作专家工作组、确定 2008—2010 年卫生合作的优先方向达成一致，上合组织公共卫生合作进入快速发展的阶段。上合组织公共卫生安全合作得到了元首理事会的支持，2008 年 8 月，上海合作组织成员国元首理事会会议发表《联合公报》，上合组织的"元首们指出，在本组织框架内开展卫生合作，包括防治传染病，对促进本地区国家经济可持续发展和提高人民福祉至关重要"[1]。

这一时期，上合组织公共卫生合作进展明显加快：一是上合组织成员国卫生合作机制开始形成。2008 年 11 月，首次上合组织成员国卫生防疫部门领导人会议，专门讨论防治传染病问题。2009 年 4 月，第二次成员国卫生部门高官会召开，为召开上合组织卫生部门会议和出台卫生合作计划进行准备。二是对公共卫生合作内容的界定。2009 年 10 月 14 日，上合组织成员国总理政府首脑

---

① 上合组织秘书处.上海合作组织成员国元首理事会会议联合公报 [EB/OL]. http://chn. sectsco.org/documents/.

理事会（北京）第八次会议通过了《上合组织地区防治传染病联合声明》，为上合组织公共卫生合作的领域、重点和具体合作方式作出明确规定，根据规定，上合组织框架内公共卫生合作将以开展艾滋病、疟疾、流感等传染病防治、紧急医疗救助为主要内容。2010 年 11 月，上合组织举办了首届成员国卫生部长会议，会议通过了《上合组织成员国卫生专家工作组工作条例》，批准了《上合组织成员国卫生领域重点合作计划》。

2011—2020 年，是上合组织公共卫生合作议程设置的成熟阶段。2011 年 6 月，上合组织成员国第十一次峰会（阿斯塔纳）签署《上海合作组织成员国政府间卫生合作协定》，上合组织公共卫生合作机制形成，卫生合作成为上合组织框架内的重要议题。此后，上合组织的公共卫生合作机制进一步完善。2013 年，上合组织成员国卫生防疫部门领导人第三次会议通过了《上合组织成员国传染病疫情通报方案》。2014 年，上合组织成员国卫生防疫部门领导人第四次会议通过了《关于加强上海合作组织成员国应对传染病扩散的挑战与威胁能力的建议》。这两份文件为上合组织成员国开展传染病联防联控发挥了重要的指导作用。2014 年 12 月，上合组织成员国政府首脑（总理）理事会第十三次会议发表的《联合公报》提出"传染病严重威胁人类健康与发展，上合组织成员国加强防控合作十分重要"。上合组织成员国需要"巩固卫生监控领域合作"[①]。

2015 年 7 月，上合组织第二届成员国卫生部长会议召开。从议题的界定看，上合组织第二届成员国卫生部长会议讨论的范围更为广泛，不仅涉及此前讨论的传染病防治和紧急医疗救助的问题，还就医药卫生体制改革、基本药物、打击医药产品造假行为等议题进行了讨论。上海合作组织公共卫生合作的议题范围得到拓展。

2015 年 7 月 10 日，上合组织成员国元首理事会乌法峰会批准《上合组织至 2025 年前发展战略》，该战略明确提出了上合组织发展的四大议题，即政治协作、安全合作、经贸合作和文化人文合作。公共卫生合作与科技、环保、教育等属于人文合作议题。战略提出上合组织框架内公共卫生合作的内容，"包括在传染病防治、流行病监测、营造预防慢性非传染性疾病的良好环境以及妇

---

　　①　上合组织秘书处 . 上海合作组织成员国政府首脑第十三次会议联合公报 [EB/OL]. http://chn.sectsco.org/documents/.

幼保健等方面开展合作。成员国将在医药制品药物制剂、医疗产品的安全性和有效性方面进行协作。成员国专家学者将就医学技术研发、成果转移以及先进临床医疗经验进行交流"①。

此后，上合组织历次元首理事会、成员国政府首脑（总理）理事会以及卫生防疫部门领导人会议对上合组织框架内的公共卫生合作做出安排。2018年6月的上海合作组织国家元首理事会青岛峰会在上合组织公共卫生合作的发展历程中具有重要意义。在青岛峰会期间，上合组织成员国元首发表《关于在上海合作组织地区共同应对流行病威胁的声明》。声明强调，上合组织成员国元首确认"在上海合作组织地区存在爆发包括流行性感冒、鼠疫、严重急性呼吸道综合征（SARS）、出血热、霍乱及其他严重传染性疾病的可能性"②，为应对威胁，声明提出了"进一步完善各项多边合作机制、建立可靠信息的交流机制、提升各国及时防治流行病突发情况的潜力、开展联合科学研究"等应对措施。

2019年6月，上合组织国家元首理事会比什凯克峰会期间，公共卫生议题再次成为元首们关注的重要议题。上合组织成员国元首强调将继续在诸如应对传染性和非传染性疾病传播、应对卫生紧急情况、交换医务人员、远程医疗以及促进上合组织各国医疗机构之间合作等领域的能力建设方面继续开展联合工作。③ 同年11月举行的上合组织成员国政府首脑（总理）理事会，强调进一步加大在确保人民卫生防疫繁荣、生物安全、打击假药流通、抗生素耐药性、预防和控制传染病和非传染病、公共卫生和发展医疗旅游业等方面的工作力度。④ 从国家元首理事会和政府首脑（总理）理事会关于公共卫生合作的相关规定分析，上合组织成员国公共卫生合作议题呈现出具体化的特征。

新冠肺炎疫情暴发后，上合组织公共卫生合作议题的重要性进一步凸显。

---

① 上合组织秘书处.上合组织至2025年前发展战略 [EB/OL]. http://chn.sectsco.org/documents/.

② 上合组织秘书处.上海合作组织成员国元首关于在上海合作组织地区共同应对流行病威胁的声明 [EB/OL]. http://chn.sectsco.org/documents/.

③ 上海合作组织成员国元首理事会会议新闻公报 [EB/OL] [2020-04-25]. http://chn.sectsco.org/news/20190614/550937.html.

④ 上合组织秘书处.上海合作组织成员国政府首脑（总理）理事会第十八次会议联合公报 [EB/OL]. http://chn.sectsco.org/documents/.

2020 年 5 月，上海合作组织成员国元首理事会发表《关于共同应对新冠肺炎疫情的声明》，声明对上合组织参与全球卫生治理的原则和公共卫生领域合作的具体措施进行了明确规定。其中，上合组织参与全球卫生治理的理念和原则主要包括两个方面：一是发挥联合国系统核心作用，采取坚决、协同和包容的行动，共同抗击疫情。二是国际社会合力巩固世界卫生体系，特别是提升世界卫生组织作为联合国专门机构的潜力。在具体措施方面，上合组织成员国统筹和协调应对卫生防疫领域突发情况的措施，加强在药物、疫苗、检测试剂等方面开展科技合作，并出台了《上合组织成员国应对地区流行病威胁联合行动综合计划》①。2020 年 7 月 24 日，上合组织成员国第三次卫生部长会议举行，会议通过《上合组织成员国应对新冠病毒性肺炎传播的有效措施综述》。在《综述》中，上合组织成员国就本国采取的应对措施进行了总结和说明，加强了成员国对彼此应对新冠病毒性肺炎疫情的政策和措施的了解，为开展联防联控、携手应对挑战奠定了基础。

第三节　上合组织公共卫生安全议程设置的效果评析

进入 21 世纪以来，全球公共卫生问题凸显。从 2002 年爆发严重急性呼吸综合征（SARS）以来，全球范围内又相继发生六起"国际关注的紧急公共卫生事件"，不仅对整个国际社会的卫生健康造成严重威胁，而且对全球经济和人员交流造成重大影响，全球公共卫生安全治理面临严峻的挑战。在此背景下，公共安全卫生议题在国际政治中的显著性日益提高，并引起了整个国际社会的关注和讨论。

上合组织地区公共卫生安全治理是全球公共卫生安全治理的重要组成部门。对于上合组织成员国来说，除了面临全球性的公共卫生安全事件的威胁之外，上合组织成员国也面临其他传染病的威胁。据统计，在世界卫生组织报告的 23 种疾病中，中亚地区报告发病的就有 16 种，其中发病严重的传染病有结核病、利什曼病、百日咳、艾滋病以及流行性腮腺炎。中亚地区在过去 10 年中是世界

---

① 上合组织秘书处 . 上海合作组织成员国元首理事会关于共同应对新冠肺炎疫情的声明 [EB/OL]. http://chn.sectsco.org/documents/.

上艾滋病增长最快的地区之一[①]。在俄罗斯，肝炎、麻疹、艾滋病、肺结核等传染病对公共卫生产生严重威胁。因此，加强信息沟通、强化传染病的联防联控，加强技术交流合作成为上合组织地区公共卫生安全治理的重要内容。

然而，上合组织地区并不存在专门性的地区公共卫生安全治理机制，这在一定程度上使地区公共卫生安全合作陷入停滞。随着地区公共卫生安全合作的重要性和急迫性的增加，上海合作组织开始设置公共卫生安全合作的议程，推动政策方案和行动计划的出台，为上合组织地区公共卫生合作注入了动力。

一、上合组织公共卫生安全合作是全球卫生治理的重要组成部分

上合组织公共卫生安全合作是全球卫生治理的重要内容。目前，全球卫生治理形成了以世界卫生组织为核心的治理体系，但以世界卫生组织为核心的治理体系难以深入地区层面，实现上合组织地区公共卫生安全问题的有效治理。在此情况下，上合组织公共卫生安全合作能够成为世界卫生治理体系的重要补充。上合组织多次在生命中强调应当发挥联合国系统的核心作用，强调国际社会合理巩固世界卫生体系，尤其是发挥世界卫生组织在卫生治理中的核心作用。上合组织制定的相关措施也是以推动《国际卫生条例》实施为核心，加强卫生防疫领域的应对，在药物、疫苗、检测试剂等方面开展科技合作。

新冠肺炎疫情发生后，中国与其他上合组织领导人多次表示应加强国际抗疫合作，共同维护全球公共卫生安全，发挥世界卫生组织等国际机构的重要作用。在应对新冠肺炎病毒传播的过程中，上合组织成员国支持世界卫生组织发挥作用，反对将疫情政治化、病毒标签化。中国同其他上合组织成员国加快建立重大流行性疾病信息通报机制、积极开展疫苗研发、生产和采购合作以及合力开展传统医药合作是国际社会应对新冠肺炎疫情的重要组成部分。

---

① 邱增辉，蒋祐. 全球卫生治理视域下中亚国家的健康状况及与中国的合作 [J]. 俄罗斯东欧中亚研究，2020（4）：85.

二、提高了公共卫生安全议题在上合组织发展中的显著性和重要性

上合组织是在"上海五国"机制的基础上发展而来的。长期以来，上合组织的核心议题是地区安全、经贸合作、文化与人文交流。即上合组织发展的"三大议题"。虽然在《上合组织宪章》中就提出了要扩大成员国在卫生领域的合作。但在上合组织的初创阶段，上合组织框架内的卫生合作并没有开展实质性的活动，而是与科技、教育、文化、体育、旅游等一并列入人文交流的议题。这一时期，公共卫生安全在上合组织的发展过程中重要性尚未彰显。

2002 年底到 2003 年，严重急性呼吸综合征（SARS）在中国爆发，并在全球范围扩散，公共卫生安全成为世界关注的焦点问题。虽然上合组织由于自身功能定位并未给予 SARS 特别关注，但是显然意识到防治传染病、加强卫生领域合作对于上合组织地区公共卫生安全的重要性。2004 年举行的上合组织成员国政府首脑（总理）理事会和 2006 年上合组织成员国元首理事会发表联合声明，关注成员国之间的卫生合作，积极参与防治传染病的国际行动。2006 年和 2007 年的上和组织政府首脑（总理）理事会提出要加强在上合组织框架内开展卫生合作的机制化建设，要求成立专家工作组，制定成员国卫生部门合作计划，并确定该领域的优先合作方向。

上合组织国家元首理事会和政府首脑（总理）理事会对公共卫生安全议题的关注，毫无疑问极大提高了公共卫生安全议题在上合组织中的显著性和重要性。为上合组织卫生治理和公共卫生安全的机制化建设奠定了基础。

三、推动上合组织公共卫生安全的制度化建设

进入 21 世纪以来，包括上合组织成员国在内的国际社会面临各种传染病的威胁。在全球层面上，流感、甲型流感（H1N1）、SARS、禽流感、疟疾、霍乱、寨卡病毒、登革热、埃博拉病毒、新冠肺炎病毒对全人类健康产生了重大威胁。在地区层面，上合组织成员国也面临鼠疫、出血热等传染性疾病的威胁。为应对传染性疾病的威胁，2009 年，上合组织政府首脑（总理）理事会发表《上海合作组织地区防治传染病联合声明》。2018 年，上合组织元首理事会发表《关于在上海合作组织地区共同应对流行病威胁的声明》。2020 年，上合组织元首

理事会再次发表《关于共同应对新冠肺炎疫情的声明》。通过发表声明，上合组织将公共卫生安全的核心问题明确界定为防控传染性流行病，并为此出台具体措施加以应对，明确界定了上合组织公共卫生合作的重点方向。

2008 年，以上合组织成员国首次卫生部门高官会召开为标志，上合组织公共卫生合作进入机制化建设阶段。2008 年 11 月，上合组织成员国首次卫生防疫部门领导人会议召开。2010 年，上合组织首届成员国卫生部长会议举行。目前，上合组织公共卫生安全的合作机制已经形成顶层设计层面的元首理事会和政府首脑（总理理事会），执行层面的成员国卫生部长会议、成员国卫生防疫部门领导人会议、卫生部门高官会和卫生专家工作组等机制。截至目前，上合组织已经举行了三届卫生部长会议、六次成员国卫生防疫部门领导人会议，签署了《上海合作组织成员国政府间卫生合作协定》《上合组织成员国卫生领域重点合作计划》《上合组织成员国传染病疫情通报方案》《关于加强上海合作组织成员国应对传染病扩散的挑战与威胁能力的建议》《上合组织成员国应对新冠病毒性肺炎传播的有效措施综述》等文件，有力地推动了上合组织公共卫生安全的制度化建设。

四、上合组织公共卫生安全议程设置有力促进了成员国公共卫生安全合作的实践

随着上合组织公共卫生安全议程的发展，上合组织成员国也展开了丰富的公共卫生安全实践活动。上合组织公共卫生安全合作形式多样、内容丰富。中国与其他上合组织成员国举办了医药卫生合作的国际论坛和专业研讨会、建立上合组织医院合作联盟、举办各类人才培训等。如 2015 年 6 月，"中亚人畜共患病防治论坛"和"中亚中西医康复论坛"在乌鲁木齐开幕，论坛包括多个分论坛，国内外专家通过论坛进行学术研讨和交流。2017 年，"上合丝路协同创新国际论坛"在哈萨克斯坦阿斯塔纳举行，卫生议题成为论坛的核心议题，与会专家就疾病防治、健康护理和医疗合作展开了深入交流。2018 年 5 月 18 日，上合组织医院合作联盟在北京成立，对于提高上合组织区域卫生治理水平，提升各相关国家人民医疗卫生服务水平发挥重要作用。上合组织成员国的公共卫生安全合作主要内容涵盖传染病防治、流行病监测、妇幼保健、经验交流、传

统医药合作、跨境远程医疗、灾害医学防治等方面。

新冠肺炎疫情暴发后，中国先后向上合组织成员国提供人道主义援助物资，包括核酸检测试剂盒、红外体温计以及防护用品等。并向这些国家派出医疗专家团队，与上合组织成员国的医疗机构和专家医生开展经验分享和交流，介绍中国抗疫经验。此外，中国政府向上合组织成员国多批次提供医疗物资援助，包括医用外科口罩、防护服、呼吸机以及预防药物等，并启动跨国远程医疗会诊系统，开展远程医疗会诊。

将本文的议程设置理论分析框架应用于上合组织公共卫生合作议程设置，不难发现，在二十年的发展历程中，上合组织公共卫生合作虽然取得了重大成就，但也面临不少的问题和挑战。包括公共卫生威胁趋向多样化、成员国"搭便车"现象、成员国遵约开展集体行动具有局限性、卫生治理机制僵化和机构不健全、全球层面的公共卫生治理相对滞后等诸多挑战。[①] 主要表现在以下几个方面：

第一，需要进一步提高上合组织公共卫生安全合作议题的显著性，扩大上合组织公共卫生合作的领域和范围。通过对上合组织官方文件的分析不难发现，上合组织将公共卫生合作与科技、教育、文化、体育、旅游等领域的合作一起界定为人文交流议题，把应对与防治传染病流行病的威胁作为公共卫生合作的主要目标，上合组织公共卫生合作的主要方向和合作计划也是以传染病防治、紧急医疗救援、药品及医疗设备质量管理、卫生信息化等为重点。然而，近几年突发的重大公共卫生事件的影响力和破坏力已超过了传统的卫生领域，对经济社会发展、人员交流乃至地区安全产生了严重的影响。因此，上合组织需要从非传统安全治理的高度来加强公共卫生合作。对于上合组织成员国来说，由于上合组织地区缺乏专门性的地区卫生治理机制，因此，上合组织在推动公共卫生合作、实现地区卫生治理等方面所扮演的角色日益重要。近年来，上合组织成员国日益认识到完善卫生基础设施体系，提高应对自然灾害及人为事故的能力的重要性，并多次提出借助双边和多边平台相互协作，与主要国际组织密切合作，开展公共卫生合作外交的重要性。为此，上合组织需要进一步关注公共卫生合作与非传统安全治理、地区安全和区域经济合作的联动效应，进一步

---

① 李雪威，王璐. 上合组织参与全球卫生治理：优势、挑战及路径选择 [J]. 国际问题研究，2020（6）：23-37.

提高上合组织公共卫生安全合作议题的显著性，扩大上合组织公共卫生合作的领域和范围，巩固上合组织在地区卫生治理中的核心地位。

第二，进一步提高上合组织国家元首理事会和政府首脑（总理）理事会在公共卫生合作中的顶层设计能力和上合组织卫生部长会议、卫生防疫部门领导人会议以及卫生部门高官会等机构的执行能力。上合组织国家元首理事会和政府首脑（总理）理事会是上合组织成员国设置公共卫生合作议程设置的主要渠道和平台，在推动上合组织公共卫生合作方面发挥了核心领导作用。在"协商一致"的决议原则和轮流主办峰会的安排下，应当充分发挥峰会轮值主办国、上任主办国和下任主办国"三驾马车"在公共卫生合作议程设置中的作用，建立上合组织公共卫生合作的任务执行和效果反馈制度，进一步提高国家元首理事会和政府首脑（总理）理事会的顶层设计能力。在公共卫生合作的执行层面，应切实发挥现有的上合组织卫生部长会议、卫生防疫部门领导人会议以及卫生部门高官会等机构的综合协调作用，提高上合组织公共卫生合作的工作效率。目前，上海合作组织卫生部长会议每五年举行一次，频率远低于每年举行一次的上合组织经贸部长会议、文化部长会议等其他部门领导人会议。此外，上合组织卫生防疫部门领导人会议不定期举行，迄今为止共召开了6次会议。这表明，上合组织公共卫生合作的执行机构主要作用是以应对危机为主，而不是以常态化的卫生治理为目标。这在一定程度上限制了相关机构在公共卫生合作方面的执行能力。

第三，提高政策方案的有效性，推动上合组织成员国公共卫生合作的国内立法工作，促进上合组织公共卫生合作规范的内化。从议程设置的效果来看，政策方案的有效性是判断一项国际议程设置成功与否的重要标准。作为上合组织公共卫生合作的政策方案，《上合组织成员国卫生领域重点合作计划》（2010年）《上合组织成员国政府间卫生合作协定》（2011年）《上合组织成员国传染病疫情通报方案》（2013年）等文件对于推动上合组织公共卫生合作的制度化建设发挥了重要作用。从上合组织公共卫生合作的现状看，上合组织公共卫生合作议程设置的重点应是进一步提高政策方案的有效性，推动上合组织成员国就加强公共卫生合作加快国内立法，促进上合组织公共卫生合作规范的内化。

第四，加强上合组织公共卫生外交，构建上合组织卫生健康命运共同体。一方面，开展上合组织成员国的公共卫生合作，加强成员国之间的公共卫生外交。在上合组织卫生合作的实践中，上合组织成员国在组织框架内开展了传染病联防联控机制合作，建立了跨境传染病疫情通报制度和卫生应急处置协调机制。新冠肺炎疫情暴发后，疫情通报制度和应急处置协调机制在中国与上合组织成员国抗击疫情合作中发挥了重要作用。中国与上合组织成员国的医疗卫生人员的经验交流对于提升上合组织成员国在疫情防控、疑似病例发现、病患隔离和救治等方面的能力有极大帮助。后疫情时代，上合组织成员国之间在加强医疗卫生体制和医疗基础设施等"硬件"建设，在医疗卫生科技合作、医疗设备、器械和药品研发、疫苗研发与供应、传统医药合作及实验室建设等方面进一步加强合作。另一方面，上合组织高度重视与其他国家和国际组织在公共卫生领域的交流，上合组织国家元首会议、政府首脑（总理）会议在声明中强调要推进《国际卫生条例》的实施，重视与国际卫生组织的关系，强调国际卫生组织在全球卫生治理中的核心作用。总之，通过设置公共卫生合作国际议程，加强上合组织成员国的公共卫生合作与外交，为推动上海合作组织卫生健康共同体建设奠定了坚实的基础。

第六章　欧亚经济联盟的制度设计与"一带一盟"对接的模式与路径

第一节　地区性国际制度的生成与发展

2013年9月，中国国家主席在哈萨克斯坦提出共建"丝绸之路经济带"倡议，得到俄罗斯、哈萨克斯坦、白俄罗斯等欧亚国家积极响应。2014年5月29日，俄、白、哈三国领导人签署《欧亚经济联盟条约》，该条约于2015年1月1日正式生效。作为欧亚地区一个重要的地区一体化的国际制度，对接"丝绸之路经济带"建设与欧亚经济联盟建设，成为中国与欧亚国家共建丝绸之路经济带、进行区域经济合作的重要内容。2015年5月，中俄两国元首签署《关于丝绸之路经济带建设和欧亚经济联盟建设对接合作的联合声明》。2016年5月，最高欧亚经济理事会会议上，欧亚经济联盟成员国领导人一致同意对接"一带一盟"。2018年5月17日，中国与欧亚经济联盟及成员国代表签署《中华人民共和国与欧亚经济联盟经贸合作协定》，该协定于2019年10月25日正式生效。

中国与欧亚经济联盟成员国共建丝绸之路经济带快速发展。在政治领域，中国与俄罗斯将两国关系提升为"新时代中俄新时代全面战略协作伙伴关系"，中哈为"永久全面战略伙伴关系"，中白、中吉为"全面战略伙伴关系"，中国与欧亚经济联盟成员国关系的定位和发展为共建丝绸之路经济带、发展区域经济合作奠定了良好的政治基础。在具体合作领域，中国与欧亚经济联盟成员国在基础设施建设、能源领域、产能领域、金融领域、工业园区建设、人文交流合作等领域取得了一系列先期成果。可以说，中国与欧亚地区国家的合作使欧亚地区成为"一带一路"建设的重点区域，具有重要的示范效应。

对接"丝绸之路经济带"倡议与欧亚经济联盟建设，是中国参与欧亚地区一体化、与地区重要国际经济制度互动的重要体现。在实践中，"丝绸之路经济带"倡议与欧亚经济联盟对接呈现了两种模式，即多边层面的"5+1"模式和双边层面的"1+1"模式，这两种模式的有效互动对于促进中国与欧亚经济联盟国家的"五通"及"一带一盟"对接发展的建章立制发挥了积极作用。更为重要的是，"一带一路"涉及诸多沿线地区，如何参与地区区域经济合作，促进中国与沿线地区和国家合作共赢，是一带一路倡议有效实施面临的重要挑战。本书通过对地区国际制度生成机制、发展演变机理的分析，从欧亚经济联盟制度设计的视角，对"丝绸之路经济带"倡议与欧亚经济联盟对接的模式与路径进行评析。核心问题是欧亚经济联盟的制度设计如何影响了丝绸之路经济带建设与欧亚经济联盟建设对接的模式和路径选择？

国际制度是当代国际政治中的一个重要现象，围绕"国际制度是否重要"这一问题，新现实主义、新自由主义和建构主义展开了激烈论战。20世纪六七十年代以来，经济全球化和地区一体化的快速发展，在全球层面和地区层面出现了众多的制度安排，这些制度的定位、形式和功能差异迥然，制度的效果也不尽相同。从制度的发生学看，制度的形成分为自然演化和理性设计两种生成方式，前者关注制度的发生环境，后者则关注制度的功能效果。随着全球性问题和区域经济合作的深化，国际和地区公共产品供应不足成为制约全球治理和国际合作的一个主要问题。国际制度由于其在汇集预期、提供信息、降低交易成本、减少负的外部效应等方面的功能作用，受到了决策者和学术界的普遍重视。在此背景下，越来越多的全球性和地区性国际制度得以设立。与此相伴随的是"国际制度理论成为国际关系理论发展的一条重要发展线路"。①

冷战结束后，国际关系的制度实践的一个突出现象是地区性国际制度的勃兴。根据克拉斯纳的定义，我们可以将地区性国际制度理解为一定地区范围内"一整套明示或默示的原则、规范、规则和决策程序"，地区性国际制度可能是正式的以成立地区性国际组织为主要特征的制度安排，也可能是基于地区参与者相互利益和目标一致而形成的共同认可的规范、规则、惯例和协议。冷战结束后，地区一体化发展差异性日益凸显，地区性国际制度呈现出多样化发展的态势。

① ［美］彼得·卡赞斯坦，罗伯特·基欧汉，斯蒂芬·克拉斯纳. 秦亚青，等，译. 世界政治理论的探索与争鸣. 上海：上海人民出版社，2006：3.

一方面，越来越多的国家为了解决冲突和争端、进行区域合作、实现区域性问题的治理、发展与区域内国家的政治、经济、文化和社会联系，基于地理位置因素而组建区域性国际组织。另一方面，不同地区国家通过对全球性国际制度和其他地区性国际制度所蕴含的原则、规则、规范和决策程序的学习、借鉴、接受乃至反对和抗争，使得不同的地区性国际制度呈现出了复杂性和特殊性的特征。这些地区性国际制度之间以及与全球性国际制度的互动构建了复杂的网络，形成了国际制度体系。

按照制度成员的关系划分，地区性国际制度可以分为协商型制度和强加型制度。前者以制度参与者明确同意为特征，后者由居于主导地位的行为体进行建立而成。即主导者综合利用增强凝聚力、推进合作和刺激利诱等手段，使其他参与者服从规则的要求。① 地区性国际制度的形成，"可能是参与者之间达成协议或和约的结果"，也"可能是从属方被迫同意接受制度性安排的结果"。②

如前所述，基于地区一体化差异的现实，地区成员国预期地区性国际制度发挥其在提供信息、降低交易成本、减少负的外部效应等方面的功能作用，维护和扩大国家利益，促进地区合作。因此，制度的有效性成为地区性国际制度创建和发展的关键因素。冷战结束后，地区一体化和国际关系民主化的发展，使得地区成员国尤为重视地区性国际制度的合法性。在地区性国际制度的形成和演变过程中，合法性与有效性是两个重要变量。

韦伯认为，合法性的来源三种类型，即法理的性质、传统的性质和魅力的性质。而建立在现代资本主义体系基础之上的国际制度"其合法性即依照章程对国际社会进行控制的基础在于法理性而不在于传统或魅力"③。因此，"国际制度的合法性一方面取决于其在全球范围内提供公共物品的能力，另一方面则取决于国际制度体系中行为体，即各主权国家的承认。"④

对于地区性国际制度而言，其合法性首先是取决于地区内主权国家的承认，

---

① Oran R. Young. "Regime Dynamics: The Rise and Fall of International Regimes," in Stephen D. Krasner, ed [M]. International Regimes, Ithaca, NY, and London: Cornell University Press, 1985: 100.

② [美]詹姆斯·多尔蒂，小罗伯特·普法尔茨格拉夫. 争论中的国际关系理论（第五版）[M]. 北京：世界知识出版社，2003：568.

③ 叶江，谈谭. 试论国际制度的合法性及其缺陷 [J]. 世界经济与政治，2005（12）：43.

④ 叶江，谈谭. 试论国际制度的合法性及其缺陷 [J]. 世界经济与政治，2005（12）：43.

地区性国际制度具有明显的地理性质，制度的成员具有相同的地区身份，地区外国家不能作为制度的正式成员加入其中。这也决定了地区性国际制度的排他性特征。其次是地区性国际制度的合法性还在于成员对于制度所蕴含的原则、规则和规范的接受程度。地区性国际制度的成员国，在民族、历史、宗教、语言、文化上具有密切的联系，在长期的历史互动中形成了共同的认同，建构了地区规范结构。在地区性国际制度设计中，制度所蕴含的规范与地区规范结构相吻合，地区成员国对该制度接受程度就高，反之，地区成员国对该制度接受程度就低。最后，地区性国际制度合法性与制度本身提供公共产品的能力密切相关。地区性公共产品的稀缺性决定了地区性国际制度的合理性和必要性。合法性高的地区性国际制度往往能够提供足够的地区性公共产品来满足成员国的需求，并且这种公共产品应当具有"俱乐部"性质。如果地区性国际制度提供公共产品能力不足，将严重削弱该制度的合法性地位。

国际制度有效性指的是各种制度安排"在多大程度上解决了导致它们建立的问题"，奥兰·杨认为国际制度有效性是衡量国际制度在多大程度上塑造或影响国际行为的一种尺度，国际制度的有效性可以从其能否成功地执行，得到服从并继续维持的角度来加以衡量。并将影响国际制度有效性的因素分为两类，一是制度安排自身的特性或属性这类内在的因素。二是特定制度安排运作于其中的广泛社会条件或其他环境条件这类外在的因素。透明性、健全性、规则的改变、政府能力、权力分配、相互依存以及智识秩序等诸多方面对制度的有效性产生影响。[①] 遵循这一逻辑，地区性国际制度的有效性不仅与制度的内在因素有关，而且深受地区社会条件和地区环境的影响。在地区性国际制度的实践中，合法性与有效性构成了极为复杂的关系。一方面，地区性国际制度对成员国身份和地区规范结构的重视决定了制度的有效性，而地区性国际制度在提供地区性公共产品、促进地区性问题的解决、为成员国带来收益有助于增强地区性国际制度的合法性。另一方面，地区性国际制度有效性的增强与制度中的实力强大的主导国，其结果是主导国与其他成员国往往形成一种不对称的关系，一旦这种依赖破坏了制度的规则和程序公正，将会严重削弱制度的合法性。

---

① 奥兰·扬. 国际制度的有效性：棘手案例与关键因素 [M] 南昌：江西人民出版社，2001：199–214.

制度的合法性与有效性的复杂关系不仅制约了制度的理性设计，而且影响了制度的法律化进程。国际制度的理性设计理论关注制度的有效性，认为国际制度设计是一个理性选择的过程，该理论提出了衡量国际制度差异的五个维度，即成员、议题范围、集中程度、控制和灵活度，并列出了国际合作的四个难题，即执行问题、分配问题、行为体数目及不确定性。① "国际制度设计的过程就是根据国家间合作的难题类型，选择不同特征的国际制度"②。当执行问题突出或对偏好的不确定时，会采用限制性成员的制度安排，当分配问题严重时，则采取增加成员数目的措施；当成员数目增加、分配问题和执行严重时，国际制度将扩大议题范围；当成员数目增加、执行问题严重、行为和后果不确定时，制度的集中程度增加；国际制度根据成员数目增加、成员实力不对称、后果不确定等不同状况，采取降低、不对称或加强等不同的控制方式；当后果不确定、成员数目增加、分配问题严重时，国际制度会加大灵活性等。遵循理性的逻辑，国际制度的法律化理论关注成员国的遵约与制度的发展问题。③ 国际机制 "法律化程度" 的三个变量，即义务性（Obligation）、精确性（Precision）和授权性（Delegation），不仅明确了判定国际机制属性的标准，而且指出了制度的发展方向。所谓义务性指的是国际承诺是否为国际法上的义务，或者说是否具有国际法的约束力；精确性是指承诺是否足够清晰、明确，是否以不带歧义的语言写进了国际协议的文本；授权性是指承诺的实施是否授权给独立的第三方机构来进行，由第三方机构对承诺内容进行解释和执行，包括提供遵约信息和对违约进行惩罚。

制度的理性设计和法律化理论有助于我们认识地区性国际制度的形成和发展。然而，由于上述理论只是从理性主义的视角分析了理性因素在国际制度设计中的作用，将制度的合法性与有效性先验地假定为有效性决定合法性，即有

---

① 2001 年，《国际组织》(International Organization) 在第四期推出专刊，提出了 "国际制度理性设计" 的研究纲领，参见 Barbara Koremenos, Charles Lipson and Duncan Snidal. "The Rational Design of International Institutions" [J]. International Organization, Vol.55, No.4, 2001, Special issue.

② 朱杰进. 国际制度设计中的规范与理性 [J]. 国际观察，2008（4）：54.

③ Kenneth Abbott, Anne-Marie Slaughter, Robert Keoghan, Duncan Snidal, eds. "Legalization and World Politics" [J]. International Organization, Vol.54, No.3,2001：401 - 402.

效的制度一定是合法的制度，忽视了制度设计中的规范因素。虽然有助于我们认识地区性国际制度安排的形成和发展，但在分析地区性国际制度的差异性问题上，则存在解释力不足的问题。正如前文所述，合法性是制度形成和发展的一个重要变量，合法性与有效性的复杂关系对于理解作为一种地区性制度安排的欧亚经济联盟问题上具有重要意义。

第二节 欧亚经济联盟的制度设计与发展

苏联解体后，欧亚地区的地缘政治版图出现了重大变动。为了加强欧亚地区国家传统的经济联系，推动地区一体化进程，哈萨克斯坦、俄罗斯等国领导人先后提出了欧亚地区一体化的设想①。在经历了 1995 年俄白哈关税同盟条约和 2003 年俄白哈乌"单一经济空间"协议两次失败的尝试之后，2010 年 7 月 1 日，俄白哈关税同盟正式启动，开启了欧亚地区一体化进程。2015 年 1 月 1 日，《欧亚经济联盟条约》正式生效，欧亚经济联盟建立。截至目前，欧亚经济联盟共有俄罗斯、白俄罗斯、哈萨克斯坦、亚美尼亚、吉尔吉斯斯坦五个正式成员国，摩尔瓦多为观察员国，乌兹别克斯坦、塔吉克斯坦有望于近期成为观察员国。

从欧亚经济联盟的组织架构看，欧亚经济联盟包括欧亚经济最高理事会、欧亚经济联盟政府间委员会、欧亚经济委员会（下设管理委员会和执行委员会）、欧亚经济联盟法院，形成了较完备的决策、执行和争端解决机制。其中最高理事会为联盟的最高机构，成员为各成员国首脑，政府委员会成员由各成员国政府首脑组成，最高委员会和政府委员会的决议和命令应得到全票支持才能通过。经济委员会是联盟常设调节机构，由管理委员会和执行委员会组成。管理委员会遵循一致通过原则，执行委员会遵循特定多数或全数通过原则。联盟法院是联盟常设司法机构。

《欧亚经济联盟条约》明确提出"联盟是具有国际法人格的区域经济一体

---

① 早在 1994 年，哈萨克斯坦首任总统纳扎尔巴耶夫提出了建立"欧亚国家联盟"的倡议，在《欧亚联盟：观念、实践和前景（1994—1997）》，纳扎尔巴耶夫进一步阐述了自己的欧亚联盟思想。2011 年 10 月 3 日，俄罗斯总统普京在《消息报》发表《欧亚新的一体化计划：未来诞生于今天》，提出了在前苏联地区建立欧亚联盟，把欧洲与充满生机和活力的亚太地区联系起来的设想。

化国际组织"，联盟的基本宗旨是"为成员国提高人民生活水平创造稳定的经济发展条件；致力于在联盟内建立统一的商品、服务、资本、劳动资源市场；在全球经济背景下，实现全面现代化，加强多方位合作，大力提高民族经济的竞争力"①。

作为一项地区性国际制度安排，欧亚经济联盟在制度的形成和发展中也面临合法性与有效性的挑战。欧亚经济联盟合法性面临的第一个挑战是成员代表性不足。成立之初，欧亚经济联盟成员国只有俄罗斯、白俄罗斯、哈萨克斯坦三个创始成员国，代表性不足成为联盟成立之初面临的第一个问题。在此情况下，扩员成为联盟的首要任务。2015 年，亚美尼亚和吉尔吉斯斯坦加入，联盟实现了首次扩员。作为观察员国，摩尔瓦多有望成为联盟第二轮扩员的对象。在扩员的过程中，作为联盟主导国的俄罗斯，面临扩员对象国的讨价还价②。欧盟向申请国提出各种要求，不满足不能加入；而欧亚经济联盟相反，申请国提出各种要求，不满足不加入，二者差异明显。③ 然而，欧亚地区共有 12 个成员国④，代表性不足仍将是欧亚经济联盟面临的一大挑战。对于未入盟的其他欧亚国家而言，出于不同的地缘政治考量，对欧亚经济联盟态度不一。格鲁吉亚、乌克兰与俄罗斯爆发过严重的地区冲突，对欧亚经济联盟毫无兴趣。欧盟对阿塞拜疆的吸引力要远大过欧亚经济联盟，阿塞拜疆致力于与欧盟建立战略合作伙伴关系。土库曼斯坦作为中立国，明确表示不会加入欧亚经济联盟。塔吉克斯坦与乌兹比克斯坦则在入盟问题上讨价还价，试图为自己争取最大利益。

欧亚经济联盟合法性面临的第二个挑战是制度规范与地区规范结构的适配问题。作为一个区域经济一体化的国际组织，欧亚经济联盟致力于建立统一的

---

① "EAEU Treaty" [EB/OL]. https://docs.eaeunion.org/docs/ru-ru/0013611/itia_05062014_doc.pdf.

② 在加入欧亚经济联盟问题上，吉尔吉斯斯坦提出了近 20 亿美元的"入盟"条件，经讨价还价俄罗斯向吉尔吉斯斯坦提供两亿美元无偿援助，并设立了吉尔吉斯斯坦—俄罗斯发展基金。

③ 李自国. 欧亚经济联盟：绩效、问题、前景 [J]. 欧亚经济，2016（2）：9.

④ 狭义上看，欧亚地区国家指苏联解体后，除波罗的海三国之外的苏联加盟共和国，即俄罗斯、乌克兰、白俄罗斯、哈萨克斯坦、乌兹别克斯坦、吉尔吉斯斯坦、塔吉克斯坦、土库曼斯坦、格鲁吉亚、阿塞拜疆、亚美尼亚、摩尔瓦多。

地区经济空间，并在此基础上建设商品、服务、产业和金融四大统一市场。作为一个超国家的地区组织，欧亚经济联盟需要成员国让渡部分国家主权。然而，在苏联解体的基础上独立的欧亚地区国家，普遍重视自己的主权独立，作为一个地缘政治和地缘经济建构中的地区概念，欧亚地区的主权意识强烈。一体化所蕴含的主权让渡的规范与欧亚地区的规范结构并不适配，这也是为什么欧亚地区出现了众多的一体化设想而难以进行下去的重要原因。

为了解决规范适配问题，欧亚经济联盟在制度设计时非常审慎，由于作为联盟常设机构的经济委员会的决定具有强制性，各成员国政府必须执行。为严格限制经济委员会的"自主性"，欧亚经济联盟在经济委员会之上设置了政府委员会和最高委员会，并明确规定，当三个机构之间的决议发生冲突时，"欧亚经济联盟最高委员会决议相对于欧亚政府委员会和欧亚经济委员会决议更有权威性；欧亚政府委员会决议相对于欧亚经济委员会决议更有权威性。"在进行决策时，无论是最高委员会还是政府委员会，均采取"一致通过"的投票规则。

欧亚经济联盟合法性面临的第三个挑战是地区性公共产品供给的问题。根据《欧亚经济联盟条约》，欧亚经济联盟的主要任务是进一步完善关税同盟和"统一经济空间"，并在此基础上建设商品、服务、产业和金融四大统一市场。但整体而言，欧亚经济联盟在共同劳动力市场和消除成员国内部非关税壁垒方面取得一定进展之外，欧亚经济联盟仍面临诸多的挑战。

从制度的理性设计看，由于欧亚经济联盟成员国经济实力和贸易规模的严重不对称，建设统一市场对联盟成员国的影响不尽相同，欧亚经济联盟的欧亚经济联盟面临执行问题和分配问题的挑战。如在统一关税政策上，联盟成员国争相申请优惠关税政策，如哈萨克斯坦"入盟"时也提出约 400 多种商品设置关税过渡期。亚美尼亚提出为约 800 种商品设置过渡期。[①]而在建立医疗用品和药品共同市场上，因为执行问题也被推迟执行。在分配问题上，欧亚经济联盟在投资、金融和服务领域存在严重的不对称性，俄罗斯作为联盟内最大的资本输出国，在欧亚经济联盟内外国直接投资存量占比超过了 80%。随着共同劳动力市场的建立，2018 年，吉尔吉斯斯坦斯坦赴俄劳务移民人数 35 万，哈萨克斯坦赴俄劳务移民人数近 12 万。按照制度的理性设计的逻辑，当执行问题和

---

① 李自国. 欧亚经济联盟：绩效、问题、前景 [J]. 欧亚经济，2016（2）：9.

分配问题严重时，制度会采取扩大议题范围、加强集中程度、加大制度灵活性的策略。欧亚经济联盟的制度设计也是按照这一逻辑进行，通过扩大议题范围的方式消除实现商品、服务、劳动力和金融自由流动的障碍，并通过建立第三方机构的欧亚经济联盟法院，授权其解决成员国在执行过程中的争端。在提高制度灵活性方面，通过"优惠"、设立"过渡期"、特殊项目特殊政策等方式来促进成员国之间的合作。

但是上述策略也降低了欧亚经济联盟的有效性，一方面，议题范围的扩大意味着成本的提高，并且影响了议题的优先排序，使决策者面临选择上困境，模糊了联盟的发展定位和未来方向。另一方面，加大制度的灵活性会增加成员国"背叛"合作的动机，降低制度的约束力和承诺的可信性，不利于合作的达成。

总之，作为一个发展中的地区性国际制度安排和一体化组织，欧亚经济联盟在取得很大成就的同时，也面临着诸多发展障碍。从制度的发展逻辑看，合法性与有效性的复杂关系对欧亚经济联盟的发展产生了重要影响，并制约着欧亚经济联盟的对外关系。

作为地区一体化的国际组织，为了应对合法性与有效性带来的挑战，欧亚经济联盟一方面通过扩员和机制化建设增强自身的合法性。另一方面，将扩大对外交往，开展机制对接合作作为促进成员国经济发展、加速一体化进程的重要内容。《欧亚经济联盟条约》明确提出了实施对外贸易政策的方式，即"联盟与成员国单独或共同在各领域签订条约、与第三方签订国际条约、加入国际组织或自行采取外贸政策措施和机制"[1]。在对外交往的实践中，欧亚经济联盟将与地区外国家签署贸易经济合作协议，建立自由贸易区网络作为近期对外交往的主要方式。

2015 年 5 月 30 日，欧亚经济联盟与越南签署了第一个自由贸易协定，2015 年 11 月，协定生效，欧亚经济联盟—越南自由贸易区建立，成为欧亚经济联盟自贸区建设的第一个成功案例。2018 年 5 月 18 日，欧亚经济联盟与伊朗签署了建立自由贸易区的临时协议，有效期 3 年，在有效期内，各方将就自贸区建设达成全面协议。2019 年 10 月 25 日，欧亚经济联盟政府间委员会签署

---

① "EAEU Treaty" [EB/OL]. https://docs.eaeunion.org/docs/ru-ru/0013611/itia_05062014_doc.pdf.

与塞尔维亚建立自贸区的协定。此外，欧亚经济联盟与新加坡的自贸区协定谈判也将结束。埃及、以色列、印度与欧亚经济联盟的谈判正在进行。2018 年 5 月 17 日，中国与欧亚经济联盟成员国《经贸合作协定》。对欧亚经济联盟来说，其构建自贸区网络的目标是"最终与其最大的贸易和经济伙伴——欧盟和中国——就一项全面的条约展开谈判。只有依靠同欧盟和中国的密切合作，才有可能实现长期可持续的发展"①。作为联盟的主导国，俄罗斯多次提出了与欧盟建立自贸区、与南美共同市场、东南亚国家联盟继续开展对话的意愿和建议。

对于欧亚经济联盟来说，构建自由贸易区网络有助于增强其合法性和有效性。一方面，通过自由贸易协定谈判，尤其是在欧亚经济联盟成员国强化了地区身份和对联盟的认同，欧亚经济联盟的合法性有所提高。另一方面，自由贸易协定的签署对联盟及其成员国形成外在压力，倒逼欧亚经济联盟成员国在关税、贸易、服务、金融等方面的一体化建设，突破一体化的障碍，提高制度的有效性。

第三节　中国与欧亚经济联盟的互动模式与路径选择

欧亚地区是丝绸之路经济带倡议的首倡地，是中国拓展地缘经济空间的主要方向之一。欧亚经济联盟成立后，对接丝绸之路经济带建设与欧亚经济联盟建设成为中国与欧亚经济联盟成员国共建丝绸之路经济带的重要议题。2015 年 5 月，中国与俄罗斯发表联合声明，提出将"努力将丝绸之路经济带建设和欧亚经济联盟建设相对接"，为实现对接目标，中俄双方确立了贸易、投资便利化、产能合作、基础设施建设、中小企业发展、金融合作等为地区合作的优先领域。

在对接丝绸之路经济带和欧亚经济联盟的实践中，中国与欧亚经济联盟成员国发展形成了欧亚经济联盟 + 中国的"5+1"模式和中国 + 欧亚经济联盟成员国的 5 个"1+1"模式。这两种模式既是欧亚经济联盟制度设计所决定的对外行为逻辑的必然结果，也是中国与欧亚经济联盟成员国共建丝绸之路经济带，促进地区合作的现实需要。"一带一盟"对接模式为中国与一带一路沿线地区

---

① ［俄罗斯］E.维诺库罗夫.欧亚经济联盟：发展现状与初步成果［J］.俄罗斯研究，2018（6）：19.

现有地区性国际制度的良性互动提供了经验和借鉴。

一、一带一盟对接的"5+1"合作模式与路径

2016 年 6 月，中国商务部与欧亚经济委员会签署了《关于正式启动中国与欧亚经济联盟经贸合作伙伴协定谈判的联合声明》，这标志着中国与"一盟"的合作平台与机制建设已进入启动阶段，丝绸之路经济带与欧亚经济联盟对接的"欧亚经济联盟＋中国"模式（"5+1"模式）形成。2018 年 5 月 17 日，中国与欧亚经济联盟及成员国代表签署《中华人民共和国与欧亚经济联盟经贸合作协定》，协定范围涵盖技术性贸易壁垒、海关合作和贸易便利化、知识产权、政府采购、电子商务等内容，随着协定的正式生效，一带一盟对接的 5+1 模式取得了重要成果。"《协定》是我国与联盟首次达成的经贸方面重要制度性安排，标志着中国与联盟及其成员国经贸合作从项目带动进入制度引领的新阶段，对于推动'一带一路'建设与欧亚经济联盟建设对接合作具有里程碑意义。"[①]

一带一盟对接的"5+1"模式与俄罗斯总统普京提出的"大欧亚伙伴关系"设想相契合。从俄罗斯官方的表态看，大欧亚伙伴关系是经济合作倡议，以欧亚经济联盟为主轴，开展与中国、印度等欧亚国家的经贸与投资合作。"欧亚经济联盟＋"模式，即以欧亚经济联盟为起点，形成多个"5+1"，这是俄罗斯构建大欧亚伙伴关系的主要思路。普京在阐述大欧亚伙伴关系时表示，"欧亚经济联盟与中国启动关于建立全面经济贸易伙伴关系的谈判，我认为，是建立大欧亚伙伴关系的第一步"。[②]

从内容上看，经贸合作协定范围涵盖技术性贸易壁垒、海关合作和贸易便利化、知识产权、政府采购、电子商务等内容，协定对于强化政策、规则和标准对接，提高贸易的透明性和可预期性具有重要意义。但经贸合作协定是非优惠性质的协定，没有规定取消关税或自动减少非关税壁垒。因此，欧亚经济联盟-中国自贸区建设成为一带一盟对接"5+1"模式的发展目标。

---

① 商务部. 中国与欧亚经济联盟正式签署经贸合作协定 [EB/OL] [2018–05–17]. http://www.mofcom.gov.cn/article/ae/ai/201805/20180502745041.shtml.

② 李自国. 大欧亚伙伴关系与"一带一路"倡议 [J]. 海外投资与出口信贷，2017（5）：40.

从经贸合作协定到建立自贸区，是"5+1"模式下一带一盟对接的主要路径。然而，从欧亚经济联盟建立自贸区的实践看，欧亚经济联盟在与越南、伊朗、塞尔维亚等经济体量小的国家建立自贸区，态度较为积极。而在与中国、印度等经济体量大的国家建立自贸区问题上，欧亚经济联盟态度趋于保守。这表明欧亚经济联盟国家尚未做好对华完全开放市场的准备。然而，由于中国与欧亚经济联盟成员国自贸结构上存在巨大的互补性，建设自贸区对于存进成员国的一体化水平和联盟的制度建设，提高联盟的合法性与有效性，具有重要意义。因此，中国与欧亚经济联盟可以在"5+1"模式下启动自贸区建设的前期工作。从长期受益看，中国与欧亚经济联盟的自贸区建设将产生巨大的贸易创造效应，促进与欧亚经济联盟成员国贸易的增长，推动一带一盟在多边框架内的对接。

二、一带一盟对接的 5 个 "1+1" 合作模式与路径

从倡议内容看，丝绸之路经济带倡议以政策沟通、设施联通、贸易畅通、资金融通、民心相通为主要内容，涵盖范围极其广泛、合作机制多样而灵活。丝绸之路经济带建设在强化多边合作机制作用，促进区域合作蓬勃发展的同时，也极为重视与沿线国家的双边合作。与此同时，由于欧亚经济联盟成员国发展诉求差异较大，除了在多边框架内发展与中国的贸易合作外，更倾向于在双边层面与中国进行合作。由此，一带一盟的对接形成了中国与五个欧亚经济联盟成员国的"1+1"模式。在实践中，则发展出了由项目合作到丝绸之路经济带倡议与成员国国家发展战略对接的路径。

首先，"1+1"模式具有牢固的政治基础。中国与欧亚经济联盟成员国的政治互信水平达到极高水平，高层密切交往有效增进了政策沟通。目前，中国与俄罗斯关系定位为"新时代全面战略协作伙伴关系"，中国与哈萨克斯坦关系定位是"永久全面战略合作伙伴关系"，中国与白俄罗斯、吉尔吉斯斯坦关系定位是"全面战略伙伴关系"。中国与欧亚经济联盟成员国方友好互信为共建丝绸之路经济带，为"一带一盟"对接合作打下了稳定的政治基础。

其次，"1+1"模式具有坚强的经济基础。欧亚经济联盟成员国经济贸易结构互补性较差，欧亚经济联盟的一体化发展往往带来的贸易与服务的转移效应，而中国与联盟成员国的经贸合作带来的是贸易与服务的增长效应。中国连续多年成为俄罗斯、哈萨克斯坦、吉尔吉斯斯坦等联盟成员国的第一大贸易伙伴。

中国与欧亚经济联盟国家在道路交通、油气管道等基础设施建设上的互联互通已初具规模，加工贸易、服务贸易、金融、电子商务等领域合作潜力巨大，开展双边合作成为实现"一带一盟"对接合作理想而有效的模式。

最后，"1+1"模式的社会基础不断增强。得益于良好的政治关系，中国与欧亚经济联盟国家的人文交流规模和层次不断提升，为一带一盟奠定了良好的社会基础。近年来，中国与欧亚经济联盟国家文化交流的规模、层次和水平不断提升。中国与欧亚经济联盟成员国在文化交流、体育交流、人文对话及国际教育合作等方面合作范围上不断扩大，影响力不断提升。中国与欧亚经济联盟成员国在上海合作组织大学、丝绸之路大学联盟等框架下签署了多个合作协议，广泛搭建人文交流合作平台，一带一盟"1+1"模式的社会基础不断增强。

在与欧亚经济联盟成员国共建丝绸之路经济带的实践中，一带一盟的"1+1"模式形成了从项目合作到丝绸之路经济带倡议对接成员国国家发展战略的路径。以哈萨克斯坦为例，2014年12月，李克强总理访问哈萨克斯坦，签署了一系列项目合作文件。2015年3月，中哈签署《加强产能与投资合作备忘录》等30多份合作文件。截至2019年9月，中哈两国政府先后举行17轮产能和投资合作对话会，共形成55个重点项目，总投资金额约276亿美元，其中已完工项目15个，金额近40亿美元。在进行项目合作的同时，中哈两国积极推动丝绸之路经济带倡议与哈萨克斯坦国家发展战略的对接。2014年11月，哈萨克斯坦首任总统纳扎尔巴耶夫提出"光明之路"新经济政策，"丝绸之路经济带"倡议与"光明之路"新经济政策为基础设施、投资贸易、工业与交通、人文交流等诸多领域的双边合作提供了巨大潜力。"丝绸之路经济带"倡议和"光明之路"新经济政策契合度高，互补性强。2016年9月，中哈双方签署《"丝绸之路经济带"建设与"光明之路"新经济政策对接合作规划》，重点加强交通基础设施、贸易、制造业等领域的合作。①

中国与白俄罗斯共建丝绸之路经济带也经历了从项目合作到发展战略对接的路径。近年来，中国在白俄罗斯最大的投资项目是中白工业园。中白工业园

---

① 中华人民共和国政府和哈萨克斯坦共和国政府关于"丝绸之路经济带"建设与"光明之路"新经济政策对接合作规划. 中华人民共和国国家发展和改革委员会 [EB/OL]. http://www.ndrc.gov.cn/gzdt/201610/t20161017_822792.html.

总面积 91.5 平方公里，是中国在海外开发面积最大、合作层次最高的经贸合作区，重点发展电子信息、机械制造、精细化工、新材料、生物医药、仓储物流等六大行业。2017 年 5 月，在"一带一路"国际合作高峰论坛期间，中白领导人达成共识，继续推进中国"十三五"规划同白方 2016 至 2020 年经济社会发展五年规划对接，培养新的合作增长点。此后，中白两国完成了《中长期战略规划对接共同发展纲要》的编制并签署谅解备忘录，双方将以中白工业园为主要平台和抓手，全面深化两国地方、企业和金融机构对接，扩大和提升双边贸易、投资、金融、科技合作的规模和水平。

总之，在对接丝绸之路经济带和欧亚经济联盟的实践中，中国与欧亚经济联盟成员国的互动形成了"5+1"合作模式和 5 个"1+1"的合作模式，前者以从自由贸易协定到建立自贸区为路径，重在为"一带一盟"对接建章立制。后者以从国家间项目合作到对接国家发展战略为路径，重在拓展"一带一盟"对接的范围和深度。两种模式和路径并行不悖，为"一带一盟"的有效对接奠定了坚实基础。

第三部分：中国参与国际议程设置：实践与挑战

第七章 中国与中亚的区域合作

第一节 中国合作型地缘经济战略的理念

作为新时期中国地缘经济理念的重要规划，"一带一路"战略引起了国际社会的重大关注，多数国家支持一路一带战略设想，反应积极。但部分国家对此持怀疑态度，担心受到排挤甚至对抗。有些学者往往从地缘政治争夺的视角出发认知丝绸之路经济带建设这一倡议，如香农·蒂耶兹（Shannon Tiezzi）将丝绸之路经济带战略构想与美国马歇尔计划相提并论，认为二者提出的背景相同，都是"一个崛起的全球性大国希望利用经济实力确保其外交政策目标（包括稳定其国内经济的基本目标）"。[①]美国海军战争学院的专家詹姆斯·霍姆斯（James Holmes）在接受媒体采访时表示："如果中国要在欧亚大陆建立一个平行体系并说服其他国家相信这个体系优于美国的（体系），中国就不得不提供公共产品。最终，一旦它们上钩，中国就对合作伙伴要求更多，如要求他们限制或拒绝我们进入港口，直接的安全和军事影响就体现出来了。"[②]从关注重点分析，这些学者对丝绸之路经济带倡议背后所蕴含的区域合作思想和共

---

① Shannon Tiezzi. The New Silk Road：China's Marshall Plan? The Diplomat[EB/OL]. http://thediplomat.com/2014/11/the-new-silk-road-chinas-marshall-plan/.

② Wendell Minnick. China's 'One Belt, One Road' Strategy[EB/OL]. http://www.defensenews.com/story/defense/2015/04/11/taiwan-china-one-belt-one-road-strategy/25353561/.

建原则较少关注，而是用零和博弈的思维和地缘政治的视角去看待"一带一路"倡议，甚至产生认为此论断荒谬之极的错误论断。

冷战结束后，中国与国际社会的互动日益频繁和紧密，对国际事务的参与程度不断提高。在此过程中，中国逐渐形成了有关国际关系新的理念和看法。从中国与国际社会互动的实践和"一带一路"相关文件看，中国并没有地缘政治的目标和计划，而是出于地缘经济的考量规划"一带一路"建设。并且和西方传统地缘经济思想相比，中国的地缘经济理念并非强调竞争和对抗，而是强调合作与共赢，是一种合作型的地缘经济思想。作者从理念、实践和挑战的角度出发，论述中国合作型地缘经济思想，初步构建了一个理解中国和平发展的分析框架，并用于解释丝绸之路经济带建设。由于中亚地区在古丝绸之路中扮演的重要角色和共建丝绸之路经济带中的重要地位，作者从合作型地缘经济理念的角度出发，就共建丝绸之路经济带框架下中国与中亚区域经济合作展开论述。

一、中国合作型地缘经济战略的理念

冷战结束后，经济全球化和区域一体化的发展趋势推动了国际关系解释范式的转变，以爱德华·卢特沃克（Edward N. Luttwark）为代表的西方学者注意到地缘经济因素在世界政治中的影响进一步上升，经济关系在国家间关系中的重要性日益增强，进而对传统的国际体系和地缘政治结构产生解构性影响。卢特沃克认为冷战的结束使得"安全"概念内涵扩大，影响国际安全的因素，不仅有政治和军事，更重要的还有经济和生态环境。"在某种意义上，谁掌握了国际经济和生态的优势，谁就在国际事务中拥有较大发言权。"[1] 地缘经济学的核心观点，就是世界正在形成三个相互竞争的经济集团，即日本率领的环太平洋经济区、美国领导的西半球经济区、以德国为中心的欧洲经济区[2] 三大集团谁能获得较大优势，主要取决于各个集团的规模、地理位置、人口、文化、政治手腕等因素。地缘经济学认为这种发展趋势反映了冷战后国际政治特征的

---

[1] 倪世雄，等. 当代西方国际关系理论 [M]. 上海：复旦大学出版社，2012：399.

[2] Lester Thurow. Head to Head: The Coming Economic Battle Among Japan, Europe and America. Morrow Publishers, 1992: 246.

新变化，即国家间关系不仅仅是以权力为基础、以对战略空间和战略资源的争夺为目的、以综合实力的对抗和较量为主要方式的零和博弈式的竞争。通过经济、文化、科技等领域的合作实现对某一区域的控制，从而在国际经济竞争中占据主导优势越来越成为国际关系的主要内容。

整体来看，西方的地缘经济理论一方面分析了冷战结束后国际政治经济发展的现实和趋势，扩大了"安全"概念的内涵，将经济、贸易、贫困、发展等"低政治"议题纳入了安全的范畴，强调了贸易、经济外交等手段在国家对外方式中的重要作用。但另一方面，地缘经济理论其目的在于为冷战后美国的国家战略提供理论支持，认为经济因素应当成为在变化的世界政治中美国实施地缘战略的重要手段，从而应对后起国家的经济崛起对美国主导地位构成的挑战。从这个意义上讲，西方的地缘经济理论与其说是对传统地缘政治学的挑战，不如说是对传统地缘政治学的发展和补充。"地缘经济学和传统现实主义一样，也强调权力。"①

经济全球化和区域一体化的发展塑造了中国的地缘经济空间。改革开放三十多年的实践证明，中国的和平发展道路并没有选择以对抗性的零和博弈为主要特征的地缘政治思想，也没有选择强调经济上竞争和对抗的西方地缘经济思想，而是在改革开放的实践中逐渐形成了具有自身特点的地缘经济新思维，这种地缘经济新思维在理念上主要包括以下内容：

1. 在世界政治新形势下坚持互信、互利、平等、协作的新安全观

安全是和平与发展的前提，也是和平与发展的保障。冷战结束后，世界和平不仅面临来自战争、冲突、军事对抗、军备竞赛等传统安全的威胁，也面临来自恐怖主义、民族分裂主义、极端宗教主义以及环境污染、跨国犯罪、粮食安全等非传统安全的威胁。这种安全内涵的扩大要求安全思维和维护安全方式的更新。在此背景下，中国倡导互信、互利、平等、协作的新安全观，寻求实现综合安全、共同安全、合作安全。②关于地区安全，2014 年 5 月 21 日，中国国家主席习近平在上海举行的亚信峰会上的主旨讲话中指出，"应该积极倡导

---

① 倪世雄，等.当代西方国际关系理论 [M].上海：复旦大学出版社，2012：403.

② 《中国的和平发展》白皮书，新华网 [EB/OL]. http://news.xinhuanet.com/politics/ 2011–09/06/c_121982103_4.htm.

共同、综合、合作和可持续的亚洲安全观"①。

2. 在对外经济交往中坚持互惠共赢的经济发展观

自加入世界贸易组织以来，中国主张主要经济体之间应协调宏观经济政策，通过协商妥善解决经贸摩擦。中国是推动世界范围内贸易和投资自由化、便利化的主要力量，也是多哈回合谈判的坚定支持者。在地区层面，中国始终奉行睦邻友好的地区合作观，主张"密切经贸往来和互利合作，推进地区经济一体化进程，完善现有区域次区域合作机制，对其他区域合作构想持开放态度，欢迎地区外国家在促进地区和平与发展中发挥建设性作用"②。这表明，中国的地缘经济主张，并非是排他性的，而是包容性的。中国是国际经济贸易多边制度的受益者，也是国际公共产品和地区公共产品的提供者。党的十八大报告明确指出："我们将坚持与邻为善、以邻为伴，巩固睦邻友好，深化互利合作，努力使自身发展更好惠及周边国家。"习近平同志将中国周边外交理念概括为亲、诚、惠、容，在对外经济交往中，则体现在中国本着互惠互利的原则同周边国家开展合作，从与周边国家共同发展中获得助力，同时让中国发展更好地惠及周边。

3. 在承担国际责任方面坚持正确的义利观

中国经济的发展和与外部世界相互依赖的加深推动着中国国际责任意识的深化。作为世界上最大的发展中国家，中国明确提出："作为国际社会负责任的国家，中国遵循国际法和公认的国际关系准则，认真履行应尽的国际责任……随着综合国力的不断增强，中国将力所能及地承担更多国际责任。"③党的十八大报告进一步提出："我们将加强同广大发展中国家的团结合作，共同维护发展中国家正当权益，支持扩大发展中国家在国际事务中的代表性和发言权，永

---

① 习近平. 积极树立亚洲安全观共创安全合作新局面——在亚洲相互协作与信任措施会议第四次峰会上的讲话 [EB/OL]. 新华网. http://news.xinhuanet.com/world/2014–05/21/c_126528981. htm.

② 《中国的和平发展》白皮书 [EB/OL]. 新华网. http://news.xinhuanet.com/politics/ 2011–09/06/c_121982103_4.htm.

③ 《中国的和平发展》白皮书 [EB/OL]. 新华网. http://news.xinhuanet.com/politics/ 2011–09/06/c_121982103_4.htm.

远做发展中国家的可靠朋友和真诚伙伴。"[1] 针对世界形势的新发展和中国外交的新任务，习近平同志提出中国的外交要坚持正确的义利观，强调了中国是发展中国家和国际社会负责任成员的身份定位。在对外行为中坚持正确的义利观，是中国合作型地缘经济思维的重要内容。

4. 在人文交往中坚持包容互鉴的文化交往和文明对话观

在对外交往中，中国一贯倡导尊重文化的多样性，提出了包容互鉴的文化交往和文明对话观，即"尊重世界文明多样性、发展道路多样化，尊重和维护各国人民自主选择社会制度和发展道路的权利，相互借鉴，取长补短，推动人类文明进步。"[2] 人文合作是中国合作型地缘经济思维的重要内容，也是中国对外交往的重要内容。在阐述丝绸之路经济带重要战略构想时，习近平同志明确指出："只要坚持团结互信、平等互利、包容互鉴、合作共赢，不同种族、不同信仰、不同文化背景的国家完全可以共享和平，共同发展。"[3] 在 2015 年博鳌亚洲论坛的主旨演讲中，习近平代表中国倡议召开亚洲文明对话大会，推动各国青少年、社会团体、智库的交流合作。

二、中国地缘经济的实践与挑战

1. 中国地缘经济的实践

主要经济伙伴及其所在地区构成中国地缘经济的现实空间，其他地区则是中国地缘经济可以拓展的潜在空间。[4] 中国合作型地缘经济战略在实践上表现为在全球地缘经济空间和亚洲地区地缘经济空间的拓展上，前者体现在参与全

---

① 胡锦涛. 坚定不移沿着中国特色社会主义道路前进为全面建成小康社会而奋斗——在中国共产党第十八次全国代表大会上的报告 [EB/OL]. 新华网. http://www.xj.xinhuanet.com/2012-11/19/c_113722546.htm.

② 胡锦涛. 坚定不移沿着中国特色社会主义道路前进为全面建成小康社会而奋斗——在中国共产党第十八次全国代表大会上的报告 [EB/OL]. 新华网. http://www.xj.xinhuanet.com/2012-11/19/c_113722546.htm.

③ 习近平. 弘扬人民友谊 共创美好未来——在纳扎尔巴耶夫大学的演讲 [EB/OL]. 新华网. http://news.xinhuanet.com/world/2013-09/08/c_117273079.htm.

④ 潘忠岐，黄仁伟. 中国的地缘经济战略 [J]. 清华大学学报（哲学社会科学版），2008(5):116.

球经济体系（全球贸易体系、全球投资体系、国际金融体系等）和与主要经济伙伴国（地区）的互动上，后者体现在区域公共产品的提供和经济伙伴国（地区）的互动上。在拓展中国的地缘经济空间的过程中，中国合作型的地缘经济战略取得了一定的成功，但也面临不小的挑战。

在全球地缘经济空间层面，从参与全球经济体系看，自 2001 年加入世界贸易组织以来，中国进出口总额逐年攀升。2013 年，中国货物进出口总额为 4.16 万亿美元，其中出口额 2.21 万亿美元，进口额 1.95 万亿美元，[①] 中国成为世界第一贸易大国。从全球投资结构看，2014 年，中国对外投资规模近 1400 亿美元，实际利用外资规模近 1200 亿美元，中国实际对外投资已经超过利用外资的规模，成为资本的净输出国。从参与国际金融体系看，中国在国际货币基金组织和世界银行中的影响力随着中国经济的发展而有所提高，2010 年 4 月，世界银行通过投票权改革方案，中国在世界银行的投票权从 2.77% 提高到 4.42%，成为世界银行第三大股东国，仅次于美国和日本。2010 年 11 月，国际货币基金组织通过份额改革方案，中国的基金份额从 3.72% 升至 6.39%，投票权也相应从 3.65% 升至 6.07%，同样位列美国和日本之后。在国际金融问题治理上，2008 年金融危机爆发后，作为"国际经济合作的主要平台"的二十国集团在国际金融问题治理中的作用日益重要，作为 G20 成员，中国在 G20 的机制化建设和国际金融问题治理中扮演了重要角色。

从与主要经济伙伴的互动看，中国的主要贸易伙伴（亚洲国家和地区除外）为欧盟、美国、澳大利亚、巴西、俄罗斯等，主要贸易地区为西欧地区、北美地区、南美地区、大洋洲和独联体地区，这些国家和地区构成了中国全球层面的主要地缘经济空间。2013 年，中国与欧盟、美国的贸易额均超过了 5000 亿美元，中国与整个非洲的贸易额超过 2100 亿美元，与澳大利亚的贸易额超过 1300 亿美元，与巴西、俄罗斯的贸易额不到 1000 亿美元。[②] 这表明，在拓展全球地缘经济空间上，中国严重依赖西欧、北美地区，而南美洲、大洋洲和独联体地区是中国有待进一步拓展的全球地缘经济空间。

在亚洲地区地缘经济空间层面，从提供区域性公共产品看，在安全领域，

---

① 世界贸易组织统计数据库 [EB/OL]. http://stat.wto.org/Home/WSDBHome.aspx?Language=.

② 世界贸易组织统计数据库 [EB/OL]. http://stat.wto.org/Home/WSDBHome.aspx?Language=.

中国是亚洲安全机制的重要参与者，中国是上合组织的重要成员国，长期致力于上合组织的发展。此外，中国积极参与东盟地区论坛和亚信峰会等地区安全对话机制，并在亚信峰会第四次会议上倡导共同、综合、合作和可持续的亚洲安全观。在贸易领域，中国是《亚太贸易协定》的成员国，中国积极推动和亚洲国家（地区）的自贸区建设，目前已经建成中国—东盟、中国—巴基斯坦、中国—新加坡自贸区。2015 年 2 月，中韩自贸区谈判全部完成。此外，中国—海合会自贸区、中国—斯里兰卡自贸区谈判正在进行。中国积极参与亚洲开发银行、亚太经济合作组织、以东盟为核心的"10+3"机制等亚洲地区层次上的主要经济制度，并在其中发挥了重要的作用。中国创建了博鳌亚洲论坛，与邻国供同行提出了澜沧江—湄公河次区域经济合作计划、图们江流域开发计划等。

从与亚洲主要经济伙伴关系的互动看，中国在亚洲的主要贸易伙伴为东盟、日本、韩国、中国台湾、中国香港等。2013 年，中国与东盟国家双边贸易额 4436 亿美元，与日本贸易额 3125 亿美元，与韩国贸易额 2742 亿美元，与中东地区国家的双边贸易总额近 3000 亿美元。[①] 此外，中国台湾、中国香港也位列中国前十大贸易伙伴，这表明，日本、韩国、东盟国家、中东地区以及包括中国台湾、中国香港、中国澳门在内的大中华经济圈构成了中国在亚洲地区的主要地缘经济空间，而南亚地区、中亚地区、南太平洋地区等是中国在亚太地区地缘经济空间的拓展方向。

三、中国地缘经济面临的挑战和威胁

中国的地缘经济战略具有合作性和层次性的特征。冷战结束后，得益于经济全球化和区域一体化的发展，中国地缘经济无论在全球层面还是在地区层面均取得了巨大的成功。但是中国地缘经济面临的挑战和威胁也是客观存在的，尤其是随着中国经济进入增速阶段性回落的新常态，这种挑战和威胁对于中国经济发展的影响日益严重。

1. 外部世界对中国合作型地缘经济理念的质疑

尽管全球化加深了各国间的相互依赖，但中国经济的发展和影响力的扩大

---

① 世界贸易组织统计数据库 [EB/OL]. http://stat.wto.org/Home/WSDBHome.aspx?Language=.

往往引起国际社会"中国威胁论"的渲染。一方面，美国等西方国家往往从零和博弈的冷战思维出发看待中国正常的对外经济行为，认为中国拓展地缘经济空间是一种对抗性的地缘政治"争夺战"，或者是进行资源掠夺和抢占市场的"新殖民主义"，最终目的是与西方国家相抗衡，争夺国际事务和地区事务的领导权。另一方面，中国的周边国家和一些较小的经济伙伴国也对中国的合作倡议和经济行为抱有戒心，担心对本国产业部门造成冲击或者过度依赖中国而成为中国经济的"附庸"。这表明国际社会对于中国合作型地缘经济的理念缺乏足够的了解。在拓展地缘经济空间的过程中，中国应进一步做好价值沟通和增信释疑工作，宣传中国经济行为理念，从而为中国经济外交奠定良好的经济人文基础。

2. 中国经济的高敏感性和高脆弱性使中国地缘经济存在风险

中国在总体上采取的是外向型的经济发展道路，对国际市场高度依赖，中国对外贸易依存度长期在 60% 以上，并且中国贸易对象过于集中。2013 年，中国与前十大贸易伙伴的进出口总额占了中国外贸进出口总额的 70% 以上。以上数据表明，中国经济是一种依赖经济，一方面对世界和地区性的经济制度（贸易、投资、金融等）存在结构性依赖，另一方面是对全球层面的北美、西欧和地区层面的东盟、日韩的市场依赖。这种贸易的高依赖度决定了中国经济的高敏感性和脆弱性，也说明中国经济的竞争力不足，易受世界经济和地区经济的波动的影响。

3. 中国经济的外部性和冲突性加剧了中国地缘经济的竞争

中国经济的发展也会对其他经济体产生外部性效应，这种外部性效应往往导致竞争和经济冲突的产生。中国产品的比较优势在于劳动力资源丰富，劳动密集型产品在国际市场具有竞争优势，往往容易占领国外市场。因此，中国经济外部性效应之一是产品冲击。一些国家为保护国内相关产业而对中国产品展开反倾销调查。据统计，中国是全球遭遇反倾销调查最多的国家，反倾销调查不仅在数量上呈现增长的态势，针对中国发起的反倾销调查的国家也在增多，并从美国、日本、欧盟等发达国家扩展到阿根廷、土耳其、巴西、印度、南非等其他国家。

第二节　中国与中亚的区域经济合作

一、丝绸之路经济带建设：经济新常态下的地缘经济战略

中国地缘经济的实践和面临的挑战说明，实现中国经济的可持续发展，成为世界经济强国，中国必须在全球层面和地区层面进一步整合拓展地缘经济空间，规划有效的总体地缘经济战略。随着中国发展进入新常态阶段，这种任务更为迫切。在此背景下，中国提出与相关国家共同建设"丝绸之路经济带"和"海上丝绸之路"战略构想，是中国经济新常态下新的地缘经济战略选择，本文以丝绸之路经济带建设为对象，对这一地缘经济战略选择加以分析。

2013年9月，习近平同志在访问中亚并出席上合组织元首理事会期间，提出了共建丝绸之路经济带战略构想，其"旨在促进经济要素有序自由流动、资源高效配置和市场深度融合，推动沿线各国实现经济政策协调，开展更大范围、更高水平、更深层次的区域合作，共同打造开放、包容、均衡、普惠的区域经济合作架构"。[①]这表明，丝绸之路经济带与21世纪海上丝绸之路建设，共同构成了中国经济进入新常态后的地缘经济战略，对于中国地缘经济空间的拓展和推动中国与相关国家和地区的合作具有重要意义。

《推动共建丝绸之路经济带和21世纪海上丝绸之路的愿景和行动》（以下称《愿景和行动》）中将丝绸之路精神概括为"和平合作、开放包容、互学互鉴、互利共赢"，并明确指出："一带一路"建设是开放的、包容的，欢迎世界各国和国际、地区组织积极参与。[②]这表明丝绸之路经济带建设体现了合作型的地缘经济战略理念。

在上合组织元首理事会比什凯克峰会上，习近平同志强调"安全稳定的环境是开展互利合作、实现共同发展繁荣的必要条件"。中国"愿同各国在双边和上海合作组织框架内加强互信、深化合作，合力打击'三股势力'、贩毒、

---

① 新华社授权发布. 推动共建丝绸之路经济带和21世纪海上丝绸之路的愿景和行动. 人民网[EB/OL]. http://world.people.com.cn/n/2015/0328/c1002-26764633.html.

② 新华社授权发布. 推动共建丝绸之路经济带和21世纪海上丝绸之路的愿景和行动. 人民网[EB/OL]. http://world.people.com.cn/n/2015/0328/c1002-26764633.html.

跨国有组织犯罪"①。这表明安全是合作的基础，丝绸之路经济带建设将遵循互信、互利、平等、协作的新安全观和共同、综合、合作和可持续的亚洲安全观，为地区经济发展创造良好的安全环境。习近平同志在纳扎尔巴耶夫大学的演讲中明确指出："我们要全面加强务实合作，将政治关系优势、地缘毗邻优势、经济互补优势转化为务实合作优势、持续增长优势，打造互利共赢的利益共同体。"② 在《愿景和行动》中，中国进一步倡议与相关国家和地区全方位推进务实合作，打造政治互信、经济融合、文化包容的利益共同体、命运共同体和责任共同体。体现了中国在对外经济交往中坚持互惠共赢的经济发展观和坚持亲、诚、惠、容的外交理念。

《愿景和行动》进一步提出，推进"一带一路"建设既是中国扩大和深化对外开放的需要，也是加强和亚欧非及世界各国互利合作的需要，中国愿意在力所能及的范围内承担更多责任义务，为人类和平发展做出更大的贡献。这体现了中国在丝绸之路经济带建设中将坚持正确的义利观，提供更多的公共产品。

最后，丝绸之路经济带涉及沿线众多的国家和地区，自古就是文明对话和文化交流的纽带，人文合作是丝绸之路经济带建设的重要领域，习近平同志明确指出："只要坚持团结互信、平等互利、包容互鉴、合作共赢，不同种族、不同信仰、不同文化背景的国家完全可以共享和平，共同发展。"③ 丝绸之路经济带建设将"增进沿线各国人民的人文交流与文明互鉴，让各国人民相逢相知、互信互敬，共享和谐、安宁、富裕的生活"④。这体现了包容互鉴的文化交往和文明对话观。

一带一路的目的在于进一步整合中国的地缘经济空间。一方面巩固和加强与西欧、北美等全球地缘经济空间和东盟、日本、韩国等亚洲地缘经济空间的

---

① 习近平. 弘扬人民友谊　共创美好未来——在纳扎尔巴耶夫大学的演讲 [EB/OL]. 新华网. http://news.xinhuanet.com/world/2013-09/08/c_117273079.htm.

② 习近平. 弘扬人民友谊　共创美好未来——在纳扎尔巴耶夫大学的演讲 [EB/OL]. 新华网. http://news.xinhuanet.com/world/2013-09/08/c_117273079.htm.

③ 习近平. 弘扬人民友谊　共创美好未来——在纳扎尔巴耶夫大学的演讲 [EB/OL]. 新华网. http://news.xinhuanet.com/world/2013-09/08/c_117273079.htm.

④ 新华社授权发布. 推动共建丝绸之路经济带和21世纪海上丝绸之路的愿景和行动. 人民网 [EB/OL]. http://world.people.com.cn/n/2015/0328/c1002-26764633.html.

既有联系。另一方面拓展新的地缘经济空间，寻找推动中国经济和贸易发展新的增长点。《愿景和行动》明确指出："'一带一路'贯穿亚欧非大陆，一头是活跃的东亚经济圈，一头是发达的欧洲经济圈，中间广大腹地国家经济发展潜力巨大。"[①]丝绸之路经济带有三个走向，从中国出发，一是经中亚、俄罗斯到达欧洲；二是经中亚、西亚至波斯湾、地中海；三是中国到东南亚、南亚、印度洋。通过整合亚洲地区层面的中亚地区、南亚地区和中东地区以及全球层面的独联体地区的地缘经济空间，深化亚欧大陆地区经济合作，和沿线国家形成紧密的利益共同体、命运共同体和责任共同体，最终实现中国和沿线国家的共同发展。

从拓展中国地缘经济空间的措施看，丝绸之路经济带建设在国家间互动和提供公共产品两个层面上展开。国家间的互动以政策沟通、设施联通、贸易畅通、资金融通、民心相通为主要内容。政策沟通是丝绸之路经济带建设的前提和保障，通过与沿线国家"加强政府间合作，积极构建多层次政府间宏观政策沟通交流机制"[②]，从而深化中国与沿线国家的利益融合，促进政治互信，最终就具体的合作达成新共识。设施联通、贸易畅通和资金融通是合作的重要领域，设施建设的重点是交通基础设施、能源基础设施和通信干线网络设施建设。贸易畅通着力点为推动中国与沿线国家间的投资贸易便利化，消除投资和贸易壁垒，共同商建自由贸易区。资金融通的目标是深化金融合作，推进亚洲货币稳定体系、投融资体系和信用体系建设。作为夯实丝绸之路经济带的社会基础，民心相通致力于在相关国家间广泛开展文化交流、学术往来、人才交流合作、媒体合作、青年和妇女交往、志愿者服务等，中国政府承诺每年向沿线国家提供1万个政府奖学金名额。

从提供公共产品层面看，一方面，丝绸之路经济带建设提倡积极利用现有双多边合作机制，强化多边合作机制作用，促进区域合作蓬勃发展。利用上海合作组织（SCO）、中国－东盟"10+1"、亚太经合组织（APEC）、亚欧会议

---

① 新华社授权发布. 推动共建丝绸之路经济带和21世纪海上丝绸之路的愿景和行动. 人民网 [EB/OL]. http://world.people.com.cn/n/2015/0328/c1002-26764633.html.

② 新华社授权发布. 推动共建丝绸之路经济带和21世纪海上丝绸之路的愿景和行动. 人民网 [EB/OL]. http://world.people.com.cn/n/2015/0328/c1002-26764633.html.

（ASEM）、亚洲合作对话（ACD）、亚信会议（CICA）、中阿合作论坛、中国—海合会战略对话、大湄公河次区域（GMS）经济合作、中亚区域经济合作（CAREC）等现有多边合作机制，推动丝绸之路经济带建设。另一方面，中国积极统筹国内资源，推动出台与丝绸之路建设相配套的多边制度安排，主要包括筹建亚洲基础设施投资银行，为亚洲各国的基础设施项目提供融资支持。出资 400 亿美元成立丝路基金，为沿线国基础设施建设、资源开发、产业合作等有关项目提供投融资支持。强化中国—欧亚经济合作基金投资功能，将基金最终规模扩大至 50 亿美元。推动银行卡清算机构开展跨境清算业务和支付机构开展跨境支付业务。

二、共建丝绸之路经济带框架下的中国与中亚区域经济合作

共建丝绸之路经济带框架下中国与中亚的区域经济合作有得天独厚的优势，主要表现在地缘优势、战略和政策的沟通与协调以及现有的合作基础等方面。就地缘优势而言，中国与中亚各国毗邻，中亚地区位于丝绸之路经济带建设的核心区域，中国与中亚的区域经济合作是中国能否成功拓展地缘经济空间的关键。从某种程度上说，独特的区位优势和地缘优势决定了中亚地区是中国合作型地缘经济战略的试验场，对于拓展中国地缘经济空间具有重要的示范效应。就战略和政策的沟通与协调而言，中国和中亚各国在国家发展、地区合作以及全球性和地区性的问题治理方面持相同或相似的理念，中国政府提出的和平共处五项原则、"以邻为善，与邻为伴""睦邻、安邻、富邻"的周边外交方针，"互利合作，共同发展"的发展理念以及和谐世界、和谐地区的愿景均受到中亚国家的欢迎和支持，这是中国与中亚国家关系友好发展的主要原因之一。"共建丝绸之路经济带"这一伟大战略构想和倡议正是在国家领导人出访哈萨克斯坦和出席上合组织元首理事会峰会上首先提出的，并得到了中亚国家的积极响应。从现有合作基础看，在经济贸易方面，中亚五国独立后，中国与中亚国家的贸易额逐年增长，进出口商品结构逐渐完善。2013 年，中国与中亚四国（哈萨克斯坦、乌兹别克斯坦、吉尔吉斯斯坦、塔吉克斯坦）进出口总额超过 400 亿美元。① 与其他地区相比，中国与中亚国家进行区域经济合作的空间和潜力较大。

---

① 世界贸易组织统计数据库 [EB/OL]. http://stat.wto.org/Home/WSDBHome.aspx?Language=.

在地区安全方面，中国与中亚国家在上合组织框架下进行安全合作，致力于打击恐怖主义、分裂主义和极端主义三股势力，努力营造安全的地区环境。在人文交流方面，中国与中亚国家人文交流合作不断，主要围绕教育、科技、文化、卫生等领域展开。近年来，双方青年交流日趋活跃。此外，中国与中亚国家间还存在跨境民族，对于彼此之间文化交流发挥了一定作用。

从区域合作的实践看，受经济约束条件和非经济约束条件的影响，中国与中亚的区域经济合作也面临不小的难题和挑战。经济约束条件来自区域一体化进程的本身，区域一体化的实质是地区内国家之间分工不断深化，形成共同市场并逐渐向统一经济政策发展的过程，在形式上则体现为优惠贸易安排、自由贸易区、关税同盟、共同市场、经济同盟一体化水平由低到高的发展过程，贸易结构的互补是一体化发展的前提。然而，对于中亚国家而言，贸易结构的互补性较差，竞争性较大。中亚国家与中国的双边贸易结构比较单一，这是造成中国与中亚国家贸易规模较小的主要原因。非经济约束条件对中国与中亚的区域经济合作影响更大，中亚各国在民族历史文化、贸易投资政策、对区域合作的态度等方面存在较大差异，一些苏联时期的历史遗留问题（如领土、水资源问题）没有得到有效解决，这要求既要出台一般性的政策措施推动中国和中亚国家的区域经济合作，又要针对不同国家探索具体的合作形式。此外，中亚地区的政治安全环境、大国在中亚地区的竞合关系以及如何平衡不同的中亚区域合作方案，都是中国和中亚区域经济合作不得不加以认真面对的非经济约束条件。

共建丝绸之路经济带的提出加快了中国参与中亚地区区域合作的进程，从丝绸之路经济带建设的战略内涵、功能地位、建设重点和中国与中亚区域合作的现实出发，应在以下层面积极探索中国与中亚区域合作的实现路径：

1. 在地区层面做好顶层设计，出台或利用现有的区域合作机制，探索丝绸之路经济带与其他中亚区域合作方案的共存共生

中亚地区是具有重要地缘战略影响的关键区域，现存众多的一体化合作机制，主要包括后苏联空间内的合作组织，如俄白哈关税同盟、欧亚经济联盟等；周边国家或大国主导的地区组织，如上合组织、土耳其主导的突厥语国家元首会议、欧盟与中亚国家的"伙伴合作计划"、美国的"大中亚计划"和"新丝绸之路计划"等；国际组织发起的中亚一体化机制，如联合国开展的"中亚经济专门计划"和"丝绸之路区域合作项目"、亚洲开发银行提出的中亚区域经济合作机制等。这些一体化机制和丝绸之路经济带存在地缘交叉和功能相似的特点，作为合作型地缘经济战略，丝绸之路经济带建设在进行顶层设计时充分考虑中亚地区现有的制度安排，增强与现有制度的互补性，最终实现与现有制度的共存共生。2015 年，在博鳌亚洲论坛开幕式上的主旨演讲中，习近平同志明确指出，"一带一路"建设不是要替代现有地区合作机制和倡议，而是要在已有基础上，推动沿线各国实现经济战略相互对接、优势互补。

发起建立亚洲基础设施开发银行、成立丝路基金以及扩大上合组织框架下中国—欧亚经济合作基金规模是中国为共建丝绸之路经济带而提供的重要区域公共产品，对于推动中国与中亚区域经济合作具有重要意义。从功能来看，这些公共产品主要目的在于为发展基础设施、资源开发、产业合作提供融资支持，与地区现有的制度安排能够形成良性互补，提高了丝绸之路经济带与中亚地区现有合作机制的共生动力。

2. 在国家层面做好政策的交流沟通，对接中亚国家的发展战略

中亚国家在经历了独立初期转型的阵痛之后，致力于国家稳定、经济发展和提高民生，走上了国家建设的道路，纷纷出台了国家发展战略。如哈萨克斯坦提出了 2030/2050 战略，提出了 2050 年跻身世界发达国家 30 强的目标。乌兹别克斯坦通过渐进式改革，找到了适合本国国情的"乌兹别克斯坦模式"，国民经济开始全面恢复和发展。吉尔吉斯斯坦目前正在进行"2013—2017 年国家发展稳定战略"，重视区域经济一体化，正在进行产业结构的调整和优化。塔吉克斯坦致力于降低贫困化战略计划的实施，希望得到国际金融机构的资金援助。土库曼斯坦则采取了对外能源多元化发展战略。丝绸之路经济带建设与中亚国家的战略有许多切合点，做好国家层面政策的交流沟通，对接中亚国家的发展战略，满足中亚国家战略和发展的现实需求，是中国与中亚国家区域经济合作的重要助力，也是共建丝绸之路经济带的前提。

3. 在社会层面做好公共外交与人文外交，夯实共建丝绸之路经济带的社会基础

共建丝绸之路经济带不仅以中国与相关国家的战略对接和政策沟通为依托，更重要的是将企业和民众纳入共建的进程中，因此必须夯实共建丝绸之路经济带的社会基础。就中国与中亚国家的区域经济合作而言，一方面，中亚民众由

于对古丝绸之路的历史记忆和对于通过基础设施建设进行发展的认知而对丝绸之路经济带建设充满现实期待。另一方面，中亚国家社会内部对于丝绸之路经济带的战略构想、建设目标和实施后果的认知不够明确。在中亚国家依然存在一定程度的"中国威胁论"，担心中亚国家成为中国的"经济附庸"，从而批判甚至反对与中国展开经济合作。

近年来，中国通过与中亚国家的双边或多边的人文合作交流促进了中亚国家民众进一步了解中国，提升了中国在中亚地区的国家形象。夯实共建丝绸之路经济带的社会基础，要求加大公共外交和人文外交的力度。首先，加大政策宣传的力度，宣传中国合作型地缘经济的理念和共建丝绸之路经济带的战略构想、实现路径以及实施的效果。其次，是拓宽人文交流合作的渠道，推动人文合作模式的多样化，鼓励媒体、社会文化团体以及青少年间的交往，鼓励中国企业在展开经济行为的同时，关注当地的公益事业和社会民生的发展，塑造中国企业良好的形象。最后，鼓励中国的高校、智库与中亚国家的相关机构建立长期的合作机制，开展项目合作，尤其是注重青年学者的对话沟通、交流合作。

4. 在具体建设中突出重点，推进示范性项目建设，带动各方共建的积极性

设施联通、贸易畅通和资金融通是构建丝绸之路经济带的重点领域，中国与中亚的区域合作在共建丝绸之路经济带建设中进一步突出重点，推进一批示范性项目的建设。在设施联通领域，以道路联通为主要目标，加快中国与中亚地区及其邻国的道路建设，主要包括新亚欧大陆桥的铁路、公路建设，中—吉—乌铁路项目和公路项目建设，以及中国经中亚到中东地区的道路建设，提高道路运输的便利化。哈萨克斯坦曾出台交通领域的发展战略，目前正在积极实施吸引外资计划，出台了阿斯塔纳—阿拉木图、阿斯塔纳—阿斯克缅、中心—西部等公路项目，可以考虑在丝绸之路经济带框架下推动中国与哈萨克斯坦道路基础设施的建设，这将对中国与中亚国家的基础设施建设产生示范效应。在贸易畅通方面，中国与中亚自贸区建设进展缓慢，可以考虑与中亚各国共建产业园区，在边境口岸进行跨境自由贸易实验区的合作，条件成熟后首先签署双边自由贸易协定，最终推动多边自由贸易协定的签署乃至在上合组织框架下建成自由贸易区。在资金融通方面，充分发挥亚洲基础设施开发银行、丝路基金以及中国—欧亚经济合作基金的融投资优势，为相应基础设施项目和产业发展项目提供贷款。加强中国与中亚各国的货币流动，在跨境贸易中支持本币贸易结算，推进人民币在中亚地区的国际化。

中国改革开放三十多年的实践，尤其是冷战结束后，中国与国际体系的互动推动了中国合作型地缘经济战略思想的产生、发展和形成。中国合作型地缘经济战略在理念上表现为互信、互利、平等、协作的新安全观、互惠共赢的经济发展观、正确的义利观以及包容互鉴的文化交往和文明对话观等内容。在实践上则表现为中国全球地缘经济空间和地区地缘经济空间的不断拓展上。中国的合作型地缘经济战略取得了一定的成功，但也面临不小的困难。外部世界对中国合作型地缘经济理念的疑虑、中国经济的高敏感性和高脆弱性以及中国经济外部性所导致的地缘经济竞争形成了中国合作型地缘经济战略的压力和挑战。

随着中国经济步入增速放缓、经济结构优化升级和发展驱动力转变的新常态，中国政府提出了和相关国家共建"一带一路"的战略构想和倡议，这是中国合作型地缘经济战略思想新的体现。丝绸之路经济带建设通过政策沟通、设施联通、贸易畅通、资金融通、民心相通等内容和方式加强了与相关国家的互动，将中国全球层面的地缘经济空间（西欧地区、中东欧地区以及独联体地区）与亚洲层面的地缘经济空间（中亚地区、南亚地区、中东地区等）拓展联通，并在共建的过程中使相关国家和地区进一步理解中国合作型地缘经济战略的相关理念。此外，在共建丝绸之路经济带的过程中，中国单独设立或与其他国家共同创建亚洲基础设施开发银行、丝路基金、中国—欧亚合作基金等机构和基金，提供了区域公共产品，体现了中国的国际责任意识。

第三节　中国与中亚国家的医疗卫生合作

对于中国与中亚国家的医疗卫生合作进程而言，2020 年无疑是具有标志性的特殊年份。2020 年伊始，新冠肺炎疫情暴发并在世界范围内蔓延，严重威胁世界各国人民的生命健康，并对世界经济发展产生深远影响。作为友好邻邦和重要合作伙伴，中国与中亚国家的政府和人民始终守望相助，密切协调配合，在应对新冠肺炎疫情中加强合作，为最终战胜疫情、进一步推进中国与中亚国家的医疗卫生合作、促进民心相通、建设健康丝绸之路和人类健康命运共同体注入了强劲动力。

新冠肺炎疫情暴发后，中国与中亚的经济合作遭受一定影响和冲击。然而，中国与中亚国家的医疗卫生合作成为新的合作亮点。在中国抗击新冠肺炎疫情的艰难时刻，中亚各国政府和人民对中国持友好态度，不仅明确表示支持中国政府为抗击新冠肺炎疫情而采取的各项政策措施，而且向中国提供了大量援助。在新冠肺炎疫情蔓延到中亚地区后，中国在自身抗疫形势尚且严峻的时刻，积极与中亚国家展开抗疫合作，通过各种形式向中亚国家介绍中国疫情防控经验，提供抗疫医疗物资援助，并向中亚地区派出医疗专家团队。

从国际议程设置的视角出发，作为突发重大的国际事件，新冠肺炎疫情的蔓延提高了公共卫生议题在国际政治中的显著性，中国与中亚国家的合作抗疫，对于中国与中亚国家的医疗卫生合作产生深远影响。随着应对新冠肺炎疫情合作方案的出台和合作抗疫的展开，中国与中亚国家必将进一步加强民心相通，为中国与中亚国家加强公共卫生领域合作、共建人类健康命运共同体注入强劲动力。

一、中国与中亚国家应对新冠肺炎疫情的医疗卫生合作

中国与中亚国家应对新冠肺炎疫情的医疗卫生合作分为三个阶段。第一个阶段是新冠肺炎疫情突发到中国本土疫情的传播基本阻断，中国取得抗疫决定性成果（2019 年 12 月 27 日到 2020 年 4 月 28 日）。第二个阶段是中亚国家哈萨克斯坦、乌兹别克斯坦、吉尔吉斯斯坦、塔吉克斯坦相继出现首例确诊病例到疫情形势持续蔓延、中亚国家防控疫情面临严峻挑战（2020 年 3 月 13 日至 2020 年 9 月中旬）。第三个阶段是中亚各国疫情形势依然严峻但出现好转，中亚各国抗疫压力开始缓和（2020 年 9 月底至今）。在疫情发展的不同阶段，中国与中亚国家的医疗卫生合作侧重点不尽相同：

1. 在中国突发新冠肺炎疫情后，中亚国家坚定支持中国抗击新冠肺炎疫情的斗争，从道义和物质上给予中国和中国人民宝贵支持和帮助

2019 年 12 月 27 日，武汉地区出现不明原因肺炎病例（即新冠肺炎病例），此后，全国新冠肺炎新增确诊病例快速增加（见图 8-1），中国全面展开疫情防控。新冠肺炎疫情是包括中国和中亚国家在内的国际社会面临的一次重大突发公共卫生事件。在中国抗击新冠肺炎疫情的关键时刻，哈萨克斯坦、乌兹别克斯坦、吉尔吉斯斯坦、塔吉克斯坦、土库曼斯坦等中亚国家给予了中国和中国人民宝贵的道义支持和物资援助。

（例）

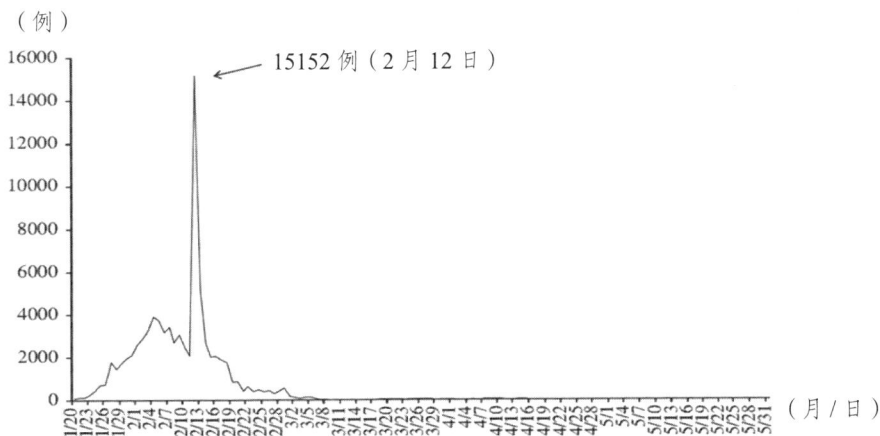

图 8-1 中国境内新冠肺炎新增确诊病例情况

资料来源：《抗击新冠肺炎疫情的中国行动》白皮书。

首先，中亚各国高度评价中国抗疫取得的积极成效，坚信中国必将战胜疫情，为中国抗疫提供了宝贵的道义援助和精神支持。

2月14日，包括哈萨克斯坦、乌兹别克斯坦、吉尔吉斯斯坦、塔吉克斯坦在内的上合组织发表声明，欢迎中国政府和人民为抗击新冠肺炎疫情所采取的果断措施，愿向中方提供必要协助并开展密切合作。呼吁国际社会在世界卫生组织框架内加强协作，维护地区和国际公共卫生安全。2020年2月29日至3月4日，中共中央政治局委员、中央外事工作委员会办公室主任杨洁篪访问塔吉克斯坦、乌兹别克斯坦和哈萨克斯坦，三国领导人均表示坚定支持中国抗击疫情，高度评价中方抗议成效，坚信中方必将战胜疫情，愿与中方加强合作，共同应对疫情，维护地区和全球公共卫生安全。三国领导人坚信新冠肺炎疫情并不影响与中国的长期合作。如塔吉克斯坦总统拉赫蒙在会见杨洁篪时表示"塔吉克斯坦将发展对华关系作为外交优先方向，愿落实好共建'一带一路'重点项目，深化两国安全合作和人文交流，为塔中全面战略伙伴关系注入新动力"[1]。米尔济约耶夫称"将继续加强乌方发展战略与'一带一路'倡议对接，深化各

---

① 塔吉克斯坦总统拉赫蒙会见杨洁篪 [N]. 人民日报，2020（3）.

领域合作，推动乌中关系迈上新台阶"①。托卡耶夫在会见杨洁篪时表示"哈方致力于同中方长期友好合作，将坚定不移发展哈中永久全面战略伙伴关系，密切对接'光明之路'新经济政策同'一带一路'倡议"②。土库曼斯坦副总理兼外长梅列多夫高度赞赏中国政府为抗击疫情付出的巨大努力和取得的重大成果。并认为，任何情况下都不应将疫情政治化，这不利于国际抗疫合作。土方始终致力于加强同中国传统友好关系，愿以灵活方式保持两国高层和各部门的沟通，推进双边各领域交往与合作。

其次，中亚国家不仅在道义上支持中国的抗疫斗争，而且给予物质上的援助。2月12日，乌兹别克斯坦向中方提供人道主义物资援助，主要包括一次性手套、防护服、口罩等中方急需的医疗物资，由乌方紧急状况部负责编制物资清单并以专机方式运往中国。3月3日，乌兹别克斯坦再次向中国捐赠包括一次性医用手套、防护服、医用口罩在内的第二批医疗物资。哈萨克斯坦为中国运送了超13.6吨的医疗物资。塔吉克斯坦、吉尔吉斯斯坦向中国提供人道主义医疗物资。在社会层面，中亚国家民众与企业对中国的抗疫战斗给予声援和支持。疫情发生后，在华留学的哈萨克斯坦学生发布快闪视频声援武汉，祝愿中国打赢抗疫斗争。哈萨克斯坦中国贸易促进协会发起"援助友好邻邦—中国防控新冠肺炎疫情爱心募捐活动"，35家哈萨克斯坦企业向中国红十字总会捐款301.1万坚戈。

最后，中国与中亚国家坚决反对将疫情政治化、标签化、污名化。新冠肺炎疫情暴发后，尤其随着疫情在全球范围内蔓延，美国等国家为转移国内民众视线、推卸抗疫不力的责任，接连抛出所谓新冠肺炎病毒的"中国起源论""中国责任论""中国赔偿论"等荒谬论调，中国抗疫形势好转后，在力所能及的范围内向其他国家提供援助，积极开展国际交流合作，推动国际社会团结合作共同抗疫，西方一些政客又抛出"中国援助别有所图"等荒谬言论。这些言行其目的是将疫情政治化、标签化、污名化。国际社会中对哈萨克斯坦、土库曼斯坦等国家也有污名化的报道。中国坚决反对将疫情政治化和污名化的相关言

---

① 新华网. 乌兹别克斯坦总统米尔济约耶夫会见杨洁篪 [EB/OL]. http://www.xinhuanet.com/2020–03/03/c_1125653465.htm.

② 新华网. 哈萨克斯坦总统托卡耶夫会见杨洁篪 [EB/OL]. http://www.xinhuanet.com/politics/leaders/2020–03/03/c_1125658513.htm.

行，与中亚国家一起加强双多边合作，携手应对疫情挑战。

2. 从2020年3月13日，哈萨克斯坦确诊首例新冠肺炎病例，中亚地区疫情形势持续蔓延，哈、乌、吉、塔四国防控疫情面临严峻挑战

新冠肺炎疫情在全球蔓延传播后，中亚国家疫情防控形势严峻。尽管中亚国家采取了一系列严格措施防控疫情，但仍未阻止病毒的传播。2020年3月13日，哈萨克斯坦确诊首例新冠肺炎病例。3月15日，乌兹别克斯坦确诊首例新冠肺炎病例。3月18日，吉尔吉斯斯坦确诊首例新冠肺炎病例。4月30日，塔吉克斯坦确诊首例新冠肺炎病例。2020年5月到2020年8月，哈萨克斯坦、乌兹别克斯坦、塔吉克斯坦、吉尔吉斯斯坦新冠肺炎疫情确诊病例呈现急剧增长的态势（见图8-2），中亚各国普遍面临抗疫物资及资金短缺、医务人员人手不足等问题，各国经济遭到严重影响，社会民生问题更为突出。

（例）

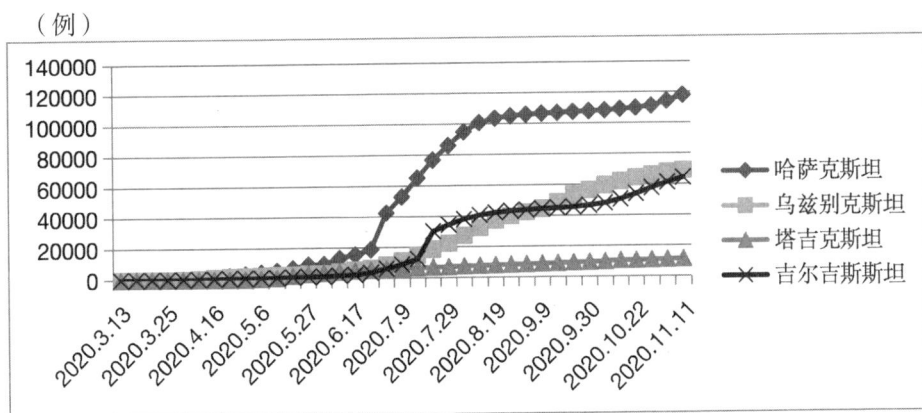

图 8-2 中亚各国新冠肺炎疫情确诊病例增长示意图

注：土库曼斯坦通报境内新冠肺炎确诊病例为零。
资料来源：根据各国官方通讯社发布新冠肺炎确诊病例数据整理。

面对疫情肆虐的不利形势，中国始终坚持推动国际社会团结合作共同抗疫。提出了应对疫情国际合作的重点：一是必须各国协同作战，建立起严密的联防联控网络；二是国际社会联手稳定和恢复世界经济；三是向应对疫情能力薄弱

的国家和地区提供帮助；四是坚决反对污名化和疫情政治化 ①。在这一合作理念的指导下，中国与中亚国家的医疗卫生合作进一步发展。

首先，通过元首电话外交表达关切、阐明态度、通报信息、分享经验，加强中国与中亚国家的双多边合作，携手应对疫情挑战。习近平主席在与哈萨克斯坦、乌兹别克斯坦、吉尔吉斯斯坦、塔吉克斯坦等国家领导人通电话时明确表示国际社会应该以团结取代分歧、以理性消除偏见，凝聚起抗击疫情的强大合力，构建人类命运共同体。中亚各国领导人坚持与中国加强合作，共建"一带一路"，推动构建人类命运共同体。中国与中亚国家畅通的沟通渠道为抗疫合作打下坚实的基础。

其次，中亚国家疫情发生后，中国迅速展开行动，向中亚国家提供人道主义援助。

中亚国家疫情暴发后，中国先后向哈萨克斯坦、乌兹别克斯坦、塔吉克斯坦、吉尔吉斯斯坦等国提供人道主义援助物资，包括核酸检测试剂盒、红外体温计以及防护用品等。并向上述国家派出医疗专家团队，与中亚国家医疗机构和专家医生开展经验分享和交流，介绍中国抗疫经验，对中亚国家疫情防控、病例筛查、临床诊疗和健康管理提供指导与咨询（见表8-1）。此外，中国政府向中亚国家多批次提供医疗物资援助，包括医用外科口罩、防护服、呼吸机和预防药物等。此外，中国与乌兹别克斯坦正式启动跨国远程医疗会诊系统。

表 8-1　中国援助中亚国家医疗专家团队工作情况一览表

类别	选派单位	抵达时间	工作内容
中国援哈医疗队	新疆卫健委	2020 年 4 月 9 日	到访努尔苏丹、阿拉木图、卡拉干达三地，与哈医疗机构和专家开展经验分享和交流，介绍中国抗疫经验，对哈传染病防治、病例筛查、临床诊疗、社区健康管理、实验室等工作提供指导与咨询
中国赴乌联合工作组	江西卫健委	2020 年 4 月 18 日	到访乌兹别克斯坦州市，同乌兹别克斯坦 30 多家医疗机构专家分享抗疫经验，推动建立中乌跨国远程医疗系统，就医学人才培养同乌方达成初步共识

---

① 抗击新冠肺炎疫情的中国行动白皮书 [EB/OL]. 中国政府网. http://www.gov.cn/zhengce/ 2020-06/07/content_5517737.htm.

续表

类别	选派单位	抵达时间	工作内容
中国赴吉联合工作组	新疆卫健委	2020年4月20日	走访吉医疗机构、开展视频远程教学，传递中国经验，加强疫情防控、诊断治疗、院内感控等方面的合作
中国赴塔联合工作组	陕西卫健委	2020年5月24日	与杜尚别市、哈特隆州及丹加拉区医疗机构座谈，进行防控救治知识培训，交流防疫经验及院感、救助措施，提供预防、诊疗等方面的咨询服务

资料来源：作者根据相关资料整理而得。

再者，中国社会各界纷纷向中亚国家捐助防控物资，支持中亚国家抗击新冠肺炎疫情。

3月21日，中国建设银行阿斯塔纳分行捐赠包括20万双医用手套、15934只医用口罩和425个护目镜等在内的人道主义援助物资。4月12日，在中国产业海外发展协会的组织协调下，江西铜业集团有限责任公司等中国企业联合捐赠22.88万个医用口罩（价值70多万），用于支援哈萨克斯坦抗击新冠肺炎疫情。紫金矿业集团奥同克公司向吉尔吉斯斯坦捐赠防护用品及检测设备等抗击新冠疫情医疗防护物资。此次捐赠的防疫物资包括医用口罩、医用手套、防护服、护目镜、额温枪、热成像测温仪等。马云公益基金会和阿里巴巴公益基金会向哈萨克斯坦、乌兹别克斯坦、吉尔吉斯斯坦捐助医用口罩、检测试剂盒，以及医用手套及非接触式温度计等大量医疗防护物资。

最后，中国与中亚国家创新合作模式，扩大合作范围。中国＋中亚五国外长会议机制是中国与中亚国家合作的新形式。2020年7月16日，中国与中亚五国外长举行首次"中国＋中亚五国"外长视频会议，正式建立"中国＋中亚五国"外长会晤机制。在发表的《联合声明》中，各国外长"指出在应对疫情大流行的过程中，不应有歧视、污名化、种族主义和排外主义"[①]。并将进一步加强在疫情防控、疫苗研发、传统医学等领域的合作。

3. 2020年9月份以来，随着中亚国家新冠肺炎疫情趋于稳定并有所好转，中国与中亚国家在"后疫情时代"加强团结合作，共同构建人类命运共同体

首先，中国与中亚国家坚持发挥世界卫生组织、上海合作组织等多边机制

---

① "中国＋中亚五国"外长视频会议联合声明. [EB/OL]. http://www.gov.cn/xinwen/2020–07/17/content_5527594.htm.

的重要作用，推动国际抗疫合作。中国与中亚国家领导人在元首电话外交中一致认为应加强国际抗疫合作，共同维护全球公共卫生安全，需要发挥世界卫生组织等国际机构的重要作用，开展紧密协作。在新冠肺炎疫苗和特效药的研发、生产和分发上开展合作，为阻断病毒传播做出应有贡献。在上合组织成员国外长理事会会议期间，上合组织各成员国外长达成共识，要弘扬"上海精神"，把团结合作作为战胜疫情的最有力武器，携手统筹疫情防控和复工复产，为后疫情时期经济社会发展创造有利条件①。中国致力于同包括中亚国家在内的上合组织打造"抗疫堡垒""健康丝路"和卫生健康共同体。主要措施包括：一是加强国际抗疫合作，支持世卫组织发挥作用，反对将疫情政治化、病毒标签化。二是巩固和扩大抗疫成果。中国同包括中亚国家在内的上合组织成员国加快建立重大流行性疾病信息通报机制。三是积极开展疫苗研发、生产和采购合作。四是合力开展中医药合作。②2020 年 11 月 10 日，上海合作组织元首理事会发表《关于共同应对新冠肺炎疫情的声明》，明确提出"将加强公共卫生领域合作，统筹和协调应对卫生防疫领域突发情况的措施，加强在药物、疫苗、检测试剂等方面开展科技合作"③，并通过了《上合组织成员国应对地区流行病威胁联合行动综合计划》。

其次，在疫情防控常态化的背景下，中国与中亚国家进一步扩大合作范围，推动复工复产，在新形势下与中亚各国共建"一带一路"。中国将继续推进"丝绸之路经济带倡议"与中亚各国发展战略的对接，通过顶层设计制定各领域合作新的路线图。完善合作体系和机制搭建，共建"一带一路"新平台，发动共建"一带一路"合作新引擎，开辟共建"一带一路"新通道。从具体领域来看，中国与中亚国家将进一步加强在贸易、投融资、基础设施互联互通、农业、高新技术等领域的合作。

---

① 王毅国务委员兼外长接受新华社记者专访 [EB/OL]. 中国政府网. http://www.gov.cn/guowuyuan/2020–09/17/content_5544071.htm.

② 王毅国务委员兼外长接受新华社记者专访 [EB/OL]. 中国政府网. http://www.gov.cn/guowuyuan/2020–09/17/content_5544071.htm.

③ 上海合作组织成员国元首理事会关于共同应对新冠肺炎疫情的声明. 人民网 [EB/OL]. http://www.gov.cn/guowuyuan/2020–09/17/content_5544071.htm.

二、中国与中亚国家合作抗疫的基础

1. 中国与中亚国家政治互信的深化和畅通的政策沟通为双方的医疗卫生合作奠定了坚实的政治基础

中亚国家独立后，中国与中亚国家不断发展和深化双方友好合作关系，为双方展开各领域的合作奠定了坚实的政治基础。随着中国与哈萨克斯坦、塔吉克斯坦、吉尔吉斯斯坦历史遗留的边界问题得到彻底解决，中国与中亚国家的友好合作关系得到快速发展。2011 年 6 月，中哈两国发表联合声明，决定发展全面战略伙伴关系。2012 年 6 月，中乌两国建立战略伙伴关系。2013 年 5 月，中塔两国建立战略伙伴关系。2013 年 9 月，中土、中吉两国分别建立战略伙伴关系。

"一带一路"倡议提出后，中亚地区是共建"一带一路"的重要地区，中亚国家是共建"一带一路"的关键国家，中国与中亚国家的政策沟通不断加强，为共建"一带一路"提供了重要保障。一方面，中国与中亚国家的关系地位不断提升，中国与中亚国家对发展与对方的合作日益看重，政治互信不断巩固。2013 年 9 月 8 日，中哈两国发表联合声明，进一步深化全面战略伙伴关系，2019 年 9 月，中哈两国元首决定发展中哈永久全面战略伙伴关系。2016 年，中乌两国建立全面战略伙伴关系，2018 年，两国发表联合声明，进一步深化全面战略伙伴关系。2017 年，中塔两国发表声明，决定建立全面战略伙伴关系，2018 年，中吉建立全面战略伙伴关系，2019 年，中塔、中吉发表联合声明，决定进一步深化全面战略伙伴关系。此外，中国与中亚国家建立了不同类型、不同层次的政府间合作机制，对于深化中国与中亚国家的利益融合，促进政治互信发挥了重要作用。另一方面，中国与中亚国家积极对接丝绸之路经济带与各国经济发展战略，共同制定合作规划和措施，为共建"一带一路"提供政策支持。如中哈对接丝绸之路经济带与哈萨克斯坦"光明大道"新经济计划；中乌对接"一带一路"建设与乌乌兹别克斯坦"2017—2021 年乌兹别克斯坦五大优先发展方向行动战略"；中塔之间开展"一带一路"建设同塔吉克斯坦"2030 年前国家发展战略"；中吉之间加快"一带一路"倡议同吉尔吉斯斯坦"2018 — 2040 年国家发展战略"对接。从伙伴关系战略定位到元首共识，从政府间合作机制到具体合作项目，中国与中亚国家之间的政治互信，为双方共建"丝绸之路经济带"奠定了坚实的政治基础，也为中国与中亚国家之间在应对疫情和后疫情时代的医疗卫生合作带来新机遇。

2. 中国与中亚国家在安全、经贸、人文等领域的合作为医疗卫生合作起到了示范效应

中国与中亚国家具有广泛的共同利益。近年来，中国与中亚国家在安全、经贸、人文等领域的务实合作和取得的成就产生了外溢效应，为中国与中亚国家的医疗卫生合作发挥了重要的示范效应。

在安全领域，中国与中亚国家在解决了传统的边界问题和相互裁减边境地区的军事力量之后，中国与中亚国家建立了军事互信。此后，中国与中亚国家在安全领域的合作更多关注中亚地区安全问题，致力于在打击恐怖主义、分裂主义和极端主义"三股势力"方面的合作。在双边层面，中国与中亚国家签署了政府文件，深化在打击"三股势力"、禁毒、打击有组织犯罪等非传统安全领域的合作。在多边层面，中国与包括中亚国家在内的上海合作组织成员国在上海合作组织的框架内密切配合。为发展中国与中亚国家的经贸合作和人文交流提供了安全的合作环境。

在经贸领域，"一带一路"倡议提出后，中国与中亚国家的合作不断加强。一方面，中国与中亚国家贸易结构具有较好的互补性，双边贸易合作具有广阔的发展空间。中亚国家是在"一带一路"沿线国家中，贸易增长速度最快的，双边贸易合作势头良好。中国对中亚国家的直接投资也保持迅猛的态势，一批共建"一带一路"的先期成果成为中国与中亚国家合作的典范。

人文交流是中国与中亚国家起步较晚的领域，近年来，中国与中亚国家在双边和多边框架下的人文交流发展较为迅速，人文交流活动日趋频繁。中国与中亚国家签署了一系列关于高等教育合作的政府文件，来华留学的中亚留学生数量，中国在哈萨克斯坦、乌兹别克斯坦、吉尔吉斯斯坦、塔吉克斯坦开设孔子学院和孔子课堂，哈萨克斯坦、乌兹别克斯坦等中亚国家也在中国开设研究中心、文化中心等，双边的人文交流合作对促进双方民众增进相互了解、奠定合作的社会基础发挥了重要作用。在多边层面，在上海合作组织框架下提出的各种人文交流项目和各种形式的人文交流活动取得了较大影响。

整体而言，中国与中亚国家的合作从安全领域逐渐外溢到经贸领域和人文领域，在较短的时间内取得了较为显著的成果。目前，中国与中亚国家的医疗卫生合作在人文交流的框架内进行。中国与中亚国家在安全、经贸和人文交流其他领域的成功经验，对中国与中亚国家的医疗卫生合作起到了示范效应。

3. 中国与中亚国家开展的先期医疗卫生合作实践积累了宝贵经验

在多边层面，中国与中亚国家的医疗卫生合作在上合组织框架内取得积极进展。2004 年 9 月 23 日，在比什凯克举行的上合组织成员国总理第三次会议发布联合公报，明确提出加强卫生合作。2009 年 10 月 14 日在北京举行的上合组织成员国政府首脑 (总理) 理事会通过《上合组织地区防治传染病联合声明》，奠定了卫生合作的法律基础。2011 年 6 月 15 日，上合组织阿斯塔纳峰会，各国元首签署《上合组织成员国政府间卫生合作协定》，加深了成员国间的医疗卫生合作。"一带一路"倡议提出后，国家卫计委、新疆维吾尔自治区政府创建了"丝绸之路卫生合作论坛"，将中亚国家作为"一带一路"卫生交流合作的重点国家，明确提出要"加强与中亚国家在棘球蚴病、鼠疫等人畜共患病防控方面的合作"[①]。2018 年 6 月 10 日，上合组织青岛峰会发表的《上合组织成员国元首关于在上合组织地区共同应对流行病威胁的声明》，使各成员国在上合组织框架内的医疗卫生合作迈上了新台阶。从合作的形式和内容看，上合组织框架内中国与中亚国家的医疗卫生合作形式包括举办医药卫生合作的国际论坛和专业研讨会、建立上合组织医院合作联盟、举办各类人才培训等。主要内容涵盖传染病防治、流行病监测、妇幼保健、经验交流、传统医药合作、跨境远程医疗、灾害医学防治等方面。

在双边层面，中国与中亚国家的医疗卫生合作更为具体。2017 年 5 月，中吉友好医院在吉尔吉斯斯坦奥什州国立医院挂牌成立，同年 12 月，中吉两国合作成立先天性心脏病研究中心。成为中吉不断加强医疗合作的标志性成果之一。2018 年 11 月，中国科学院中亚药物研发中心在乌兹别克斯坦塔什干成立。近年来，新疆致力于建设丝绸之路核心区医院联合体，同中亚国家多所医院实现了跨境远程医疗会诊。在传统医药合作方面，2015 年，中吉中医药中心在吉尔吉斯斯坦成立。截至目前，中国与哈萨克斯坦已经合作建设了三家传统医药合

---

① 关于推进"一带一路"卫生交流合作三年实施方案（2015—2017）. 卫计委网站 [EB/OL]http://www.nhc.gov.cn/wjw/ghjh/201510/ce634f7fed834992849e9611099bd7cc.shtml.

作中心。①2020 年 6 月，中国与乌兹别克斯坦合建的中乌传统医学中心和中乌友好医院试营业。

三、中国与中亚国家医疗卫生合作的发展前景

从中国与中亚国家医疗卫生合作的现状出发，后疫情时代，中国与中亚国家可在以下方面加强医疗卫生合作：

1. 进一步加强中国与中亚国家突发医疗卫生事件的信息通报和联防联控机制建设

根据国家卫计委发布的"一带一路"卫生交流合作方案，合作机制建设、传染病防控以及卫生应急和紧急医疗援助等领域成为中国加强包括中亚国家在内的"一带一路"沿线国家卫生交流合作的重点领域。明确提出要"积极推进与沿线国家在卫生应急领域的交流合作，提高与周边及沿线国家合作处理突发公共卫生事件的能力，开展联合卫生应急演练。"② 在卫生合作的实践中，中国与中亚国家在上合组织框架内开展了传染病联防联控机制合作，初步建立了跨境传染病疫情通报制度和卫生应急处置协调机制。新冠肺炎疫情暴发后，疫情通报制度和应急处置协调机制在中国与中亚国家抗击疫情合作中发挥了重要作用。后疫情时代，中国与中亚国家在医疗卫生领域可在以下两个方面加强合作：一是在上合组织框架内，设置公共卫生合作的议程，加强上合组织公共卫生合作的制度化水平。上海合作组织公共卫生安全合作的重要法律文件主要是声明、宣言等形式，如《上合组织地区防治传染病联合声明》《上合组织医院合作联盟北京宣言》《上合组织成员国元首关于在上合组织地区共同应对流行病威胁的声明》等，从制度的法律化看，这些文件的法律化水平较低。2011 年在阿斯塔纳签署的《上合组织成员国政府间卫生合作协定》，确定了科学和技术创新、药品安全与质量、在紧急状态及自然灾害发生时提供医疗卫生援助、妇幼卫生保健等方面的合作，但并未涉及诸如应对传染病疫情威胁。近年来，加强传染

---

① 分别是 2017 年成立的中国—哈萨克斯坦中医药中心和同仁堂中医健康中心，2018 年成立的三亚市中医院—阿拉木图中医中心。

② 关于推进"一带一路"卫生交流合作三年实施方案（2015–2017）．卫计委网站 [EB/OL]．http://www.nhc.gov.cn/wjw/ghjh/201510/ce634f7fed834992849e9611099bd7cc.shtml.

病的信息通报和联防联控的机制建设成为上合组织公共卫生合作的重点，中国与包括中亚国家在内的上合组织其他成员，可充分利用上合组织元首峰会、首脑会议和卫生部长会议等现有机制，加强顶层设计，提高上合组织公共卫生安全的制度化水平。二是在中国与中亚国家的双边合作层面，提高医疗卫生合作，创新合作模式。独立三十年以来，中亚国家的经济发展水平不同，医疗卫生健康差异性明显，应对突发公共卫生事件的能力也有所不同。因此，中国与中亚国家在医疗卫生合作也应体现出差异化。如对医疗卫生条件较差的塔吉克斯坦、吉尔吉斯斯坦等国，应加强医疗卫生体制和医疗基础设施等"硬件"建设，提高其应对突发医疗卫生事件的信息水平和联防联控能力。对医疗卫生水平较高的哈萨克斯坦、乌兹别克斯坦等国，则应加强公共卫生治理合作，将医疗卫生科技合作、医疗设备、器械和药品研发、疫苗研发与供应、传统医药合作及实验室建设作为重点合作内容。

2. 鼓励和支持中国与中亚国家医疗卫生人员经验交流与重点疾病防治合作

在抗击新冠肺炎疫情期间，中国与中亚国家的医疗卫生人员的经验交流对于提升中亚国家在疫情防控、疑似病例发现、病患隔离和救治等方面的能力有极大帮助。以中国援哈医疗专家组为例，在短短 15 天内，医疗专家组在哈萨克斯坦努尔苏丹、卡拉干达、阿拉木图三大城市，与相关机构举行 44 次视频或现场会议，并举办了 35 场培训讲座。这表明，医疗卫生人员之间的经验交流不仅促进了中国与中亚国家医疗卫生合作水平的提升，而且加强了中国与中亚国家应对突发公共卫生事件的能力。后疫情时代，中国与中亚国家可在多边与双边层面，进一步加强医疗卫生人员的交流与合作，通过举办公共卫生国际论坛和研讨会，合建友好医院和研究中心，进行公共卫生安全培训等各种形式的合作，推动中国与中亚国家的公共卫生安全合作的发展。在重点疾病防治合作方面，目前中亚国家面临的主要疾病威胁包括传染病、慢性病以及妇幼保健等，其中病毒性肝炎、艾滋病、心脑血管疾病以及儿童营养不良等对中亚国家卫生健康威胁较大。中国与中亚国家具有较高的卫生相似性[1]，在上述疾病防治方面积累了丰富经验，中国与中亚国家在重点疾病防治方面具有广阔的合作空间。

---

① 邱增辉，蒋祎. 全球卫生治理视域下中亚国家的健康状况及与中国的合作 [J]. 俄罗斯东欧中亚研究，2020（4）：91.

3. 发挥传统医药在防控疫情中的优势，进一步加强传统医药领域的合作

中国与中亚地区传统医学交流有着悠久的历史。近年来，随着经济的发展，中亚各国政府对医疗卫生健康事业的投入力度加大，尤其是中亚国家普遍重视针灸、中草药等传统医药，为中国同中亚国家开展传统医学交流提供了广阔的空间。在政府层面，国家中医药管理局与中亚国家卫生部门已经开展中医药领域的合作。在企业层面，中国中医药企业在中亚地区建设中草药生产基地和加工工厂，一批中医药诊所在中亚国家开办。在社会层面，中亚国家民众对传统医药接受程度较高。新冠肺炎疫情暴发后，中医药在疫情的预防和治疗中发挥了独特作用，为中国与中亚国家在传统医药领域深化合作奠定了坚实基础。后疫情时代，随着中医药在世界范围的推广，中国与中亚国家关于中医药的政府间合作将会明显增多。因此，双方医药行业主管部门可以加强沟通与协作，推动传统医学领域合作。针对个体中医诊所规模小、设施差、接诊能力有限等问题，中国与中亚国家可以合建具有示范效应的综合性中医医院或中医中心，邀请权威中医专家坐诊，扩大中医药在中亚国家的影响。中亚国家中草药资源丰富，具有规模化生产中草药的优势，中国在中医药生产方面具有资金、人才和技术的优势，双方可以合作建设大型中医药制药厂，既增加了当地的就业和税收，也完善了中亚国家的药品供应。此外，中国与中亚国家在人才培养、学术交流、联合项目开发等方面加强合作，推动传统医学的发展。

4. 以合作抗疫为契机，推进上海合作组织卫生健康共同体建设

作为重大突发公共安全事件，新冠肺炎疫情的暴发与蔓延提高了公共卫生议题的显著性，公共卫生合作由此成为上合组织重要议程。2020 年 11 月 10 日，上海合作组织成员国元首理事会第二十次会议上，习近平主席在讲话中提出要"加强抗疫合作，构建卫生健康共同体"，提出了"加强各国联防联控""支持世界卫生组织发挥关键领导作用""用好本组织卫生领域合作机制""倡议成员国疾控中心设立热线联系""发挥传统医学作用"和"加强疫苗合作"等卫生健康的合作重点[①]，为中国与中亚国家抗击疫情、加强卫生健康合作指出了发展方向和实现路径。上海合作组织元首理事会通过了《上合组织成员国应

---

① 习近平. 弘扬"上海精神"深化团结协作构建更加紧密的命运共同体——在上海合作组织成员国元首理事会第二十次会议上的讲话 [N]. 人民日报，2020（2）.

对地区流行病威胁联合行动综合计划》，并发表了《上海合作组织成员国元首理事会关于共同应对新冠肺炎疫情的声明》，将"统筹和协调应对卫生防疫领域突发情况的措施，加强在药物、疫苗、检测试剂等方面开展科技合作"①。中国与中亚国家的医疗卫生合作，为推动上海合作组织卫生健康共同体建设，迈出了坚实的步伐。

中国与中亚国家在医疗卫生领域有较强的合作基础。一方面，中国与中亚国家政治互信的发展、安全、经贸领域的合作深化、人文交流的频繁推动了双方合作范围的不断拓展，为双方医疗卫生领域的合作奠定了牢固的物质和人文基础。另一方面，在具体的医疗卫生领域，中国与中亚国家在双边和多边层面取得了一系列先期成果，有利于双方医疗卫生合作领域的拓展和深化。新冠肺炎疫情对中国与中亚的合作造成一定影响和冲击，也为中国与中亚国家加强医疗卫生合作提供了契机。

在当前国际社会疫情形势依然严峻的情况下，中国与中亚国家在疫情信息通报、抗疫联防联控、人道主义救援以及经验分享等方面积极合作，为国际社会应对疫情威胁、防止疫情蔓延发挥了重要的示范效应，为促进中国与中亚国家的民心相通、建设健康丝绸之路、构建上合组织卫生健康共同体打下坚实基础。

---

① 新华网. 上海合作组织成员国元首理事会关于共同应对新冠肺炎疫情的声明 [EB/OL].
http://www.xinhuanet.com/world/2020-11/11/c_1126723434.htm.

第八章　倡议、议程与规范：中国国际组织外交的新变化

第一节　中国国际组织外交行为变化的动力

冷战结束后，国际形势发生了深刻变化。其中，国际关系的民主化和组织化发展进一步提高了国际组织（尤其是政府间国际组织）在国际事务和全球治理领域的重要性。与此同时，中国改革开放继续深入发展。国际—国内因素的互动不仅改变了中国参与国际组织的意识，而且改变了中国与国际组织的互动方式。进入 21 世纪以来，以加入世界贸易组织（WTO）为标志，中国以更加积极主动的姿态参与国际组织活动。中国的国际组织活动成为中国外交的重要组成部分。

在总结我国参与国际组织活动和多边外交成功经验的基础上，党的十八大以来，中国的国际组织外交在理念和行为上发生了较大的变化。从国际组织外交理念上看，党的十八大报告中明确提出，中国"将坚持把中国人民利益同各国人民共同利益结合起来，以更加积极的姿态参与国际事务，发挥负责任大国作用，共同应对全球性挑战"[①]。在国际组织外交方面，"将积极参与多边事务，支持联合国、二十国集团、上海合作组织、金砖国家等发挥积极作用，推动国际秩序和国际体系朝着公正合理的方向发展"[②]。2014 年 11 月，习近平同志在出席中央外事工作会议上发表重要讲话，指出"要切实推进多边外交，推动国

---

①　胡锦涛. 坚定不移沿着中国特色社会主义道路前进为全面建成小康社会而奋斗——在中国共产党第十八次全国代表大会上的报告 [N]. 人民日报，2012（1）.

②　胡锦涛. 坚定不移沿着中国特色社会主义道路前进为全面建成小康社会而奋斗——在中国共产党第十八次全国代表大会上的报告 [N]. 人民日报，2012（1）.

际体系和全球治理改革，增加我国和广大发展中国家的代表性和话语权"①。从国际组织外交行为看，中国不仅积极主动参与国际组织活动，是联合国、世界贸易组织、国际货币基金组织、世界银行等全球性国际组织的重要行为主体，而且积极引领国际组织的发展，是二十国集团、上海合作组织、金砖国家组织的等重要国际机制的建设者和推动者。此外，中国通过国际组织的领导人峰会，充分发挥主场外交的优势，积极参与国际事务，推动国际体系和全球治理的改革。

发起倡议、设置议程与塑造国际规范，是中国国际组织外交行为的主要特点，也是中国通过国际组织提升国际形象和话语权，推动国际体系和全球治理改革的主要路径选择。本文在分析中国国际组织外交行为变化动力的基础上，就中国在国际组织中的倡议发起、议程设置和规范塑造等行为特点进行详细的分析，以期更好理解 21 世纪以来中国国际组织外交。

美国学者江忆恩论及中国与国际组织关系时指出："从历史的角度看，过去的二三十年里，中国参与国际组织的速度增长很快。在 20 世纪 60 年代，中国实质上尚未有意识地参与政府间国际组织，但到 90 年代，中国已经成为大部分政府间国际组织的成员国……"②

进入 21 世纪，以加入 WTO 为标志，中国的国际组织外交进入到新的阶段。面对不断涌现的全球性问题和国际组织作用增强的事实，从维护自身利益和广大发展中国家利益出发，中国尝试在国际组织中发起倡议，提出问题治理的中国方案，设置国际议程，主动塑造全球性问题治理的国际规范。中国不仅是联合国、世界贸易组织、国际货币基金组织、世界银行、世界卫生组织等几乎所有全球性重要国际组织的积极参与者，还是二十国集团、上合组织、金砖国家机制、东盟 10+1 机制、中非合作论坛等国际组织和机制的倡议者和建设者。可以说，国际组织外交已经成为中国外交的重要组成部分，中国与国际组织的互动，无论是在合作范围还是合作深度上，都取得了新的突破，达到了历史最高水平。

---

① 新华网. 习近平出席中央外事工作会议并发表重要讲话 [EB/OL]. （2017-03-25）. http://news.xinhuanet.com/politics/2014-11/29/c_1113457723.htm.

② 江忆恩. 美国学者关于中国与国际组织关系研究概述 [J]. 世界经济与政治, 2001（8）: 48.

从挑战、游离于国际组织之外到全面融入和积极参与国际组织，六十多年的时间内，中国对国际组织的态度和国际组织外交发生了根本性的变化。本著作认为，分析中国国际组织外交行为变化，可以从利益、能力、意愿和时机四个维度把握中国国际组织外交行为变化的动力所在。

首先，国家利益认知的变化和利益范围的拓展是中国国际组织外交的根本动力。利益是行为变化的根源所在。冷战结束后，国家利益范围的拓展和中国对国家利益认知的变化是中国国际组织外交的直接动力。1978 年以前，中国国家利益的核心是安全利益和政治利益，中国外交深受意识形态因素的影响。新中国成立后，受国际形势和国内政治的影响，中国将国际组织视作帝国主义的统治工具而坚决反对，采取了游离于国际组织之外的外交政策。中苏关系恶化后，安全利益在外交决策中的作用增强，为了缓解压力，中国的国际组织外交发生了重大变化，虽然这一时期中国并不相信国际组织的合法性和有效性，但将国际组织视作打开外交局面、扩大国际影响力的重要渠道。尤其是中国恢复了在联合国的合法席位后，中国的国际组织外交行为更加积极。但是，这一时期影响中国外交行为的是安全利益和政治利益，因此中国国际组织外交行为主要侧重于加入政治性的国际组织，发展对外政治关系。而对于经济、贸易性的国际组织外交则较少，参与的广度和深度有限。

1978 年中共十一届三中全会后，尤其是 80 年代中国外交战略进行了重大调整，经济利益在国家对外政策中的影响力上升，中国对国际组织的认知进一步深化，将加入国际组织，尤其是加入重要的国际经济组织视作融入国际市场、获得国际资本和技术的重要渠道。1980 年 4 月和 5 月，国际货币基金组织和世界银行分别恢复了中国的代表权，1986 年中国成为亚洲开发银行的正式会员国。通过充分利用国际经济组织的规则，中国获得了大量资金、技术和知识支持。仅以世界银行为例，截至 2010 年，中国获得世行贷款和投资承诺超过 500 亿美元，支持了 500 多个项目的建设，覆盖中国几乎所有省、自治区、直辖市，涉及交通、能源、城建、环保、农业、卫生、教育等诸多领域，产生了良好的经济效益和社会效益。①

进入 21 世纪以来，中国对国际组织外交进入到全面融入和主动塑造的新阶段，态度更为积极和主动。对中国而言，中国综合国力的不断提高和经济发展的需要推动了国家利益的不断深化，中国不仅重视与国际组织的合作，而且尝试通过建立新的国际组织，主动塑造国际组织的规范来谋求国家利益。就国际环境而言，冷战结束后全球性问题的治理和全球性合作的加强，使中国对国家利益和全人类共同利益的关系有了新的认识，在对外交往中更加重视全人类的共同利益。党的十八大报告首次倡导人类命运共同体意识，认为应当"在追求本国利益时兼顾他国合理关切，在谋求本国发展中促进各国共同发展，建立更加平等均衡的新型全球发展伙伴关系，同舟共济，权责共担，增进人类共同利益"②。党的十八大以来，习近平同志不断充实"人类命运共同体"理念的内涵，认为在对外交往中应当把本国利益同各国共同利益结合起来，努力扩大各方共同利益的汇合点。"人类命运共同体"成为新时期中国外交政策的理论基础。

国际组织在新时期中国外交中的地位更加重要。一方面，中国将国际组织视为倡导构建人类命运共同体理念的重要渠道和平台。2013 年 4 月，习近平主席出席博鳌亚洲论坛年会，强调各国应牢固树立"命运共同体"意识。2015 年 9 月，习近平主席出席第七十届联大一般性辩论，系统提出了"人类命运共同体"的五大支柱。③另一方面，中国高度重视国际组织在构建人类命运共同体方面发挥的作用，将其视为推动人类命运共同体建设、构建中国话语体系的重要力量。2015 年，中国将联合国气候变化大会通过的《巴黎协定》"思考和探索未

---

① 李克强. 以理念创新引领发展模式创新 —— 在中国与世界银行合作 30 周年纪念座谈会开幕式上的致辞 [EB/OL]. 新华网. http://news.xinhuanet.com/politics/2010-09/15/c_12573816.htm.

② 胡锦涛. 坚定不移沿着中国特色社会主义道路前进为全面建成小康社会而奋斗——在中国共产党第十八次全国代表大会上的报告 [N]. 人民日报，2012（1）.

③ 政治上要建立平等相待、互商互谅的伙伴关系；安全上要营造公道正义、共建共享的安全格局；经济上要谋求开放创新、包容互惠的发展前景；文化上要促进和而不同、兼收并蓄的文明交流；环境上要构筑尊崇自然、绿色发展的生态体系。习近平："携手构建合作共赢新伙伴同心打造人类命运共同体。"

来全球治理模式、推动建设人类命运共同体带来宝贵启示"①。2017 年 3 月，联合国人权理事会通过关于"经济、社会、文化权利"和"粮食权"两个决议，明确表示要"构建人类命运共同体"。这是人类命运共同体重大理念首次载入人权理事会决议。

其次，实力增长和丰富的国际组织外交经验使中国能力不断增强。

21 世纪以来，中国经济整体上保持高速增长的态势。2010 年，中国国内生产总值（GDP）达到 5.87 万亿美元，超过日本，跃居世界第二。2016 年，中国全年 GDP 为 74.4 万亿人民币，按同期美元汇率计算为 10.725 万亿美元，达到美国 GDP（18.959 万亿美元）的 56%②。GDP 增长使中国的教育、科技、国防、投资等支出保持较高水平的增长，这将进一步缩小中国与美国在相关领域的差距。在对外贸易方面，2013 年，中国进出口总额首次超过 4 万亿美元，达到 4.16 万亿美元，其中进口总额为 1.95 万亿美元，出口总额为 2.21 万亿美元。中国首次超越美国成为全球最大贸易国。2016 年中国外汇储备 3.01 万亿美元，虽然比上年末减少了 3198 亿美元，但仍保留了世界第一大外汇储备国的地位。③ 2016 年，中国吸引外资 1260 亿美元，对外直接投资 1701 亿美元，中国连续多年利用外资和对外投资持续增长，并成为世界上的主要对外投资国。

此外，在与国际组织的互动中，中国积累的丰富经验增强了中国国际组织外交的能力。从数量上看，中国参加了在国际社会或重大全球问题上的绝大多数国际组织和国际条约，是联合国所有专门机构的成员。在影响力上，中国是联合国安理会五大常任理事国之一；在世界银行和国际货币基金组织的投票权仅次于美国和日本，为第三大国。从决策上看，越来越多的中国人进入国际组织的核心决策层。2003 年，史久镛当选国际法院院长，吴建民当选国际展览局主席。2006 年，陈冯富珍当选国际卫生组织总干事。2009 年，林毅夫被任命为世界银行高级副行长兼首席经济学家。2011 年，朱民出任国际货币基金组织副总裁。2013 年，李勇当选联合国工业发展组织总干事，易小准担任世界贸易组

① 习近平. 携手构建合作共赢、公平合理的气候变化治理机制 [N]. 新华每日电讯，2015（2）.

② 数据为作者根据美元汇率计算得出。

③ 国家统计局. 中华人民共和国 2016 年国民经济和社会发展统计公报 [EB/OL]. http://www.stats.gov.cn/tjsj/zxfb/201702/t20170228_1467424.html.

织副总干事，这些人具有专业背景，拥有丰富的国际经验，熟悉国际组织规则。他们出任国际组织的重要官员，对于推动中国与国际组织的互动、丰富中国的国际组织外交经验，具有积极的作用。作为实力增长与影响力提升的自然后果，中国的国际组织外交能力持续强化。

再次，中国国际责任意识的提升使其国际组织外交意愿更为积极。

改革开放以来，中国与国际社会的相互依赖程度日益加深，中国与国际社会的互动无论是在广度还是深度上都可谓前所未有。随着经济实力的迅速增长和自身利益的不断拓展，中国有能力也有意愿承担更多与自身实力增长相符的国际责任。另一方面，进入 21 世纪以来，国际形势更为错综复杂，粮食安全、气候问题、能源问题等全球性问题以及苏丹问题、朝核问题等地区冲突的解决都离不开中国的参与。2012 年，党的十八大报告指出："中国将坚持把中国人民利益同各国人民共同利益结合起来，以更加积极的姿态参与国际事务，发挥负责任大国作用，共同应对全球性挑战。"[①] 2013 年 3 月，习近平主席在接受外媒采访时指出，"随着国力不断增强，中国将在力所能及范围内承担更多国际责任和义务，为人类和平与发展做出更大贡献"[②]。在访问非洲时，习近平主席首次提出要坚持"正确义利观"并将这一重要外交思想贯穿于此后的中国外交之中。王毅外长在论述正确义利观时明确提出中国外交要"以正确义利观为指导，积极发挥负责任大国作用，进一步开创中国外交新局面"。具体到中国的国际组织外交，在正确义利观指导下，中国将"积极参与国际和地区热点问题的处理，努力推动实现联合国千年发展目标。为共同应对气候变化、网络安全、反恐、反海盗等全球性问题贡献更多中国力量、中国智慧。积极有为地参与国际体系的变革与完善，支持联合国、二十国集团、上海合作组织、亚太经合组织、金砖国家等发挥更大作用，充实和完善国际治理体系"[③]。

中国国际责任意识的提升反映了中国对体系转型和大国关系认识的变化，

① 胡锦涛. 坚定不移沿着中国特色社会主义道路前进为全面建成小康社会而奋斗——在中国共产党第十八次全国代表大会上的报告 [N]. 人民日报，2012（1）.

② 习近平. 坚定不移走和平发展道路坚定不移促进世界和平与发展 [EB/OL]. 新华网.（2013-03-19）. [2017-04-15]. http://news.xinhuanet.com/world/2013/03/19/c_115083820_2.htm.

③ 王毅. 坚持正确义利观积极发挥负责任大国作用——深刻领会习近平同志关于外交工作的重要讲话精神 [N]. 人民日报，2013（7）.

中国不仅确立了"负责任大国"的国家定位，明确表示中国不是国际体系中坐享其成的"搭便车者"。在实践中，中国通过更为积极的国际组织外交实践，向国际社会证明中国是多边贸易体制的维护者、全球经济治理的参与者。

最后，全球治理体系转型和国际组织改革为中国国际组织外交提供了有利时机。

冷战结束后，基于雅尔塔体制和布雷顿森林体系建立的全球治理体系和国际组织难以有效应对全球性问题泛滥和适应全球化发展的新趋势。2008 年金融危机爆发后，全球治理体系转型和国际组织改革再次成为国际社会讨论的重点。为应对危机，G20 首脑会议成为全球经济治理的新平台。此外，2009 年的 G20匹兹堡峰会就改革和重组国际货币基金组织和世界银行达成共识。2010 年，国际货币基金组织和世界银行改革进入实质期，4 月，世界银行发展委员会通过改革方案，主要内容包括增资 862 亿美元，发达国家向发展中国家转移 3.13%的投票权，发展中国家在世界银行中的投票权由此增加至 47.19%。11 月，G20首尔峰会期间，各国领导人就国际货币基金组织改革最终方案达成一致，即将国际货币基金组织的资金总额增加到 7550 亿美元左右，并向发展中国家转移 6%的投票权，同时将欧洲发达工业国在国际货币基金组织执行董事会的两个席位让给发展中国家。

在本次改革中，中国在世界银行和国际货币基金组织中的投票权有所增加。其中，中国在世界银行的投票权从 2.77% 提升至 4.42%，在国际货币基金组织中的投票权从 3.996% 提升至 6.394%，均为第三大股东国。中国在世界银行和国际货币基金组织中话语权的提升，一方面反映了中国对世界经济增长的贡献，另一方面，也使中国承担了更大的国际责任。如何设置全球治理议程，拿出全球治理的"中国方案"，推动全球治理体系的变革和完善，成为中国新时期国际组织外交的重大考验。

第二节　发起倡议：推动国际组织内的国际合作

国际倡议（International Initiative）研究是国际问题研究中的重要领域。在国际关系的实践中，由于倡议者通过提出国际倡议的方式将关注的议题纳入国际议程设置，引起国际社会对倡议议题的关注和讨论，从而推动全球或地区性问题的治理。倡议者在这一过程中能够获得关系性权力，从而提高自身的国际形象和国际声誉。因此，国际倡议成为国家、国际组织乃至个人发挥影响力的重要途径而受到高度重视。

中国与国际组织的关系，除积极加入国际组织和被国际组织塑造外，中国对国际组织的主动影响和塑造也是中国国际组织外交的重要内容。其中，发起国际倡议是中国主动影响和塑造国际组织的主要行为特征。

在全球性国际组织中，中国日益成为一个积极的、发挥建设性作用的参与者。在世界贸易组织、国际货币基金组织、世界银行、世界卫生组织等重要的全球性国际组织内，中国主动提出了多项改革倡议，推动了这些国际组织在组织发展、议题设置和管理程序等方面的改革。

世界贸易组织多哈回合谈判是中国加入 WTO 以来参与的第一个多边贸易谈判，由于谈判包括农业、非农产品市场准入、服务贸易、规则谈判、争端解决、知识产权、贸易与发展、贸易与环境等多个议题，由于谈判各方在农业领域的严重分歧，多哈回合谈判陷入僵局。作为多哈回合谈判的重要参与者，中国积极提出或联合提出多项改革倡议，推动各成员国的国际合作，倡议涉及管理机构程序、争端解决机制、反倾销规则等方面。[1] 然而，从中国在多哈回合谈判的倡议行为看，中国采取的往往是积极参与但并不主导的策略。[2] 这表明，作为 WTO 的新成员，中国对 WTO 多哈回合谈判的游戏规则经历了一个从学习到利用的过程，因此在谈判之初，中国往往扮演的是"支持者"而非"主导者"的角色。

党的十八大以来，面对国际社会贸易保护主义抬头、多哈回合谈判停滞不前的局面，以 WTO 为核心的多边贸易面临严峻挑战。中国领导人在诸多重要国际场合呼吁反对贸易保护主义，推动国际贸易的自由化、便利化。2013 年 9 月，习近平同志在 G20 圣彼得堡峰会发表讲话，强调"加强多边贸易体系，推动多哈回合谈判……避免全球贸易治理体系碎片化"[3]。李克强在大连 2013 夏

---

① 刘宏松. 中国在 WTO 多哈回合谈判中的倡议行为探析 [J]. 国际观察，2012（3）：36–41.

② 李计广. 世界贸易组织多哈回合谈判与中国的选择 [J]. 世界经济与政治，2013（5）：146.

③ 打开窗新鲜空气才能进来 [N]. 人民日报（海外版），2013（1）.

季达沃斯论坛开幕式上指出，"区域贸易安排，最终目的还是要实现全球经济的一体化，它不应该也不可能替代多边贸易安排"①。整体而言，多哈回合谈判陷入停滞的主要原因在于发达国家与发展中国家在农业谈判中的利益分歧。由于中国在加入世界贸易组织的过程中做出了重大的承诺，在农业领域做出了巨大让步，实际上已经超前完成了多哈回合的谈判承诺，这意味着中国在最重要的领域已经没有多少可以出价的筹码。②"中国在农业领域既不特别要求保护，也不特别要求开放，这就很难成为核心利益相关方，从而难以实质性参与谈判进程。"③因此，中国可以采取平衡发达国家和发展中国家利益的策略，发起国际倡议，协调买方和卖方立场，推动多边贸易体系内促进发展和自由贸易，使多哈回合谈判真正成为"发展"回合谈判。

在地区性国际组织外交中，中国的倡议行为更为积极主动。以上合组织为例，中国提出的多项倡议不仅推动了上合组织的制度建设，而且对于加强上合组织成员国在地区安全、经贸合作、人文交流等领域的合作发挥了重要作用。党的十八大以来，中国在上合组织中的倡议不仅涉及上合组织的机制建设和成员国的合作领域，而且上合组织本身成为中国发起国际倡议的重要平台。

首先，中国发起倡议推动了上合组织的制度化建设。上海合作组织是从"上海五国"进程发展而来，自成立以来，成员国高度重视上合组织的机制建设。在机构设置、机构职能、表决机制以及争端解决机制等方面均取得了较大的成绩。中国政府在上合组织的机制建设中，均提出了或与其他成员国共同发起了推动上合组织机制建设的倡议。随着上合组织机制建设的逐步完善，为了推动成员国民间交往，打牢上合组织发展的民意基础和社会基础，2012年，在上合组织北京元首峰会期间，中国领导人建议成立上海合作组织睦邻友好合作委员会，并在次年的比什凯克元首峰会宣布正式成立中国上海合作组织睦邻友好合作委员会。2013年11月，中国上海合作组织睦邻友好合作委员会与乌兹别克

---

① 李克强. 区域贸易安排不应也不能替代多边贸易安排 [EB/OL]. 新华网. [2017-06-08]. http://news.xinhuanet.com/politics/2013-09/11/c_117331460.htm.

② 屠新泉. 中国在 WTO 中的定位、作用和策略 [M]. 北京：对外经济贸易大学出版社，2005：178-179.

③ 李计广. 世界贸易组织多哈回合谈判与中国的选择 [J]. 世界经济与政治，2013（5）：147.

斯坦对外经济关系、投资和贸易部在乌首都塔什干共同举办中乌贸易投资论坛。为在新的时期进一步推动上合组织持续健康稳定发展、为促进欧亚地区稳定与发展贡献力量。

其次，中国的安全倡议推动了成员国的安全合作。安全合作是上合组织的基本目标和重要内容。冷战结束后，上合组织的前身"上海五国"进程在国际社会上首倡了"以相互信任、裁军与合作安全为内涵的新型安全观"[①]。在合作内容上，上合组织起步于传统安全合作，并逐步拓展到非传统安全，合作领域不断扩大，并积极完善安全合作体系，最终目的是维护成员国的共同安全。习近平同志高度重视上合组织地区反恐怖机构的建设，建议尽快赋予上海合作组织地区反恐怖机构禁毒职能，并在此基础上建立应对安全挑战和威胁中心，推动上合组织沿着既定轨道发展，切实为本地区各国谋稳定、求发展、促民生提供可靠安全保障。建议上合组织商签反极端主义公约，研究建立打击网络恐怖主义行动机制，定期举行贴近实战的联合反恐演习，推动联合反恐力量建设。

再次，中国的发展倡议加强了成员国的经贸合作和人文交流。习近平同志强调务实合作是上海合作组织发展的物质基础和原动力。在 2013 年上合组织领导人比什凯克峰会上，习近平同志指出，"上海合作组织 6 个成员国和 5 个观察员国都位于古丝绸之路沿线。作为上海合作组织成员国和观察员国，我们有责任把丝绸之路精神传承下去，发扬光大。"[②]并提出了上合组织成员国发展务实合作的五个要点，即开辟交通和物流大通道、商谈贸易和投资便利化协定、加强金融领域合作、成立能源俱乐部、建立粮食安全合作机制。中方建议举办上海合作组织粮食安全论坛，制订"上海合作组织科技伙伴计划"，借助中国 – 上海合作组织环保合作中心，加快环保信息共享平台建设。为巩固和加强上海合作组织区域经济合作，中方决定向上海合作组织成员国提供 50 亿美元贷款，用于合作项目融资。

人文合作在促进上合组织成员国人民之间相互了解、增强成员国之间互信

---

① 江泽民. 深化团结协作共创美好世纪——在"上海合作组织"成立大会上的讲话 [N]. 人民日报，2001（1）.

② 习近平. 弘扬"上海精神"促进共同发展——在上海合作组织成员国元首理事会第十三次会议上的讲话 [N]. 人民日报，2013-09-14（2）.

以及巩固合作的社会基础等方面发挥了不可替代的作用。2009 年，中方倡议开展成员国国家行政学院交流，并建议推动国家行政学院院长论坛机制化发展，分享政府管理经验，提高公共治理水平。在上海政法学院设立"中国 – 上海合作组织国际司法交流合作培训基地"，愿意利用这一平台为其他成员国培养司法人才。中方倡议上海合作组织各国加强媒体合作，举办上海合作组织媒体合作论坛。中方支持各国在公共政策、政府管理等方面交流经验，愿意在 2015 年至 2017 年间，为本组织成员国提供 2000 名官员、管理、技术人才培训名额，未来 5 年内每年邀请 50 名上海合作组织国家青年领导人来华研修。中方将依托中国 – 上海合作组织国际司法交流合作培训基地，协助成员国培训司法人才。

第三节　设置议程：助力全球性问题的治理

全球性问题及其治理是国际关系的重要问题领域，由于全球性问题的跨国性及危害的严重性，国际社会必须通过跨国合作的方式来加以应对。然而，随着全球性问题的日益增多，不仅包括安全和发展的问题，而且涉及生态、环境、人口、资源、卫生等不同领域，哪些问题能够被国际社会所关注从而实现治理是全球治理研究的重点之一。在此背景下，一些国际行为主体高度重视国际议程设置，将其视作影响国际舆论、掌控国际话语权、实现问题治理的重要途径。

党的十八大以后，新一届党和国家领导人高度重视全球治理的议程设置。2016 年 9 月 27 日，习近平同志在主持中央政治局就 G20 峰会和全球治理体系变革集体学习时强调："随着国际力量对比消长变化和全球性挑战日益增多，加强全球治理、推动全球治理体系变革是大势所趋。我们要抓住机遇、顺势而为，推动国际秩序朝着更加公正合理的方向发展，更好维护我国和广大发展中国家共同利益，为实现'两个一百年'奋斗目标、实现中华民族伟大复兴的中国梦营造更加有利的外部条件，为促进人类和平与发展的崇高事业做出更大贡献。"[1] 中国提升了自己的国际责任意识，确立了"负责任大国"的国际定位，也增强了通过设置或参与设置国际议程，推动全球性问题的全球治理意愿。

---

[1]　推动全球治理体系变革 [N]. 人民日版（海外版），2016（1）.

一、通过举办主场外交，掌握国际议程设置的"进入渠道"

理查德·曼斯巴赫（Richard W. Mansbach）和约翰·瓦斯克斯（John A. Vasquez），在《寻找理论：一种全球政治的新范式》提出单个行为体能否成功地将其个体议程设置为全球议程或国际议程，关键取决于它能否拥有国际议程的"进入渠道"："这些进入渠道决定了何种资源对于将议题纳入议程是必不可少的"①。随着中国的经济发展和在国际事务中影响力的不断扩大，中国正在成为重大国际会议的举办目的地。自外交部部长王毅 2014 年首次提出"主场外交"以来，中国近三年相继举办了亚洲相互协作与信任措施会议峰会、亚太经合组织领导人非正式会议、中拉论坛首届部长级会议、第四次中国—中东欧国家领导人会晤、上海合作组织成员国政府首脑（总理）理事会第十四次会、G20杭州峰会、一带一路国际合作高峰论坛等重要国际会议。此外，中国定期定址举办博鳌亚洲论坛、夏季达沃斯论坛等国际论坛。"主办多边国际会议能够使东道主对多边会议机制的议程、议题施加不同程度的影响，提升本国对国际重大议程、议题的话语权。"②通过主办国际会议、国际组织峰会和国际论坛等活动，中国向世界阐述政府有关全球治理的理念、政策和实践，提出中国对全球性问题治理的看法和主张，表达中国的诉求和关切，从而为中国设置国际议程提供重要的机遇。

二、进行广泛的冲突拓展和利益动员，在议题设置时平衡国家利益和全球利益

当今世界存在着"全球治理失灵"的问题，所谓全球治理失灵，指的是"国际规则体系不能有效实现治理，导致全球层面秩序紊乱的现象"③。从国际议程设置的视角看，进行议程设置的行为主体由于难以平衡个体利益和全球利益的关系，不能进行广泛的冲突拓展和利益动员，进而难以引起国际社会对该议题的关注、认知和重视，最终导致国际议程设置的失败，造成了对该问题领域的

---

①　Richard W. Mansbach, John A. Vasquez, In Search of Theory: A New Paradigm for Global Politics[M]. New York: Columbia University Press，1981:96-103.

②　陈东晓. 中国的"主场外交"：机遇、挑战和任务 [J]. 国际问题研究，2014（5）：7.

③　秦亚青. 全球治理失灵与秩序理念的重建 [J]. 世界经济与政治，2013（4）：4–18.

治理失灵。"国际社会似乎在努力解决这些问题，提出了一个又一个的方案，但是成效甚微。"①

为应对全球治理失灵，创新全球治理理念，提出全球治理的中国方案。2012 年，党的十八大报告中首次提出了"人类命运共同体"的概念。此后，习近平主席在国际场合多次深刻诠释"命运共同体"，不仅成为中国外交务实行动的指导理论，而且成为汇集国际社会利益预期和发展诉求的重要契合点，成为新时期中国参与全球治理和国际组织外交的重要理念创新。

从"人类命运共同体"这一理念出发，中国在设置国际议程时进行了广泛的冲突拓展和利益动员，一方面，在全球治理中展示了中国负责任大国的国际形象和通过国际合作实心全球性问题治理的决心。另一方面，在议程设置时中国仍不忘自身是发展中国家的身份，始终把维护自身利益同维护广大发展中国家共同利益结合起来，不断提高新兴和发展中国家在全球治理中的发言权和代表性。

2016 年 G20 杭州峰会体现了中国在冲突拓展和利益动员方面的努力。首先，中国利用东道国的身份，邀请了乍得、埃及、哈萨克斯坦、老挝、塞内加尔、新加坡、西班牙、泰国等八国领导人作为嘉宾国领导人参加峰会，其中多数为发展中国家，并且极具地区代表性。其次，在进行议程设置时，中国政府把"构建创新、活力、联动、包容的世界经济"作为 G20 杭州峰会主题，并设置了"创新增长方式""更高效全球经济金融治理""强劲的国际贸易和投资""包容和联动式发展"四大议题板块。峰会主题和四大议题紧扣世界经济治理的现实关切，得到了 G20 成员国和国际社会的广泛认可。而 G20 杭州峰会达成的共识和取得的具体成果体现了中国务实国际组织外交、谋求共同发展和实现全球性问题治理的决心。

三、中国设置国际议程的实践统筹了全球治理与国家治理，体现了二者的互动与协调

从全球治理与国家治理的关系看，二者相互作用，并相互影响，并在互动与协调的过程中相互塑造。一方面，中国在参与全球治理的实践中深化了国家

① 秦亚青. 全球治理失灵与秩序理念的重建 [J]. 世界经济与政治，2013（4）：4-18.

治理，提高了国家治理能力，体现了全球治理的内化。另一方面，中国在经济发展、基础设施建设、减贫等领域的治理理念和实践创新了全球治理的价值内涵，对于中国积极参与全球治理、推动全球治理转型积累了经验。"中国国家治理本身就具有全球治理的价值和意义。"①

2013年9月和10月，中国国家主席习近平在出访中亚和东南亚国家期间，先后提出共建"丝绸之路经济带"和"21世纪海上丝绸之路"的重大倡议，得到国际社会高度关注。"一带一路"倡议主张"全方位推进务实合作，打造政治互信、经济融合、文化包容的利益共同体、命运共同体和责任共同体。"②从国家治理的角度看，"一带一路"建设有助于提升中国国家治理的现代化水平，进而推进中国发展实践创新。从全球治理的角度看，"一带一路"致力于维护全球自由贸易体系和开放型世界经济，是促进各国共同发展的"中国倡议"和应对国际金融危机深层次影响、发展世界经济、实现全球治理的"中国方案"，彰显了中国的国际责任感以及积极推动全球治理转型的贡献。

在设置"一带一路"建设的国际议程的实践中，对接联合国2030可持续发展议程是中国统筹全球治理与国家治理的重要体现。联合国2030可持续发展议程的提出和落实是国际发展治理体系转型的主要标志，从经济、环境、社会三个维度制定了17个可持续发展目标和169项具体指标，要求实现经济的绿色增长和社会的包容性发展。"一带一路"倡议与2030可持续发展议程多项发展目标相契合，"与2030年议程进行对接之后，'一带一路'倡议将能更好地与中国做出的国际承诺有机结合，突出向沿线发展中国家提供国际公共产品的功能，展示中国作为国际体系中负责任大国的形象。"③目前，联合国开发计划署希望促进联合国2030年可持续发展议程与"一带一路"建设的有效对接，并开展具体行动。

---

① 刘雪莲，姚璐. 国家治理的全球治理意义 [J]. 中国社会科学，2016（6）：35.

② 推动共建丝绸之路经济带和21世纪海上丝绸之路的愿景与行动 [N]. 人民日报，2015（4）.

③ 曹嘉涵. "一带一路"倡议与2030年可持续发展议程的对接 [J]. 国际展望，2016（3）：41.

第四节　塑造规范：推动全球治理体系的转型

冷战结束后，经济全球化的深入发展和相互依赖程度的加深使得以国际组织、国际制度、国际规范为核心的全球治理在国际事务中的影响越来越大。然而，二战结束后至今，尤其是随着冷战的结束，国际政治经济发生了深刻的变化，现有的国际组织、国际制度和国际规范并未及时根据这些变化进行调整和适应，以有效应对出现的新的问题和新的挑战。"全球性治理理念、原则和方式不能适应全球化的迅速发展和全球性问题的大量涌现，规则的供应在质量上和数量上落后于实际的需求。"①

以金砖国家为代表的新兴经济体在国际政治权力体系中的崛起为全球治理提供了新的机遇。一方面，这些新兴国家无意挑战原有大国在权力体系和全球治理中的主导地位，无意对现有的国际组织、国际制度、国际规范采取颠覆性的革命态度和行为。另一方面，随着实力的增长，新兴国家必然要求增强在全球治理中的话语权，在国际政治经济治理领域发挥更大的作用。

自恢复在联合国合法席位以来，尤其是冷战结束后，中国与国际组织、国际制度和国际规范的互动日益频繁。一方面，中国"开始进入一个接收国际社会的核心价值和规则、逐渐融入国际社会的过程"②。对于加入的国际组织和国际制度的规章制度和运行规则严格遵守，是国际社会中高度遵约的国家。对于被国际社会广泛接受和认可的国际规范，中国政府通过主动立法或修改国内法的方式以实现规范的内化。另一方面，面对不断涌现的全球性问题和国际规范变迁的事实，中国尝试提出问题治理的中国方案，设置国际议程，主动塑造规范，以推动全球治理体系的变革和转型，真正实现全球性问题的有效治理。中国塑造规范的国际组织外交行为，"这不仅反映了中国对于国际规范理解和认知的变化，而且对于推动国际关系民主化、国际秩序的变迁和国际规范的调整具有重要意义"③。

在国际安全领域，冷战结束后，以经济金融安全、国际恐怖主义、能源安全、粮食安全、网络安全、公共卫生等各类非传统安全问题凸显，与领土主权争端、

① 秦亚青. 全球治理失灵与秩序理念的重建 [J]. 世界经济与政治, 2013（4）：4-18.
② 张小明. 中国的崛起与国际规范的变迁 [J]. 外交评论, 2011（1）：38.
③ 孙德刚, 韦进深. 中国在国际组织中的规范塑造评析 [J]. 国际展望, 2016（4）.

军备竞赛等传统安全问题相互交织，构成了对国际社会的威胁与挑战。国际安全领域非传统安全问题的涌现要求国际社会转变安全治理观点，创新并发展国际安全规范加以适应和应对。中国政府主张国际社会应确立新的安全理念，用和平方式解决国家间分歧。1999 年 3 月 26 日，江泽民在日内瓦裁军谈判会议上首次提出了中国新安全观的核心内容和思想实质。[①] 2001 年 7 月，在庆祝中国共产党成立 80 周年大会的讲话上，江泽民明确指出，世界各国应该树立新安全观理念，增强互信、互利、平等、协作的合作意识和观念，积极营造稳定和谐的国际环境。以互信、互利、平等、协作为核心思想中国新安全观正式形成。此后，在联合国、东盟地区论坛等全球性和地区性国际组织，中国政府和领导人积极展开国际组织外交，阐述中国的新安全观理念和核心内容，显示了中国通过国际组织外交积极塑造国际安全规范的努力。

2014 年 5 月 20—21 日，习近平在亚洲相互协作与信任措施会议（亚信）第四次峰会上发表《积极树立亚洲安全观　共创安全合作新局面》讲话，提出为应对亚洲地区面临的风险和挑战，实现地区安全的治理，亚洲国家要加强对话协作、创新安全观念、推动亚洲安全机制建设。首次提出了亚洲安全观。"应该积极倡导共同、综合、合作、可持续的亚洲安全观，创新安全理念，搭建地区安全与合作新架构，努力走出一条共建、共享、共赢的亚洲安全之路。"[②]从国际安全规范看，亚洲安全观所包含的"共同安全""综合安全""合作安全"和"可持续安全"的理念和规范意涵。既是对中国新安全观理念的一脉传承，也是中国在塑造地区安全规范上的实践，受到了国际社会尤其是亚洲国家的普遍重视。"亚洲新安全观的提出既是安全观念上的一次创新，也是安全规范和安全秩序领域的重大变革。"[③]

---

① 江泽民主席在讲话中指出，"中国新安全观的核心，应该是互信、互利、平等、合作。"见新华网. 推动裁军进程维护国际安全——中华人民共和国主席江泽民在日内瓦裁军谈判会议上的讲话（1999 年 3 月 26 日）[EB/OL]. [2017-06-14]. http://news.xinhuanet.com/zheng-fu/20010516/566286.htm.

② 习近平. 积极树立亚洲安全观　共创安全合作新局面——在亚洲相互协作与信任措施会议第四次峰会上的讲话 [EB/OL]. 新华网. http://news.xinhuanet.com/2014-05/21/c_1110796357.htm.

③ 姜志达. 亚洲新安全观及其秩序意涵：规范的视角 [J]. 和平与发展，2014（5）：1.

在国际经济领域，自 1980 年中国在国际货币基金组织和世界银行恢复合法地位以来，其在国际经济组织中的影响力和地位不断提高。由于加权表决制的制度设计，发达国家控制了国际货币基金组织和世界银行的绝大部分投票权，发展中国家被排斥在决策机制之外。因此国际货币基金组织和世界银行存在内在缺陷，更多反映的是美欧等发达国家的全球经济治理理念。因此，自恢复合法地位以来，中国就一直主张，应当把国际经济和金融领域的问题与国际政治问题区分开来，避免国际经济和金融事务的"政治化"取向，避免国际经济组织沦为大国政治博弈的工具。进入 21 世纪，随着加入世界贸易组织，中国成为所有代表性的全球经济治理机构的主要成员，并在其中扮演着积极参与者的角色。

2008 年金融危机的爆发凸显了现有全球经济治理机制存在的问题，为了应对危机，促进全球经济复苏，二十国集团峰会日益成为国际经济合作的首要论坛和进行全球经济治理的主要平台，全球经济治理体系正经历着深刻的转型和历史性的变化。在此过程中，中国在全球经济治理中的地位和作用得到提高和承认，国际社会对中国在全球经济治理中充满期待。随着中国在主要国际经济组织中投票权和话语权大幅提升，塑造全球经济治理新规范、推动全球经济治理体系转型成为中国积极参与全球经济治理、深化和加强自身影响力的重要方式。

中国塑造规范的努力体现在以下三个方面：一是通过提高中国在全球经济治理中的制度性话语权积极参与全球经济治理，展现中国负责任大国的国际形象。2015 年 10 月，中共十八届五中全会通过《中共中央关于制定国民经济和社会发展第十三个五年规划的建议》，特别提出"积极参与全球经济治理和公共产品供给，提高我国在全球经济治理中的制度性话语权，构建广泛的利益共同体"①。此外，中国提出筹建亚洲基础设施投资银行、出资设立丝路基金、签署协议成立金砖国家新开发银行，并谋求在二十国集团、金融稳定理事会、国际货币基金组织、世界银行等机构内与自身贡献和能力相匹配的权力。这些实际行动不仅体现了中国参与全球经济治理的新定位和新目标，而且彰显了中

---

① 中共中央关于制定国民经济和社会发展第十三个五年规划的建议 [N]. 人民日报，2015（1）.

国深度融入世界经济、发展更高层次的开放型经济以及构建人类命运共同体的决心。二是通过对国际社会普遍认可和接受的全球经济领域国际规范的回溯和重申，支持现有多边贸易体制，倡导通过协商共同应对挑战，在全球经济治理中发挥领导作用。"自由贸易"是全球经济领域中的重要国际规范，也是现有国际贸易体系和国际金融货币体系的法理依据和核心规范。金融危机爆发后，很多国家尤其是发达国家开始频繁使用贸易保护措施，各种形式的贸易保护主义抬头的趋势明显，不但妨碍了国际社会应对金融危机的努力，而且对于维护自由、开放、非歧视的多边贸易体制产生了严重冲击。党的十八大报告明确提出"中国坚持权利和义务相平衡，积极参与全球经济治理，推动贸易和投资自由化便利化，反对各种形式的保护主义"。① 中国领导人在联合国大会、G20峰会、金砖国家领导人峰会等各种重要国际场合明确表示反对贸易保护主义、维护多边贸易体制。习近平主席在联合国发展峰会的讲话中提出"各国要共同维护多边贸易体制，构建开放型经济，实现共商、共建、共享"。在G20领导人杭州峰会的致辞中，习近平主席强调"面对当前挑战，我们应该建设开放型世界经济，继续推动贸易和投资自由化便利化。二十国集团应该恪守不采取新的保护主义措施的承诺，加强投资政策协调合作，采取切实行动促进贸易增长"。三是提出应对危机、促进发展的新理念、新观点，推动全球治理体系的转型和治理机制的改革和完善。2015年9月，在第七十届联合国大会一般性辩论时的讲话中，习近平主席明确提出"中国将继续同广大发展中国家站在一起，坚定支持增加发展中国家特别是非洲国家在国际治理体系中的代表性和发言权"② 同年10月，习近平同志在主持中共中央政治局第二十七次集体学习时强调"推动全球治理理念创新发展，积极发掘中华文化中积极的处世之道和治理理念同当今时代的共鸣点，继续丰富打造人类命运共同体等主张，弘扬共商共建共享的全球治理理念"③。在全球经济治理机制的改革和完善的具体措施上，中国

① 胡锦涛.坚定不移沿着中国特色社会主义道路前进为全面建成小康社会而奋斗——在中国共产党第十八次全国代表大会上的报告[N].人民日报，2012（1）.

② 习近平.构建创新、活力、联动、包容的世界经济——在二十国集团领导人杭州峰会上的开幕辞[N].人民日报，2016（3）.

③ 推动全球治理体制更加公正更加合理为我国发展和世界和平创造有利条件[N].人民日报，2015（1）.

主张不断完善国际货币金融体系和全球金融安全网。前者主要应该优化国际金融机构治理结构，充分发挥国际货币基金组织特别提款权作用。后者则体现在加强在金融监管、国际税收、反腐败领域合作，提高世界经济抗风险能力。

中国塑造国际规范的国际组织外交行为还体现在国际人权、国际环境治理等领域。在国际人权保护领域，中国政府提出了"集体人权"的概念，提出了发展中国家"民生先行""主权至上"的原则，这些概念和主张实际上与西方提出的"人权高于主权""普世价值观"等西方人权规范形成了鲜明对比。得到了包括印度、巴西、俄罗斯和南非等国家的理解，并受到中小发展中国家的积极支持。在国际环境治理领域，中国政府在国际气候大会上多次倡导"共同但是有区别的责任"（Common but Differentiated Responsibilities），即各国在环境和气候问题上面临共同责任，但是发达国家理应在节能减排方面树立榜样，为发展中国家调整能源和产业结构提供更多的技术转让和资金支持。在 2009 年 12 月哥本哈根联合国气候变化会议上，中国提出了"发展中国家的发展权不容剥夺"的主张，认为发达国家必须在节能减排领域充分予以帮助。中国的这一立场，客观上有助于非西方国家提升其在联合国气候变化会议上的话语权。①

①　Malcolm Cook．"The Historical and Economic Foundations of China's International Norms"[J]．*ASPI Strategic Policy Forum*, 22 June, 2011：5.

参考文献

一、英文著作

[1] Birkland, T. A . An introduction to the policy process: Theories, concepts, and models of public policy making[M]. 3rd ed. New York: M. E. Sharpe, Inc., 2011.

[2] E. Ostrom,R. B. Parks,G. P. Whitaker. Patterns of Metropolitan Policing[M]. Cambridge: Ballinger Books Co., 1978.

[3] Elinor Ostrom. Governing the Commons：The Evolution of Institutions for Collective Action[M].NewYork：Cambridge University Press,1990.

[4] Elinor Ostrom. Understanding institutional diversity[M]. Princeton，NJ：Princeton University Press,2005.

[5] Grover C. Wilhoit, H De Bock. Mass Communication Review Yearbook[M]. New York: SAGE Publications，1981.

[6] Iyengar，S.,Kinder D. R. News that matters: Television and American opinion[M].Chicago: University of Chicago Press，1987.

[7] John W. Kingdon. Agendas，Alternatives，and Public Policies[M]. New York: Addison –Wesley Educational Publishers，2003.

[8] Katz，J. E.，Barris M.，Jain A. The Social Media President[M]. New York: Palgrave Macmillan，2013.

[9] Kingdon, J.W. Agendas, Alternatives, and Public Policies[M].2nd Ed. New York: Longman, Inc., 2003.

[10] L. Bryson (ed.), Communication of Idea[M].New York: Harper and Row, 1948.

[11]Memorandum of Conversation[R]. November 26,1973, FRUS,1969-1976,

Vol.XXXVI, Energy Crisis ,1969-1974.

[12] Peter F. The problem of Plenty：Energy of Policy and International Politics[M].Berkley ,Los Angeles, CA: University of California Press，1985.

[13] Richard H.K. Vietor. Energy Policy in America Since 1945: A Study of Business Government Relations[M].Cambridge : Cambridge University Press, 1984.

[14] Henry Kissinger. Years of Upheaval[M].Boston: Little Brown, 1982.

[15] Richard W. Mansbach, John A. Vasquez. In Search of Theory: A New Paradigm for Global Politics[M]. New York: Columbia University Press，1981.

[16] Robert O. Keohane , Joseph S. Nye. Power and Interdependence: World Politics in Transition[M].Boston: Little, Brown and Company, 1977.

[17] Stephen D. Krasner. ed. International Regimes, Ithaca[M]. NY, and London: Cornell University Press,1985.

[18] Steven A. Schneider. The Oil Price Revolution[M]. Baltimore: Johns Hopkins University Press, 1983.

二、外文论文

[1] Amitav Acharya. How Ideas Spread: Whose Norms Matter? Norm Localization and Institutional Change in Asian Regionalism[J].International Organization，2004, 58(2).

[2] Amitav Acharya. Norm Subsidiarityand Regional Orders: Sovereignty，Regionalism，and Rule-Making in the Third World[J].International Studies Quarterly，2011, 55(1): 95-123.

[3] Antje Wiener. Contested Meanings of Norms: A Research Framework[J]. Comparative European Politics，2007, 5:1-17.

[4] Barbara Koremenos, Charles Lipson，Duncan Snidal. The Rational Design of International Institutions[J]. International Organization, 2001,55(4).

[5] Charli Carpenter, Sirin Duygulu, Alexander H. Montgomery ,Anna Rapp. Explaining the Advocacy Agenda: Insights from the Human Security Network[J]. International Organization, Spring 2014, 68(2): 449- 470.

[6] Christopher Darnton. Asymmetry and Agenda-Setting in U.S.–Latin Ameri-

can Relations[J]. Journal of Cold War Studies, 2012, 14(4): 55-92.

[7] Elinor Ostrom . An Agenda for the Study of Institutions[J]. Public Choice , 1986, 48(1):3-25.

[8] Elinor Ostrom. Beyond Markets and States: Polycentric Governance of Complex Economic Systems[J]. The American Economic Review , 2010, 100(3):641-672.

[9] Elinor Ostrom. Do institutions for collective action evolve? [J]. Journal of Bioeconomics，2014,16 (1):3-30.

[10] Eric Shibuya. Roaring Mice Against the Tide: The South Pacific Islands and Agenda-Building on Global Warming [J].Pacific Affairs, 1996-1997, 69(4):541-555.

[11] Hylke Dijkstra. Agenda-setting in the Common Security and Defence Policy: An institutionalist perspective[J].Cooperation and Conflict, 2012, 47(4)：454-472.

[12] John A. Vasquez，Richard W. Mansbach. The Issue Cycle: Conceptualizing Long-Term Global Political Change [J]. International Organization,1983, 37(2):257-279.

[13] Kenneth R. Rutherford. The Evolving Arms Control Agenda: Implications of the Role of NGOs in Banning Antipersonnel Landmines[J].World Politics, 2000, 53(1):74-114.

[14] Mark A. Pollack. Delegation, Agency, and Agenda Setting in the European Community[J]. International Organization. 1997, 51(1): 99-134.

[15] Martha Finnemore, Kathryn Sikkink. International Norm Dynamics and Political Change[J].International Organization,1998, 52(4):887-917

[16] Michael J. Glennon. How International Rules Die[J].Georgetown Law Journal，2003,93(3):939- 991.

[17] Park R.E. News as a Form of Knowledge: A Chapter in the Sociology of Knowledge[J]. American Journal of Sociology，1940, 45(5):669-686.

[18] Richard W. Mansbach, John A. Vasquez. Model of Global Agenda Change and The Vietnam Case[J]. Asian Perspective , 1979, 3(2):103-132 .

[19] Shahram Akbarzadeh. Iran's Policy towards Afghanistan[J]. Journal of Asian Security and International Affairs , 2014, 1(1) :63-78.

[20] Shaw，D L，Mc Combs M，Weaver D H. Individuals，Groups，and Agendamelding: a theory of social dissonance[J].International Journal of Public Opinion Research，1999, 11(1):2-24.

[21] Sheldon Kamieniecki. Political Mobilization. Agenda Building and International Environmental Policy[J].Journal of International Affairs, 1991, 44(2): 339-358.

[22] Steven G. Livingston.The Politics of International Agenda-Setting: Reagan and North-South Relations[J].International Studies Quarterly, 1992, 36(3): 313- 329.

[23] Sandra L. Gubin. Between Regimes and Realism--Transnational Agenda Setting: Soviet Compliance with CSCE Human Rights Norms[J]. Human Rights Quarterly, 1995, 17(2):278-302.

[24] Stone, D. A. Causal Stories and the Formation of Policy Agendas[J]. Political Science Quarterly, 1989, 104(2):281-300.

[25] Sverlana Ancker, Bernd Rechel. Policy Responses to HIV/AIDS in Central Asia[J].Global Public Health,2015, 10(7):817-833.

[26] Takeshita T.，Mikami S. How Did Mass Media Influence the Voters"Choice in the 1993 General Election in Japan?: A Study of Agenda-Setting[J]. Keio Communication Review，1995,17:27-41.

[27]Walter Mattli，Tim Büthe. Setting International Standards: Technological Rationality or Primacy of Power[J]. World Politics, 2003, 56（1）：1-42.

[28] Ryder Mc Keown. Norm Regress: US Revisionism and the Slow Death of the Torture Norm[J].International Relations，2009, 23(1): 5-25.

三、中文著作

[1] 阿特休尔. 权力的媒介 [M]. 黄煜，裴志康，译. 北京：华夏出版社，1989.

[2] 丹尼斯·梅多斯，等. 增长的极限 [M].李宝恒，译. 吉林：吉林人民出版社，1997.

[3] 罗伯特·基欧汉，约瑟夫·奈. 权力与相互依赖 [M]. 门洪华，译. 北京：

北京大学出版社，2003.

[4]詹姆斯·多尔蒂，小罗伯特·普法尔茨格拉夫. 争论中的国际关系理论：第5版[M]. 阎学通，陈寒溪，等，译. 北京：世界知识出版社，2003.

[5]埃莉诺·奥斯特罗姆. 公共事务的治理之道[M]. 余逊达，陈旭东，译. 上海：上海译文出版社，2012.

[6]保罗·A.萨巴蒂尔. 政策过程理论[M]. 彭宗超，钟开斌，等，译. 北京：生活·读书·新知三联书店，2004.

[7]彼得·卡赞斯坦，罗伯特·基欧汉，斯蒂芬·克拉斯纳，世界政治理论的探索与争鸣[M]. 秦亚青，等，译. 上海：上海人民出版社，2006.

[8]布莱恩·琼斯. 再思民主政治中的决策制定：注意力、选择和公共政策[M]. 刘新胜，译. 北京：北京大学出版社，2010.

[9]亨利·基辛格. 动乱年代：基辛格回忆录[M]. 张志明，邱应觉，等，译. 北京：世界知识出版社，1983.

[10]杰伊·沙夫里茨等. 公共政策经典[M]. 彭云望，译. 北京：北京大学出版社，2008.

[11]莉萨·马丁，贝思·西蒙斯. 国际制度[M]. 黄仁伟，蔡鹏鸿，等，译. 上海：上海人民出版社，2006.

[12]迈克尔·巴尼特，玛莎·费丽莫. 为世界定规则：全球政治中的国际组织[M]. 薄燕，译. 上海：上海人民出版社，2009.

[13]沃尔特·李普曼. 公众舆论[M]. 阎克文，江红，译. 上海：上海人民出版社，2006.

[14]小约瑟夫·斯特尔图，戴维·赫奇，詹姆斯·莱斯特. 公共政策导论[M]. 韩红译. 北京：中国人民大学出版社，2011.

[15]詹姆斯·安德森. 公共政策制定[M]. 谢明，等，译. 北京：中国人民大学出版社，2009.

[16]詹姆斯·罗西瑙. 没有政府的治理[M]. 张胜军，刘小林，译. 南昌：江西人民出版社，2001.

[17]安东尼·吉登斯. 失控的世界[M]. 周红云，译. 南昌：江西人民出版社，2001.

[18]苏珊·斯特兰奇. 西方国际政治经济学导论[M]. 杨宇光，等，译. 北

京：经济科学出版社，1990.

[19] 国际货币基金组织. 世界经济展望 [M]. 北京：中国金融出版社，1997.

[20] 江红. 为石油而战：美国石油霸权的历史透视 [M]. 北京：东方出版社，2002.

[21] 屠新泉. 中国在 WTO 中的定位、作用和策略 [M]. 北京：对外经济贸易大学出版社，2005.

[22] 俞可平. 全球化悖论 [M]. 北京：中央编译出版社，1998.

[23] 俞可平. 全球化：全球治理 [M]. 北京：社会科学文献出版社，2003.

[24] 俞可平. 治理与善治 [M]. 北京：社会科学文献出版社，2000.

四、中文论文

[1] E. 维诺库罗夫. 欧亚经济联盟：发展现状与初步成果 [J]. 封帅，译. 俄罗斯研究，2018（6）：3–26.

[2] 曹嘉涵. "一带一路"倡议与 2030 年可持续发展议程的对接 [J]. 国际展望，2016（3）：37–53.

[3] 陈东晓. 中国的"主场外交"：机遇、挑战和任务 [J]. 国际问题研究，2014（5）：4–16.

[4] 陈利宽. 伊朗的毒品问题治理：动因、方略与前景 [J]. 国际研究参考，2020（11）：40–46.

[5] 陈正良，高辉，薛秀霞. 国际话语权视域下的中国国际议程设置能力提升研究 [J]. 中国矿业大学学报（社会科学版），2014（3）：93–98.

[6] 程曼丽. 论"议程设置"在国家形象塑造中的舆论导向作用 [J]. 北京大学学报（哲学社会科学版），2008（2）：162–168.

[7] 丁文. 政策议程设置研究：国内外学术进展解析 [J]. 江南论坛，2018（6）：38–40.

[8] 费爱华. 情境的类型及其运作逻辑 [J]. 广西社会科学，2007（3）：178–181.

[9] 郭俊广，管硕，柏锁柱，赵刚. 俄罗斯北极海域合作开发现状 [J]. 国际石油经济，2017（3）：79–84.

[10] 郭培清，管清蕾. 北方海航道政治与法律问题探析 [J]. 中国海洋大学学报（社会科学版），2009（4）：1–5.

[11] 黄超. 说服战略与国际规范传播 [J]. 世界经济与政治，2010（9）：72–87.

[12] 江忆恩. 美国学者关于中国与国际组织关系研究概述 [J]. 世界经济与政治，2001（8）：48–53.

[13] 姜志达. 亚洲新安全观及其秩序意涵：规范的视角 [J]. 和平与发展，2014（5）：1–11.

[14] 匡增军，欧开飞. 俄罗斯与挪威的海上共同开发案评析 [J]. 边界与海洋研究，2016（1）：88–103.

[15] 李计广. 世界贸易组织多哈回合谈判与中国的选择 [J]. 世界经济与政治，2013（5）：136–154.

[16] 李雪威，王璐. 上海合作组织参与全球卫生治理：优势、挑战及路径选择 [J]. 国际问题研究，2020（6）：23–37.

[17] 李志斐. 非传统安全治理与新型大国关系构建 [J]. 教学与研究，2014（6）：62–68.

[18] 李自国. 欧亚经济联盟：绩效、问题、前景 [J]. 欧亚经济，2016（2）：2–17.

[19] 林民旺，朱立群. 国际规范的国内化：国内结构的影响及传播机制 [J]. 当代亚太，2011（1）：136–160.

[20] 刘宏松. 中国在 WTO 多哈回合谈判中的倡议行为探析 [J]. 国际观察，2012（3）.

[21] 刘雪莲，姚璐. 国家治理的全球治理意义 [J]. 中国社会科学，2016（6）：29–35.

[22] 柳思思. 从规范进化到规范退化 [J]. 当代亚太，2010（3）：145–160.

[23] 罗怿. 阿富汗与伊朗的非传统安全问题 [J]. 外国问题研究，2019（1）：73–80.

[24] 吕松涛. 隐蔽的压制：国际政治中的排除型议程设置探析 [J]. 社会主义研究，2015（5）：139–143.

[25] 马勇，赵方昀. 阿富汗的恐怖主义及其国际治理 [J]. 东南亚南亚研究，

2015（4）：43–48.

[26] 潘亚玲. 安全化、国际合作与国际规范的动态发展 [J]. 外交评论，2008（3）：51–59.

[27] 潘亚玲. 国际规范的生命周期与安全化理论：以艾滋病被安全化为国际威胁为例 [J]. 欧洲研究，2007（4）：68–82.

[28] 潘亚玲. 国际规范更替的逻辑与中国应对 [J]. 世界经济与政治，2014（4）：122–135.

[29] 潘亚玲. 国际规范生成：理论反思与模型建构 [J]. 欧洲研究，2015（5）：45–67.

[30] 秦亚青. 全球治理失灵与秩序理念的重建 [J]. 世界经济与政治，2013（4）：4–18.

[31] 邱增辉，蒋祎. 全球卫生治理视域下中亚国家的健康状况及与中国的合作 [J]. 俄罗斯东欧中亚研究，2020（4）：81–94.

[32] 舒建中，美国对外能源政策与国际能源机构的建立 [J]. 美国研究，2013（1）：87–101.

[33] 孙德刚，韦进深. 中国在国际组织中的规范塑造评析 [J]. 国际展望，2016（4）：93–115.

[34] 王正毅. 全球化与国际政治经济学：超越"范式"之争？ [J]. 世界经济与政治，2010（10）：4–21.

[35] 韦进深. 俄罗斯能源安全议程设置——安全化的视角 [J]. 国际展望，2013（3）：108–123.

[36] 韦进深. 中国能源安全国际议程设置路径探析 [J]. 国际展望，2015（4）：102–120.

[37] 韦宗友. 国际议程设置：一个初步分析框架 [J]. 世界经济与政治，2011（10）：38–52.

[38] 吴瑛. 议程与框架：西方舆论中的我国外交话语 [J]. 欧洲研究，2008（6）：1–16.

[39] 徐孝明. 论第一次石油危机后美国对沙特的外交政策 [J]. 广西师范大学学报（哲学社会科学版），2010（2）：132–136.

[40] 杨恕，王术森. 议题性质、威胁认知、共同利益与"可合作安全" [J].

国际安全，2018（2）：3–22.

[41] 耶斯尔. 伊朗的阿富汗政策及其走向 [J]. 阿拉伯世界研究，2014（4）：40–54.

[42] 叶江，谈谭：试论国际制度的合法性及其缺陷——以国际安全制度与人权制度为例 [J]. 世界经济与政治，2005（12）：42–49.

[43] 俞正樑. 全球性问题与国家 [J]，国际展望，2011（4）：103–116.

[44] 岳鹏. 共建"冰上丝绸之路"中的俄方诉求及内在挑战分析 [J]. 东北亚论坛，2020（2）：32–44.

[45] 张发林. 化解"一带一路"威胁论：国际议程设置分析 [J]. 南开学报，2019（1）：146–155.

[46] 张小明. 中国的崛起与国际规范的变迁 [J]. 外交评论，2011（1）：34–47.

[47] 赵庆寺. 20世纪70年代石油危机与美国石油安全体系：结构、进程与变革 [D]. 上海：复旦大学，2003.

[48] 赵长峰，左祥云. 国际政治中的议程设置浅析 [J]. 当代世界与社会主义，2013（6）：122–126.

[49] 郑功. 20世纪70年代的两次石油危机与美国中东石油政策的调整 [D]. 南京：南京大学，2015.

[50] 朱永彪，闫培记. 阿富汗难民：历史、现状及影响 [J]. 世界历史，2009（4）：86–95.

后　记

冷战结束后，国际政治的一个突出现象是全球化的快速发展。导致全球化的快速发展是全球性问题及其治理称为国际社会面临的重大挑战。2008年金融危机后，西方国家主导的全球治理体系面临深刻的变革和调整的压力。与此同时，贸易保护主义、孤立主义抬头，全球治理体系转型举步维艰，逆全球化、反全球化的声音不绝于耳，多边主义陷入困境。

设置全球治理的国际议程、出台问题相关的政策方案、形成约束行为体的国际规范是全球性问题得以实现治理的重要环节。然而，由于国际社会中行为体的多元化、行为体的利益诉求不尽相同。在全球性问题的治理中，各行为体都希望把与自身利益密切相关的个体议题上升为国际议题，从而更好地维护自身的权力、实现自己的利益。因此，围绕议题的界定和议程的设置，行为体之间存在着认知的差异和行为上的博弈，其结果是虽然出台了多个政策方案，但问题的治理结果差强人意，治理体系的复杂性和治理机制的碎片化成为当前全球治理的重要特征。

毫无疑问，在众多的行为体中，实力强大的西方发达国家是议程设置的主要行为体，当前的全球治理的议题和议程体现了西方发达国家的意志，相关的政策方案代表了西方发达国家的利益。随着新兴经济体的发展，这种霸权主导下的治理体系越来越难以适应当前治理的现实，一方面，欧美发达国家的治理意愿有所降低，另一方面，这些国家又不愿看到其他行为体获得更多的治理话语权。治理赤字有增无减，治理体系亟待转型。

推进全球治理，需要坚持国际关系的民主原则和公平原则，坚持多边主义，坚持法治精神，平等协商，推进全球治理体系的转型，实现全球性问题真正的治理。对于包括中国在内的新兴国家来说，我们不仅要积极呼吁全球治理体系的转型和改革，更需要积累和丰富全球治理的经验，真正地参与到全球性问题的治理进程。

　　了解和学习其他国家和国际组织设置国际议程的经验教训，对于坚持多边主义、承担国际责任的中国来说至关重要。中国是真正多边主义的践行者、推动者和引领者，致力于构建新型全球治理体系。因此，成功设置全球性问题的国际议程，出台全球性问题的治理方案，为全球治理贡献中国智慧，是创新和优化全球治理体系的着力方向和应有之义。

　　本书分为理论基础、案例分析和实践探索三个部分。在第一部分，本书提出了较完整的国际议程设置的理论分析框架。第二部分则选取了美国、俄罗斯、上合组织等国家和国际组织设置全球和地区国际议程的案例进行分析。在第三部分，则对中国设置或参与设置国际议程的实践和挑战进行了探索。本书的部分内容曾在相关学术期刊公开发表，这些刊物是《俄罗斯学刊》、《国际关系研究》、《广西民族大学学报》（哲社版）、《广西财经学院学报》等，这些刊物的编辑部老师为作者完成阶段性成果提出了宝贵的修改建议。作者在此表示衷心感谢。

　　在本书的撰写过程中，上海外国语大学的汪宁教授、许宏教授、毕洪业教授、章自力副教授以及复旦大学的唐朱昌教授、马斌副教授给予了学术指导。此外，上海外国语大学国际关系专业的博士生王志强、复旦大学国际关系专业博士生朱文悦和兰州大学国际关系专业的硕士生李芳玲等参与了本书部分内容的讨论和撰写。兰州大学中亚研究所、政治与国际关系学院的领导和同事们为本书的出版提供了诸多帮助，在此谨致谢意。此外，兰州大学政治与国际关系学院的部分研究生和本科生在课堂上曾参与了本书部分内容的讨论，在此一并致谢。

韦进深

2021 年 8 月